내 백성을 가게 하라

Let My People Go!
Copyright © 1987, by Progressive Vision International
"The Time Has Come" Tenth Edition, 2015
Originally published by
Progressive Vision International.
Korean translation Copyright © 2021 by Brad Books
116-18, Baengma-ro 502beon-gil, Ilsandong-gu, Goyang-si, Gyeonggi-do, Republic of Korea
All rights reserved.

내 백성을 가게 하라

초판 발행	2021년 12월 31일
1판 2쇄	2023년 9월 20일
발행인	이금선
발행처	브래드북스
번역	이다윤
번역 교열	김수연
편집	신승의
교정	김은옥
디자인	한영애
출판등록	2011년 5월 13일 (신고번호 제2011-000085호)
주소	경기도 고양시 일산동구 백마로 502번길 116-18
전화	031-926-2722
홈페이지	www.book.bradtv.net
이메일	bradfilm123@gmail.com
ISBN	979-11-973024-4-2
가격	15,000원

＊저작권자의 허락 없이 이 책의 일부 또는 전체를 무단 복제, 전재, 발췌할 경우 저작권법에 의해 처벌받습니다.

―― 후원 계좌 ――
Progressive Vision International Bank of America
One City Center Portland, ME 04101, USA
Phone # 207-874-5581, ABA # 026009593
Customer: Progressive Vision International.
Account # 95122626171.
Swift Code: BOFAUS3N

하나님은 어떻게 미국의 유대인들을 이스라엘로 불러 모으실까?

내 백성을 가게 하라

탐 헤스 지음
이다윤 옮김

Brad Book

감사의 글

《내 백성을 가게 하라》열 번째 증보판을 아브라함과 이삭과 야곱의 하나님이자 나의 가장 친한 친구이시며 나의 주님이시며 나의 왕이신 하나님께 바칩니다. 하나님의 강한 격려와 은혜로《내 백성을 가게 하라》를 완성했고 열 번째 증보판도 준비할 수 있었습니다. 더불어 이 책을 미국에 사는 유대인들에게 헌정합니다. 미국의 많은 유대인이 이미 이 책을 선물받았고, 받게 될 것입니다. 우리는 25년 동안 매년 유월절 기간에 알리야옛날에는 성지로 올라가는 것을 의미했는데, 오늘날에는 다른 나라에 사는 유대인들이 이스라엘로 이주하는 것을 의미한다.-편집 주를 위해 금식하며 기도했습니다. 특별히 지난 2년의 유월절은 '에스더 금식'으로 지켰는데, 유월절 세데르 전야 전 사흘 동안 알리야를 위해 기도했습니다. 우리는 주님이 다시 오실 때까지, 모든 유대 민족이 그들의 땅과 하나님께로 돌아갈 때까지 유월절 금식과 기도를 계속할 예정입니다(겔 39:28). 반유대주의에서 유대 민족을 구해 내고 유대인들이 이스라엘과 하나님께로 알리야할 수 있는 길을 준비하기 위해 전 세계 그리스도인을 기도와 금식으로 초청합니다. 이 초청을 들은 모든 이들이 이 금식에 동참해 주기를 진심으로 바랍니다. 열 번째 증보판은 이사야 2장 3절에 따라 예루살렘에서 출판되었습니다.

이는 율법이 시온에서부터 나올 것이요 여호와의 말씀이 예루살렘에서부터 나올 것임이니라 현재 증보판 1백만 부 정도가 30개 언어로 번역되어 출판되었습니다. 열 번째 증보판이 미국과 유럽에서 대규모 알리야 운동의 불을 일으키는 데 도움이 되기를 기도합니다. 우리는 특별히 유대인들이 미국이라는 풍요로운 삶을 떠나, 그들의 고토 이스라엘에서 아브라함과 이삭과 야곱의 하나님을 찾게 되기를 기도합니다. 더불어 그 하나님을 알며, 찬양하고 경배하는 갈망이 그들 속에 커지기를 기도합니다. 약속의 땅이며 아브라함의 땅이자 여러분의 집인 예루살렘과 이스라엘로 여러분을 초대합니다. 이스라엘 하나님의 도우심으로 여러분은 끝내 이스라엘 땅을 차지할 것이고 영광의 왕이 오실 길을 준비하게 될 것입니다(사 40:3-5).

2015년 9월
이스라엘 예루살렘에서
탐 헤스

서문

탐 헤스는 세계 유대인 공동체를 위해 매우 중요한 책을 저술했습니다. 그는 모세오경과 성경 24권의 예언을 인용해 전 세계 유대인들이 이스라엘 땅으로 돌아와 그 땅에서 사는 것이 얼마나 중요한지를 보여줍니다. 하나님 말씀의 신성함을 믿는 사람이라면 누구나 이 책을 주목할 것입니다. 많은 유대인이 이 책의 메시지를 행동으로 옮기기를 진심으로 바랍니다.

에프렛 이스라엘에서
랍비 슐로모 리스킨

●●●
이 책의 저자는 책에 대해서 기자간담회나 인터뷰가 불가능함을 알린다. 그러나 여전히 유대인들이 이 책에 담긴 700구절의 성경을 따르고, 유대인 기관들과 접촉해 이스라엘에 투자하고 알리야하는데 도움이 되기를 기도하고 있다.

목차

감사의 글 • 4

서문 • 6

1장
미국 유대인들이 이스라엘 고토로 돌아가기 위해 겪는 갈등 • 11

2장
심판 전에 경고받은 문명국들 • 23

3장
미국에 임할 심판에 대한 경고 • 41

4장
이스라엘과 예루살렘의 재탄생과 회복 • 55

5장
공산주의에 묶여 있던 소련 유대인들 • 67

6장
뉴욕 그리고 미국, 바빌론의 심장 • 77

7장
물질주의에 사로잡힌 미국 유대인 • 89

8장
유대교와 기독교 시온주의 • 101

9장
오 바빌론의 딸과 함께 거하는 시온아 이제 너는 피할지니라 • 113

10장
여러분 준비하십시오 기차와 비행기가 오고 있습니다 • 127

11장
쇼파르가 울리고 있다 • 137

12장
2001년 9·11 테러 이후, 또 다른 경고 • **151**

13장
2008년 월가 붕괴 이후, 마지막 경고 • **167**

14장
서쪽에서부터 알리야를 준비할 시간이 왔다 • **183**

15장
서쪽에서부터 울부짖는 유다의 사자와 함께
2020년의 포효가 시작되다 • **209**

부록
알리야 700구절, 시온주의 문서, 미국의 유대인 인구 통계 • **229**

1장

미국 유대인들이 고토 이스라엘로 돌아가기 위해 겪는 갈등

Let My People Go!

이사야 49장 15-16절에서 하나님은 유대 민족을 잊지 않겠다고 말씀하셨다. 하나님은 그분의 손바닥에 유대 민족을 새기셨고 그들의 성벽은 항상 하나님 앞에 있다고 말씀하신다!

너는 바로에게 이르기를 여호와의 말씀에 이스라엘은 내 아들 내 장자라 내가 네게 이르기를 내 아들을 보내 주어 나를 섬기게 하라 하여도 네가 보내 주기를 거절하니 내가 네 아들 네 장자를 죽이리라 하셨다 하라 하시니라 (출 4:22-23)

그러므로 이스라엘 자손에게 말하기를 나는 여호와라 내가 애굽 사람의 무거운 짐 밑에서 너희를 빼내며 그들의 노역에서 너희를 건지며 편 팔과 여러 큰 심판들로써 너희를 속량하여(출 6:6)

《내 백성을 가게 하라》는 유대 민족을 향한 하나님의 깊고 변함없는 사랑을 전하기 위해 집필하였다. 하나님은 유대 민족을 잊지 않으신다. 주님은 그들을 주님의 손바닥에 새기셨으며 그들의 성벽이 항상 주님 앞에 있다고 말씀하신다. 하나님은 그분의 사랑 때문에 유대 민족을 향해 닥쳐오는 위험에 관하여 경고하시고 역사 속에서 그분의 목적을 기꺼이 따르려는 사람들을 준비시키신다.

오늘도 하나님의 목적은 예루살렘을 향하여 나아가고, 미국 땅에서 하나님은 다시 한번 유대 민족을 향한 그분의 사랑을 나타내신다. 하나님은 미국 문화의 속박에서 그들을 구원하기 원하신다. 하나님은 그분의 사랑과 신실하심 때문에 미국과 세계에 닥칠 심판과 재앙에서 유대 민족이 피할 수 있도록 경고하신다.

《내 백성을 가게 하라》는 특별히 미국 유대인들에게 특정되었다. 다른 나라의 유대인 공동체에 비해 미국 유대인 공동체의 규모가 크기 때문이다. 그러나 메시지와 경고는 전 세계 유대인에게 동일하게 적용된다. 왜냐하면 미국 사회의 타락이 대중 매체를 통해 전 세계로 퍼졌기 때문이다. 모든 죄가 심판의 대상이고 어떤 문화나 사회도 심판을 면할 수 없다는 점을 명심해야 한다.

이스라엘 백성이 이집트에서 노예로 있었던 것처럼, 오늘날 많은 유대인이 미국의 거짓 신들의 노예가 되었다. 그러나 많은 미국 유대인과 그리스도인들은 물질주의의 노예가 되었다는 사실을 인식조차 못하기 때문에 그것에서 해방되는 것도 당연히 바라지 않는다. 이집트의 신들이 심판을 받은 것처럼, 현대 사회의 신들에게도 이미 재앙과 심판이 다가오고 있다. 나는 미국의 유대인들이 거짓 신들에게 속박되었다는 것을 깨닫고 속히 자유로워지기를 기도하고 있다. 미국 유대인들은 더 큰 심판과 재앙이 오기 전에 속히 이스라엘 땅으로 돌아가야 한다. 이스라엘로 피하기 위해서는 물질주의와 물질과 관련된 모든 속박에서 해방되어야 한다. 이들이 이스라엘로 돌아가려고 할 때 겪는 갈등은 70년 전 유대인들이 유럽을 떠날 때 겪었던 갈등보다 훨씬 더 심각하다. 이들이 미국에서 훨씬 더 큰 번영과 축복을 누려왔기 때문이다. 미국의 기독교인들은 니느웨 사람들이 그랬던 것처럼, 하나님의 심판이 잠시 보류되고 국가적 영적 대각성이 일어나 유대 민족이 이스라엘 땅으로 돌아가도록 금식하며 기도해야 한다.

《내 백성을 가게 하라》는 유대인과 기독교인, 특별히 미국과 이스라엘의 유대인과 기독교인을 위한 책이다. 하나님께서 과거에 어떻게 그들을 함께 사용하셨는지, 그리고 현재 하나님의 거룩한 목적을 위해 어떻게 주권적으로 이들을 함께 묶으셨는지를 알리기 위해 썼다. 유대 공동체와 기독교 공동체는 서로 다른 용어와 개념을 사용하기 때문에 두 공동체에 같은 메시지를 동시에 전달하는 것은 어려운 일이다. 그러나 이런 시도를 통해 서로를 더 잘 이해할 수 있고, 두 공동체 사이에 대화의 물꼬를 터주는 기회를 제공할 수 있다고 생각한다.

이 책은 두 가지 메시지를 전한다. 첫째, 유대인에게는 미국에 임할 심판을 피해 하나님의 부르심을 따라 이스라엘로 가라는 사랑의 경고이다. 둘째, 기독교 시온주의자에게는 과거에 그들이 어떻게 유대인을 도왔으며 앞으로는 어떻게 도와야 하는지에 관한 것이다.

《내 백성을 가게 하라》는 내가 본 6백만 북미 유대인에 관한 비전과 우려 가운데 집필하였다. 일부 이성주의자들은 비전을 믿지 않는 경향이 있지만, 이것은 성경에도 많이 기록되어 있다. 선지자 요엘은 이렇게 말한다.

> 그 후에 내가 내 영을 만민에게 부어 주리니 너희 자녀들이 장래 일을 말할 것이며 너희 늙은이는 꿈을 꾸며 너희 젊은이는 이상을 볼 것이며(욜 2:28)

1987년 3월 19일, 하나님은 영으로 미국에 대한 심판이 바로 문 앞에 와 있다고 말씀하셨다. 그러다 1987년 3월 24일에 어떤 형제와 나누고 기도하는 가운데 비전을 보았다. 마치 영원이 내 발 앞에 있는 것 같은 느낌이었다. 비전 가운데 우리의 머리 위로 폭탄이 떨어져 터지고 있었다. 그때 나는 누군가에게 경고의 메시지를 전하려고 전화기에 손을 뻗었지만 이미 늦었다는 것을 알았다. 그리고 공산주의와 이슬람 세력에 대적하며 기도하는 나 자신을 발견했다. 그때 영원이 내 앞에서 사라졌다. 그 후 내 영 안에서 작은 음성이 들려왔다. "곧 미국에 심각한 심판이 임할 것이다. 유대인들이 이스라엘로 돌아가라는 경고를 아직 듣지 못했기 때문에 내가 잠시 심판을 보류한다."

주님은 내게 미국 전역에 사랑으로 "시온에서 나팔을 불고" "비상 경보를 울리며" 유대 백성에게 경고하여 즉시 이스라엘로 돌아가게 하라는 명령을 주셨다. 그리고 미국의 기독교 시온주의자들을 격려해서 유대 민족을 위해 기도하고 도우며 경고할 수 있게 하라는 지시도 받았다.

이 메시지를 받은 후 몇 달 동안 내 삶은 굉장히 어려워졌다. 나는 미국을 위해 기도하는 사역을 하고 있었고(대법원과 국회 의사당 계단에서 24시간 기도가 이루어지도록 기도하는 일과 기도팀이 이스라엘과 다른 나라에서 기도하도록 하는 일), 유대인과 기독교인 사이에 다리를 놓기 위해 출간되는 신문의 편집을 맡고 있었다. 나는 나의 조국을 깊이 사랑하고 미국이 유대 백성을 도왔던 것에 대해 깊이 감사한다. 그들의 문화나 신앙에서 많은 특혜를 받았다. 유대인도 아니고 이 문제의 전문가도 아닌 내게 하나님께서 왜 이 역할을 주셨는지 잘 알지 못한다. 이러한 메시지를 전할 때 힘들지만, 유대인을 향한 깊은 사랑 때문에 나는 오늘도 이 메시지를 외쳐야 한다.

주님께서 내게 주신 이 거룩한 부담감을 유대인 형제들을 무시하고, 또는 반유대주의적으로 받아들여서는 절대 안 될 것이다. 유대인들이 물질적이고 욕심 많은 사람으로 여겨지는 오랜 고정 관념이 있는데, 나는 이에 대해 반대하는 입장이다. 오히려 미국이라는 이방 국가가 얼마나 물질적이고 탐욕스러워졌는지를 말하고 싶다. 유대인과 기독교인 모두가 미국 사회의 영향으로 더럽혀지고 있다. 나는 오히려 미국 기독교인들에게 거룩한 삶을 살며 세상의 빛이 되라고 경고하는 책을 쉽게 쓸 수도 있었다.

그러나 주님이 내게 주신 거룩한 부담감은 그런 쪽이 아니다. 바로 유대인들을 향하여 성경의 부르심을 따라 이스라엘로 돌아가야 한다고 외치는 '광야의 소리'가 되는 것이다.

《내 백성을 가게 하라》는 유대 민족에게 진보적인 비전과 희망을 주기 위해 집필했다. 많은 유대인이 아직 이스라엘로 돌아오지 않은 이유는, 역사 속에서 그들을 이스라엘 땅으로 다시 초청하시는 하나님의 목적을 모르고 성경에 대한 지식이 부족하기 때문이다.

> 환상 계시가 없는 곳에서는 백성이 망하려니와 법을 지키는 자는 행복하니라
> (잠 29:18, KJV)

유대 민족의 귀환에 관한 하나님의 비전을 받기 원한다면, 이 책 부록 A에 있는 700개의 성경 구절을 읽고 묵상하며 기도하기 바란다. 사람들은 재정적인 복에 관한 말씀을 취하는 데는 굉장한 열심을 쏟는다. 그 열심만큼 유대 민족이 알리야에 대한 700개의 말씀을 취한다면, 하나님께서 유대 민족에게 그분의 축복과 함께 약속의 땅으로 돌아갈 비전을 주실 것이다. 그러나 그들이 이 명령과 약속을 무시한다

면, 그들은 이미 가진 것을 잃거나, 난민 신분으로 이스라엘로 돌아오거나, 아니면 돌아오지 못하고 디아스포라 상태에서 멸망할 것이다.

《내 백성을 가게 하라》는 알리야의 어려움에 대해 다방면으로 인정하는 차원에서 썼다. 우리는 그들이 미국 문화의 탐욕스러운 물질주의와 수많은 가짜 신에서 벗어나는 것이 얼마나 어려운지 알고 있다. 그러나 우리는 아브라함과 이삭과 야곱의 하나님을 믿어야 하며 약속의 땅으로 돌아오라는 그분의 성경적 부르심을 받아들여야 한다. 우리는 또한 한 나라에 정착해 수십 년 동안 혹은 몇 세대 동안 형성해 온 가족, 지역사회 및 문화적 유대를 단절하는 것이 얼마나 어려운지도 알고 있다.

젊거나 나이가 많은 유대인에게는 그나마 단순한 어려움이겠지만, 삶의 전성기를 지나와 이제는 집과 번듯한 직장이 있고 학교에 다니는 자녀가 있는 중년의 유대인에게는 훨씬 더 어려운 일일 것이다. 이스라엘 자손이 이집트와 바빌론을 떠났을 때도, 최근의 역사에서 유대인들이 유럽을 떠났을 때도 그들은 이 같은 많은 어려움을 겪어야 했다.

이스라엘로 부르시는 하나님의 초청을 따르겠다는 기도와 결심을 할 때 우리는 거짓 신들을 꺾고 모든 장애물을 극복할 수 있다. 유대인들은 약속의 땅을 차지하기 위해 귀환하는 현대판 여호수아와 갈렙이다. 이스라엘로 이주하는 것은 불가피한 긴장과 극복해야 할 문화적 변화(예: 관료제나 문화적 관료주의) 때문에 더욱 어려울 수 있다. 문화적 관료주의는 미국에서의 행정 처리 속도보다 훨씬 느리게 할 수 있다. 또 학교나 은행, 의료 시스템은 비효율적으로 보일 수도 있다. 그러나 미국에서 이스라엘로 대대적으로 이주하면 이스라엘 관료주의에 커다

란 도전이 될 수 있다.

귀중품은 적게 소유해야 하고, 같은 직업인데도 미국보다 적은 돈을 벌며 매우 높은 세금을 내야 하고, 가족과 친척을 남겨두고 떠나야 하는 특별한 상황은 상당한 희생이 따르는 일이다. 또 이스라엘 땅에서 아랍인과 유대인 사이에 벌어지는 분쟁은 오늘날 유대인들이 알리야 하는 것을 망설이게 하는 요인이기도 하다.

그러나 여호수아와 갈렙, 초기 개척자들이 겪은 어려움에 비하면 이것은 아주 작은 어려움과 희생에 불과하다. 그들은 광야에서 수십 년을 보냈고, 약속에 땅에 도착한 후에는 그 땅을 차지하기 위해 가나안 사람들을 정복해야 했다.

작금의 이스라엘의 재탄생과 회복은 데이비드 벤 구리온, 골다 메이어를 비롯한 많은 이들에 의해 이루어졌다. 결론적으로 말하면, 미국의 유대인들이 이스라엘로 알리야하기 위해 겪는 갈등은 역사상 그 어느 때보다도 어려움이 덜하다고 할 수 있다. 하나님을 예배하기 위해 이스라엘 땅으로 돌아가라는 하나님의 부르심을 따르는 것은 유대 민족의 높은 부르심과 사명이다. 절대로 여러분의 사명을 놓치지 말기 바란다.

《내 백성을 가게 하라》는 하나님을 경배하기 위해 약속의 땅으로 유대인들을 가게 하라는 예언적 명령을 반복해서 외치고 있다. 이것은 3천 년 전 모세가 바로에게 선포했던 명령이며, 오늘날 유대인과 기독교인 모두를 붙잡고 있는 미국의 물질주의와 거짓 신들에게 선포해야 할 명령이다.

모세는 바로에게 "내 백성을 가게 하여 하나님을 예배할 수 있게 하라"고 명령했다. 월가는 이스라엘로 알리야하기 위해 유대인이 타파해야 하는 시스템의 한 예시가 될 수 있다. 우리는 미국의 물질주의를 향해 유대 민족을 포기하라고 외쳐야 한다. 월가를 향해 외치자. "내 백성을 가게 하라!"

최근에 알리야한 뉴욕 출신의 변호사 샤브타이 알보허 Shabtai Alboher 는 '미국의 노예'라는 제목의 〈예루살렘 포스트〉 기사를 인용해서 이렇게 말했다.

"이스라엘의 유대인들도 모세가 바로에게 했던 것처럼 미국 대사관에 가서 미국 유대인들의 석방을 위해 '내 백성을 가게 하라!' 고 외쳐야 합니다."

《내 백성을 가게 하라》는 유대 민족의 석방과 귀환을 위한 사랑의 기도이다. 우리는 예루살렘에서 '예루살렘 열방 기도의 집 Jerusalem House of Prayer for all nations '이라는 국제 기도의 집 사역을 시작했고, 미국 유대인들의 알리야를 위해 계속해서 금식하고 있다. 많은 단체가 매년 일주일 혹은 이주일 동안 예루살렘에 와서 기도하고 있다. 우리는 예루살렘에서 24시간 예배와 기도를 하고 있는데, 많은 사람이 이곳에서 24시간 내내 미국과 러시아, 모든 국가에 있는 유대인들이 알리야하도록 기도하고 있다.

우리는 또한 예루살렘의 평안과 열방의 회복, 메시아의 다시 오심을 위해 기도한다. 예루살렘에서 하는 파수 watch 기도는 이사야 62장 6-7절, "예루살렘이여 내가 너의 성벽 위에 파수꾼을 세우고 그들로 하여금 주야로 계속 잠잠하지 않게 하였느니라 너희 여호와로 기억하시게 하는 자들아 너희는 쉬지 말며 또 여호와께서 예루살렘을 세워 세상에서 찬송을 받게 하시기까지 그로 쉬지 못하시게 하라"는 말씀에 근거한다. 나는 미국 곳곳을 다니며 유대인들에게 돌아오라고 경고하고 할 수 있는 모든 방법으로 그들을 도울 것이다.

우리의 소망은 하나님께서 이 책의 메시지와 그분 백성의 끊임없는 기도와 금식을 통해 역사하셔서, 러시아뿐만 아니라 미국과 다른 나라에서도 이스라엘로 돌아오는 대규모 운동이 일어나기를 바란다.

이 책은 말한다. "유대인들이여, 여러분은 크게 사랑받고 있으며 이 싸움에서 절대 혼자가 아닙니다. 우리가 기도와 경고의 메시지, 도움의 손길로 여러분과 함께 싸울 것입니다. 너무 늦기 전에 미국의 물질주의 문화에서 벗어나 이스라엘로 돌아가기 위한 싸움에서 승리하기 바랍니다. 그 땅으로 돌아가, 그곳에서 하나님을 경배하고 하나님의 임재를 영원히 누리기 간절히 소망합니다."

2장

심판 전에 경고받은 문명국들

Let My People Go!

보라 그에게는 열방이 통의 한 방울 물과 같고 저울의 작은 티끌 같으며 섬들은 떠오르는 먼지 같으리니 레바논은 땔감에도 부족하겠고 그 짐승들은 번제에도 부족할 것이라 그의 앞에는 모든 열방이 아무것도 아니라 그는 그들을 없는 것 같이, 빈 것 같이 여기시느니라(사 40:15-17)

너희가 알지 못하였느냐 너희가 듣지 못하였느냐 태초부터 너희에게 전하지 아니하였느냐 땅의 기초가 창조될 때부터 너희가 깨닫지 못하였느냐 그는 땅 위 궁창에 앉으시나니 땅에 사는 사람들은 메뚜기 같으니라 그가 하늘을 차일 같이 펴셨으며 거주할 천막 같이 치셨고 귀인들을 폐하시며 세상의 사사들을 헛되게 하시나니 그들은 겨우 심기고 겨우 뿌려졌으며 그 줄기가 겨우 땅에 뿌리를 박자 곧 하나님이 입김을 부시니 그들은 말라 회오리바람에 불려 가는 초개 같도다(사 40:21-24)

분명히 주 하나님은 자신의 은밀한 일을 자신의 종 대언자들에게 계시하지 아니하고는 결코 행하지 아니하느니라(암 3:7, KJV)

J. D. 언윈Unwin에 따르면, 창세 이후 출현했다가 사라진 인류의 주요 문명은 88개 정도이다. 각 문명이 시작됐을 때는 엄격한 성적·도덕적 행동 규범과 윤리적 열정이 있었다. 하지만 성적 규제가 관대해지고 물질적 쾌락주의가 만연한 사회는 예외 없이 멸망하였다. 바빌론, 페르시아, 로마, 그리스, 대영제국이 그 예이다.

국가들은 다양한 경고와 심판을 받았고, 어느 국가도 당대에 주도적인 문명이 되지 못했다. 하나님의 시간표 안에서 문명의 몰락은 종종 역사의 새로운 시대를 열었다. 예를 들어, 예슈아께서 사역을 시작하신 때부터 서기 70년까지 정확히 40년(한 세대) 후 예루살렘은 파괴되었지만, 하나님은 이방인들 사이에서 계시적인 방식으로 점점 더 크게 역사하시기 시작하였다.

오늘날 또 다른 역사의 전환점에 서 있는 우리로서는 유대 백성이 돌아갈 시간이 얼마나 남았는지 정말 의아할 뿐이다. 역사 속에서 특별히 심판과 관련된 '40'이라는 숫자를 보면 디아스포라 유대인들은 마치 시간을 빌려 살아가고 있는 것처럼 보인다.

하나님은 요나에게 니느웨가 40일 안에 멸망할 것이라고 말씀하셨다. 40주야 동안 지속된 홍수는 전 세계를 덮었다. 제1차 출애굽 때는 약속의 땅을 믿음으로 바라보지 않은 이스라엘 백성이 40년 동안 광야를 헤맸다. 율법이 40일 동안 모세에게 주어졌지만, 40일이 되던 날 그들의 죄에 대한 심판이 이스라엘 백성의 진영에 임했다.

성전이 파괴되기 전 두 번 모두 하나님은 이스라엘 백성에게 돌이킬 수 있는 40년을 주셨다. 에스겔은 하루를 1년으로 계산하여 40일 동안 유다의 죄를 짊어진 채 옆으로 누워 있었다. 그러다 북왕국 이스라엘이 앗수르에 의해 멸망한 지 40년 후 예루살렘이 파괴되었다. 산헤드린이 성전에서 광장으로 옮겨지고 40년 후에, 그리고 예슈아께서 다가올 파괴를 경고하신 지 40년 만에 성전과 예루살렘이 파괴되었다. 하나님께서 첫 번째와 두 번째 유대 국가에 40년의 은혜를 허락하셨으면, 세 번째에는 얼마의 시간을 주시겠는가?

성경 역사를 통해 알 수 있듯이 이스라엘 땅에 사는 것은 하나님의 풍성한 축복 속에 사는 것을 의미했다. 신명기 28장 8절은 말씀한다.

"네 하나님 여호와께서 네게 주시는 땅에서 네게 복을 주실 것이며" 그러나 이스라엘이 재탄생한 지 55년이 지난 지금, 대부분의 디아스포라 유대인들은 집으로 돌아오라는 하나님의 부르심에 귀를 기울이지 않고 있다. 그들에게 얼마의 시간이 남아 있을까?

《내 백성을 가게 하라》 열 번째 증보판이 나온 2015년에 이스라엘은 어느덧 건국 68주년에 접어들었다. 이사야 61장 1절은 올해가 포로 된 자에게 자유를 선포하는 해라고 말씀한다. 우리는 곧 미국과 모든 서방 국가에서 훨씬 더 큰 알리야의 물결을 보게 될 줄 믿는다.

유대력으로 40년이 시작된 1987년 10월, 우리는 예루살렘에 있는 기도의 집에서 기도하고 있었다. 그리고 몇 주 후 로스앤젤레스에 지진이 발생하였고, 뉴욕 증시가 하루 만에 508포인트나 하락하는 기록적인 일이 있었다. 이러한 사건들은 미국과 이방 국가에 다가오는 심판의 경고일 수 있다.

1987년 이 책의 첫 인쇄 이후 동서양뿐만 아니라 러시아와 북쪽에서 1백만 명이 넘는 유대인이 알리야하는 것을 보았고, 2002년부터는 서구에서 알리야의 문이 열리기 시작했다. 이방인 시대의 끝이 다가오고 영광의 구름이 미국의 문명에서 떠나 다시 예루살렘을 향하여 옮겨지고 있다. 이제 모든 길이 인류 마지막 문명이 있을 위대한 왕의 도시 예루살렘으로 향하고 있다.

1900년 동안 이방인의 통치 아래에 있던 예루살렘과 이스라엘은 다시 유대인의 다스림 아래로 돌아왔다. 이사야 11장 11-12절은 다음과 같이 말씀한다.

그 날에 주께서 다시 그의 손을 펴사 그의 남은 백성을 앗수르와 애굽과 바드로스와 구스와 엘람과 시날과 하맛과 바다 섬들에서 돌아오게 하실 것이라 여호와께서 열방을 향하여 기치를 세우시고 이스라엘의 쫓긴 자들을 모으시며 땅 사방에서 유다의 흩어진 자들을 모으시리니

많은 유대인이 이스라엘로 알리야하는 것이 어렵다고 생각하는데, 그들은 하나님께서 역사 가운데 다른 신을 섬기기 위해 하나님을 거부했던 문명들에 경고하신 것을 기억해야 한다. 성경은 이 신들을 물질주의황금 송아지, 섹스풍요의 여신, 낙태몰렉에게 아이를 바치는 것 그리고 무신론인간이나 자아 우상으로 묘사한다. 이런 것들에 관해서는 먼저 경고와 회개의 부름이 있은 후에 그들에게 심판이 임했다.

역사 속에서 문명에 대한 심판이 임할 때(많은 사람이 미국과 다른 이방 국가에도 곧 심판이 임할 것으로 믿고 있다.) 대부분의 경우 유대인은 10퍼센트 미만만 그 심판을 피하여 나올 수 있었다. 다음은 성경과 역사에 나타난 경고와 심판 그리고 구원의 예시이다.

대홍수: (노아가 경고의 메시지를 전함) 전 세계 인구 중에서 오직 노아와 그의 가족 일곱 명만 구원받았다. 노아는 그들에게 경고의 메시지를 전했고, 그가 심판에서 구원받기 위해 방주를 지은 120년 후에 전 세계가 홍수로 멸망했다.

소돔과 고모라: (천사가 경고의 메시지를 전함) 소돔과 고모라 전체 인구 중 단 네 명만 구원받았지만, 그중 한 명은 소금 기둥이 되었다. 천

사는 롯에게 그의 가족과 자신에게 속한 이들을 데리고 즉시 도망가라고 경고했다. 그리고 하나님께서 불과 유황을 내리셔서 동성애로 악해진 사람들과 도시를 멸망시키셨다. 지금으로부터 70년 전인 1940년대에 빌리 그레이엄 목사는 이렇게 말했다. "만약 하나님께서 미국의 죄 때문에 미국을 멸망시키지 않는다면, 하나님은 소돔과 고모라에게 사과하셔야 할 것이다." 심지어 1940년대는 낙태가 합법화되기 전이고, 에이즈는 생각조차 못한 시절이었다. 지금은 얼마나 더 하겠는가!

2015년 7월: 미국의 모든 주에서 동성 결혼이 합법화되었다. 알리야를 위한 때가 찼다.

BC 1200~1500년: (모세가 경고의 메시지를 전함) 모세는 이집트의 바로에게 하나님의 백성을 가게 하라고 경고했지만, 바로는 이스라엘 백성을 추격했고 결국 멸망하였다. 이것은 이집트 문명의 몰락을 초래하였다.

BC 862년: (요나가 경고의 메시지를 전함) 요나는 니느웨 사람들을 향해 40일 안에 그들 모두가 멸망할 것이라고 말했다. 니느웨 사람들은 금식하며 기도했고 하나님은 100년이 넘도록 심판을 지연시키셨다.

BC 721년: (호세아와 이사야가 경고의 메시지를 전함) 북이스라엘은 앗수르의 손에 넘어갔고, 이스라엘 민족은 앗수르 전역에 흩어졌다. 호세아와 이사야는 이스라엘의 우상숭배와 타락한 행위를 꾸짖으며 이스라엘의 멸망을 경고했다.

BC 586년: (예레미야와 이사야가 경고의 메시지를 전함) 이스라엘 민족이 예레미야와 이사야의 경고를 듣지 않자, 유다 왕국과 수도 예루살렘은 바빌론에 의해 굴복되었다. 그리고 유대인들은 바빌론으로 끌려갔다.

BC 539년: (다니엘이 경고의 메시지를 전함) 바빌론은 하룻밤 사이에 사로잡혔다. 바사 왕 고레스는 전쟁을 하지 않고 바빌론을 정복할 수 있었다. 다니엘은 벽 위에 손가락으로 쓰여진 글씨를 보고 바빌론 통치 시대가 끝난 것을 경고했다. 오직 적은 수만 피하여 달아날 수 있었다.

BC 331년: (다니엘이 경고의 메시지를 전함) 고대 동방에서 가장 강대국이었던 바사 제국은 단 한 번의 결정적인 전투에서 알렉산더대왕에게 패했다. 다니엘은 바사 제국의 종말을 경고했다.

BC 133년: (다니엘이 경고의 메시지를 전함) 그리스 제국은 로마 제국에 패망하였고, 당시 로마 제국은 그들의 통치 아래에 있던 세계를 통합했다. 다니엘은 로마 제국의 분열과 종말도 경고했다.

AD 70년: (예슈아께서 경고의 메시지를 전함) 예슈아께서는 서기 33년 유대인들에게 곧 다가올 예루살렘의 멸망에 관하여 경고하셨다(마 23:37, 24:2). 예루살렘은 서기 70년 로마의 티투스 장군에 의해 파괴되었다. 요세푸스에 의하면, 약 150만 명의 유대인이 죽임을 당했다.

(하나님께서 초자연적으로 경고하심) 요세푸스에 의하면, 하나님께서는 열흘 동안 도성에 칼을 나타내 보이시며 기원 후 70년에 있을 임박할 공격에 대해 경고하셨다. 열흘째 되던 날 밤 동쪽 문이 초자연적으로 열려 10만 명이 도망쳤는데, 그 수는 총인구의 7~10퍼센트에 불과한 숫자였다.

1300년: (랍비 나흐마니데스가 경고의 메시지를 전함) 종교 재판이 있기 100년 전, 그는 스페인에 있는 유대인들에게 곧 멸망이 임할 것을 경고했다. 그는 스페인 전역의 유대인들에게 알리야를 권했을 뿐만 아니라, 그 자신이 알리야해서 그의 제자들에게 모범을 보였다.

1920~1944년: (유대인과 기독교 시온주의 지도자들이 홀로코스트에 대해 경고함) 홀로코스트 이전인 1920~1930년대 유럽의 랍비들은 유대인들이 고토로 돌아가지 못하도록 이들의 의지를 좌절시켰다. 그러나 블라디미르 자보틴스키는 유럽 전역을 다니며 "디아스포라를 청산하고 돌아가라. 그렇지 않으면 디아스포라가 너희를 청산할 것"이라고 경고했다. 막스 노르다우 박사는 유대인의 3분의 1만이 고토로 돌아가고 나머지는 동화되거나 결국 디아스포라 상태에서 죽을 것이라고 경고했다. 이들과 또 다른 시온주의자들은 곧 닥칠 멸망을 감지하였고 유럽 전역을 다니며 아돌프 히틀러의 탄압이 시작되기 전에 진행될 때라도 유럽을 떠나라고 경고했다. 그러나 대부분의 유대인은 이 경고를 듣지 않았다.

독일과 유럽에서 6백만 명의 유대인이 멸망하였다. 헤르츨이 세계 시온주의자 의회를 세우고, 기독교 시온주의자인 윌리엄 헤슬러 목사가 "하나님께서 곧 이스라엘 국가를 회복시키실 것"이라는 성경 말씀을 가르치기 시작한 지 40년이 채 지나지 않아 벌어진 일이었다. 헤슬러 목사는 반유대주의가 일어나 고토로 돌아가기를 원하는 유대인들이 늘어날 것이라고 경고하였다.

무늬만 기독교인인 가짜 기독교인들은 유럽에 사는 유대인들을 박해하는 데 동참했지만, 기독교 시온주의자들은 진정으로 유대인들을 도왔다. 책과 영화로 나온 《주는 나의 피난처 The Hiding Place》의 저자 코리 텐 붐은 기독교 시온주의자이다. 유명한 신학자 디트리히 본회퍼는 히틀러를 암살하려는 계획에 가담했다가 발각되어 투옥되었고 이후 살해되었다. 많은 목소리가 다가오는 비극에 대해 '떠나라'고 경고했지만, 오직 당시 유럽 유대인 인구의 10퍼센트에 해당하는 60만 명만 이 경고를 듣고 떠났다.

더욱 비극적인 것은 이스라엘 국가가 아직 세워지지 않은 1930년대의 유대인들은 안타깝게도 갈 곳이 없었다. 홀로코스트로 6백만 명의 유대인이 살해된 후에 이스라엘 국가가 탄생했다. 죽음 가운데에서 하나님은 새로운 생명과 소망을 주셨고 2천 년 만에 유대인들에게 이스라엘 땅을 돌려주셨다. 그럼에도 불구하고 전 세계 유대인 인구 1천3백만 명 중 오직 550만 명만 고토로 돌아오라는 하나님의 부르심을 따랐다.

1970년대: (유대 시온주의자들과 기독교 시온주의자들이 경고 메시지를 전함) 시온주의 지도자들은 이란에 있는 유대인들에게 '이란을 떠나 이스라엘로 알리야하라'고 독려했지만, 그들 중 일부만 떠나고 많은 이가 그곳에 머물렀다. 결국 지금은 아야톨라의 통치 아래에서 알리야하는 것이 매우 어려워졌다.

1977~1983년: (제이콥 티머만이 경고의 메시지를 전함) 어느 신문사 편집자가 아르헨티나에 나치 반유대주의가 다가오고 있다고 경고했다. 티머만은 유대인들에게 이스라엘로 돌아갈 것을 독려했지만 대부분 떠나지 않았다. 티머만은 가택 연금되었고 큰 고문을 받았다. 〈아메리칸 프레스〉는 3만에서 4만 명의 유대인이 실종되었고 고문당했다고 보도했다. 수천 명의 사람이 지금까지도 실종된 상태이다. 티머만은 재앙이 닥치기 전에 경고하시는 하나님의 신실하심을 나타낸 예시이다.

2015년부터 그 이후: 미국에 하나님의 심판이 임하고 있다. (이번에는 당신이 경고의 목소리가 되어 주겠는가?) 미국의 도덕적 · 경제적 · 군사적 · 영적 상태를 보면, 우리는 다니엘의 때처럼 또다시 벽에 적힌 글씨를 볼 수 있다. 세계 최강국 미국의 시대는 이제 얼마 남지 않았다. 하나님은 많이 주신 자들에게 많이 찾으시는데, 미국은 주님께 많이 받았으나 맺은 열매는 적다.

많은 하나님의 사람들은 수 세기 동안 미국에 임할 심판에 관하여 경고해 왔다. 독립 전쟁 때 미국 건국의 아버지 조지 워싱턴은 미국이 탄생하기도 전에 미국의 멸망에 대한 환상을 보았다. 이 내용에 대한 기록이 의회 도서관에 보관되어 있다. 워싱턴은 독립 전쟁과 남북 전쟁의 결과를 봤고, 세 번째 전쟁에서 미국에 임할 심판에 관하여 경고했다. 다음은 조지 워싱턴이 본 미국에 임할 제3차 세계 대전 또는 위험에 대한 내용이다.

제3의 위험

나는 또다시 내면에서 '공화국의 아들아, 보고 배우라'는 신비로운 음성을 들었다. 어둡고 그늘진 모습의 천사는 입에 나팔을 대고 뚜렷하게 세 번 불고 나서, 바다에서 물을 떠서 유럽과 아시아, 아프리카에 끼얹었다. 그러고 나서 내 눈앞에 무서운 장면이 펼쳐졌다. 이 대륙들에서 짙은 검은 구름이 생겨나 곧 하나로 합쳐졌다. 큰 구름 안에서는 진한 붉은빛이 빛났고, 그 빛에서 무장한 사람들 무리가 보였다. 이 사람들은 구름과 함께 이동하면서 미국을 향해 육로로 행진해 오고 바다로도 항해해 왔는데, 이들은 구름에 둘러싸여 있었다. 그리고 이 거대한 군대가 나라 전체를 황폐화시키고, 시골과 도시들이 불에 타오르며 공중으로 튀어 오르는 것을 보았다.

이 죽음의 전투에서 대포 소리, 칼이 부딪치는 소리, 칼의 함성과 외침 그리고 수백만 명의 울음소리와 외침을 들으면서 또다시 '공화국의 아들아, 보고 배우라'는 신비한 음성을 들었다. 그 음성이 멈췄을 때, 어둡고 그늘진 모습의 천사는 한 번 더 길고 무서운 소리로 나팔을 불었다.

이 세기가 시작될 때, 오순절 운동의 아버지이자 기독교 시온주의자인 찰스 파헴은 미국에 다가오는 심판에 대해 경고했다. 그는 야고보서 5장과 워싱턴이 본 환상을 언급하면서 이같이 말했다.

"마지막 때에는 교회와 국가가 높아져서 하나님을 잊고 스스로 권력을 확장하여 자기 영광을 취할 것이다. 이런 것들로 인해 하나님은 미국을 완전히 황폐하게 만들고 독수리(미국)의 몸 전체가 불타게 될 것이다. 미국 역사의 끝에 관한 워싱턴이 본 환상에서 도시들이 해안에서 해안으로 초토화된 것을 본 것처럼 말이다."

《십자가와 칼 The Cross and the Switchblade》의 저자인 데이비드 윌커슨도 비전을 보았고, 같은 이유로 미국에 핵폭발이 곧 임할 것을 경고하였다.

2012년 《징조 The Harbinger》를 출간한 조나단 칸도 이 같은 경고를 하였다. 《대행성 지구의 종말 The Late Great Planet Earth》의 저자인 할 린지도 '미국은 핵 공격으로 파괴될 것'이라고 경고하였다.

이렇게 많은 사람이 미국에 관한 경고의 메시지를 전했다. 하나님은 미국 내 유대인들에게 '속히 이스라엘로 돌아가 다가오는 심판을 피하고 이스라엘 땅에 임할 큰 부흥을 준비하라'는 구체적인 경고를 보내고 계신 것 같다.

지금 미국 내 대부분의 유대인 랍비와 영적 지도자들은 1920~1930년대 홀로코스트 이전 독일과 유럽의 랍비들과 같은 반응을 보이고 있다. 그들은 알리야하려는 사람들의 의지를 꺾거나, 자신들이 추진하고 있는 다른 운동 때문에 알리야를 강하게 장려하지 않는다. 고토로 돌아가라는 성경적 명령에도 불구하고 오직 극소수의 지도자만 회중을 이스라엘로 보내는 일을 최우선 과제로 삼고 있다. 부록 A에는 유대인들에게 이스라엘로 돌아갈 것을 명령하고 이스라엘 땅에 있는 백성에게 축복을 약속하시는 말씀 700구절이 수록되어 있다.

한편 지난 몇 년 동안 이스라엘 유대인 지도자들(전 총리나 테디 콜렉, 에후드 올메르트, 니르 바르카트)은 알리야를 강하게 장려했다. 이작 샤미르 전 총리는 시리아의 최고 랍비들이 고토로 돌아와 시리아의 모든 유대인도 함께 알리야할 수 있도록 그들을 독려했다. 아리엘 샤론 전 총리도 알리야에 대해 강력히 목소리를 내면서 수백만 명의 유대인이 이스라엘로 돌아올 것을 믿었다. 베냐민 네타냐후 총리도 알리야를 강력히 지지하고 있다. 우리는 수천 명의 랍비가 회중을 러시아, 아르헨티나, 캐나다, 영국, 프랑스와 미국에서 이스라엘로 이끌기를 기도하고 있다.

데릭 프린스와 랜스 램퍼트는 디아스포라에 있는 유대인들에게 알리야를 격려하고 호소한 대표적인 인물들이다. 이외에도 많은 시온주의자가 있다. 얀 빌렘 반 더 호벤, 제이 롤링스, 스티브 라이틀을 비롯한 많은 기독교 시온주의자도 유대인들에게 고토로 돌아갈 것을 경고해 왔다.

제3차 세계 대전은 아마도 에스겔 38~39장에 언급된 '곡과 마곡의 전쟁'이 될 것이다. 조지 워싱턴의 비전이 암시하듯이 이슬람 혁명 세력과 반유대주의를 대표하는 러시아, 수단, 리비아, 독일, 이란이 미국을 공격해서 황폐화할 가능성이 있다. 그러나 에스겔 39장에 의하면, 그들이 작은 국가인 이스라엘에 대항할 때는 하나님께서 직접 개입하셔서 그들을 파괴할 것이다. 하나님은 마곡과 해안에 사는 사람들에게 불을 보낼 것이라고 말씀하시는데, 아마도 러시아와 미국을 말하는 것 같다. 작은 국가인 이스라엘은 잠깐 황폐해질 수는 있지만 결국에는 살아남을 것이다.

성경적으로 이스라엘의 미래는 확실하다. 미국에 관해서는 구체적으로 언급되지 않았지만 많은 사람이 미국, 특히 뉴욕은 요한계시록에 기록된 '바빌론의 딸'이며 결국 파괴될 것이라고 믿고 있다.

많은 유대인이 이스라엘의 안보가 미국의 군사적·재정적 지원에 달렸다고 믿는다. 과거 미국의 지원이 여러모로 이스라엘에 축복이 되었지만, 앞으로 이스라엘의 도움은 하나님과 이스라엘을 사랑하는 전 세계의 기독교 시온주의자 친구들로부터 온다는 것을 유대인들은 알아야 한다.

시편 20편 7절은 말씀한다. "어떤 사람은 병거, 어떤 사람은 말을 의지하나 우리는 여호와 우리 하나님의 이름을 자랑하리로다" 이 구절은 앞으로 이스라엘에 점점 더 중요해질 것이다. 이스라엘은 미국을 신뢰하기보다 이스라엘을 지키시며 졸지도 주무시지도 않으시는 (시 121:4) 하나님을 의지하고 신뢰해야 한다는 것을 깨닫게 될 것이다.

많은 기도와 금식이 하나님의 손을 움직여 1991년 말 소련 공산당의 통치와 미하일 고르바초프의 퇴진을 이끌어 냈다. 그러나 러시아와 중국, 이슬람 국가들과 적대국들에서 변화와 평화를 위한 외침이 있다고 해서, 이들 나라에 핵무기가 없어진 것은 아니다. 사람들이 "평안하다 안전하다" 말할 때 임산부에게 산통이 찾아오는 것처럼 갑자기 그들에게 파멸이 임하고 결국은 탈출하지 못할 것이다.

이란 혁명수비대 지도자들과 그들의 하수인인 레바논의 헤즈볼라, 시리아, 가자 지구의 하마스와 이슬람 혁명 지도자들은 악한 영감을 받은 자들이다. 그들의 목표는 미국과 이스라엘을 파멸하는 것이고,

이스라엘과 미국을 파괴하려는 그들의 의도를 분명히 밝혀왔다.

"미국 부통령 조 바이든, 미국의 유대인들에게 떠나라고 말해.
약속된 시간이 왔다는 또 다른 확증!"

2015년 3월 31일 화요일 〈이스라엘 투데이〉

반유대주의가 증가하면서 서방 국가들은 그들 나라에 사는 유대인들이 떠나지 않도록 설득하고 있다. 이러한 상황 가운데 미국의 바이든 부통령은 지난해 9월 미국 유대인 고위 지도자들이 참석한 로쉬 하샤나(유대인의 새해) 파티에서 자국의 유대인들에게 떠나라고 경고한 것은 매우 이례적이다.

〈더 애틀랜틱The Atlantic〉의 기자 제프리 골드버그는 이날 바이든이 이스라엘 총리였던 골다 메이어와의 첫 만남을 이야기하면서 파티를 시작했다고 썼다. 골다 메이어는 상원 의원이었던 젊은 바이든에게 "이스라엘이 전쟁에서 생존할 수 있었던 비밀 무기는 그들이 더이상 갈 곳이 없다는 사실이다"라고 말했다.

바이든은 "미국조차도 유대인들에게 안전한 피난처가 아니다"라고 말하면서 메이어 전 총리의 말에 전심으로 동의했다.

바이든은 "여러분이 아무리 미국과 깊이 연관되어 있어도, 여러분이 절대적으로 믿는 것은 딱 하나인데 바로 이스라엘 국가"라고 말해 많은 사람을 놀라게 했다. 바이든의 관점이 옳고, 궁극적으로 미국의 유대인들은 상대적으로 안전한 이스라엘로 떠날 수밖에 없다는 주장이 제기되고 있는 것이다.

유럽에서 반유대주의가 뚜렷하게 증가하고 있는데, 최근 미국도 같은 상황 속에 있다. 반명예훼손연맹이 매년 발간하는 〈반유대주의 사건 감사〉에 따르면, 2014년 미국에서 반유대주의 관련 사건이 21퍼센트 증가한 것으로 나타났다.

지난 가을 바이든의 발언은 다소 당황스러운 판단 착오처럼 보일 수도 있다. 특히 그가 속한 민주당은 유대인들의 압도적인 지지를 받고 있다는 사실을 고려하면 실언한 것처럼 보일 수도 있지만, 이것은 곧 다가올 상황에 대한 경고일 수 있다.

당시 미국의 2인자였던 바이든은 미국의 많은 진보주의 유대인과 들을 귀가 있는 모든 유대인에게 내는 목소리의 역할을 한 것이며 그가 이런 발언을 한 것은 다가올 일들의 심각성을 알고 있기 때문이다.

이 책을 읽고 나서 몇몇은 "하나님께서 '언젠가' 미국을 심판하시겠지만, 아직 때가 아니다"라고 말할지도 모르겠다. 하지만 그때는 우리의 생각보다 더 빠를지도 모른다. 반메시아 세계 질서 세력은 매우 극적인 세계 평화 운동을 전개하고 있다. 주요 문명 가운데 대부분의 사람이 경고와 구원의 목소리에 너무 늦게 반응했다는 사실을 절대로 잊으면 안 된다. 쇠퇴하는 문명들은 빠르게 반응하지 않았다. 오늘이 바로 하나님의 음성을 듣고 그분의 계획에 반응하는 날이 되어야 한다. 미국의 들을 귀 있는 자들은 더이상 미국이 평상시처럼 평안하다고 말하면 안 된다.

하나님께서는 미국의 유대인들에게 미국 문명에서 속히 출애굽해서 이스라엘로 가라고 경고하신다. 예언에 따르면, 이스라엘은 인류에게 있어 다음 세대의 주요 문명이자 마지막 문명이 될 것이다. 유대인들은 경제 붕괴의 덫에 걸려 모든 재정을 잃기 전에 미국을 떠나야 한다. 그렇지 않으면 빈털터리로 이스라엘로 돌아오거나, 핵폭탄으로 얼룩진 홀로코스트를 또 한 번 겪을지도 모른다. 미리 피하지 않으면 유럽에서 죽은 6백만 명의 유대인이 그랬던 것처럼 이스라엘에서 맞이할 수 있었던 그들의 운명을 그리워하게 될 것이다.

독일과 유럽에 사는 유대인들은 홀로코스트가 있기 전 이스라엘로 떠나는 것에 관하여 이미 몇 년 동안이나 이야기했었다. 그러나 안타깝게도 이들 대부분이 일상적인 고민에 발목이 잡혀 경고의 메시지를 무시하고 그들을 위한 하나님의 목적을 놓쳤다.

우리는 심판이 오기 전에 미리 경고하셔서 피할 길을 내시는 하나님의 신실함과 사랑에 감사해야 한다. 철학자 산타야나는 "역사가 주는 교훈을 배우지 않는 자는 그것을 반복할 수밖에 없다"고 말했다. 미국 유대인들은 과거 세대가 저질렀던 실패에서 교훈을 배워야 한다. 그래서 미국에 임박한 심판을 피하라는 하나님의 신실한 경고와 계명에 주의를 기울여야 한다

"하나님, 유대인들이 미국 물질주의의 속박에서 벗어나 더 늦기 전에 이스라엘로 돌아가도록 미국 유대인들에게 대규모 알리야 운동을 허락하소서! 하나님, 신실한 유대인들을 고토로 부르셔서 이스라엘을 가장 위대한 영광으로 회복시키소서!"

3장

미국에 임할
심판에 대한 경고

Let My People Go!

주를 두려워하는 것은 깨끗하여 영원토록 지속되고 주의 판단들은 진실하고 다 의로우니(시 19:9, KJV)

바벨론 성에 거주하는 시온아 이제 너는 피할지니라(슥 2:7)

이는 한 나라가 북쪽에서 나와서 그를 쳐서 그 땅으로 황폐하게 하여 그 가운데에 사는 자가 없게 할 것임이라 사람이나 짐승이 다 도망할 것임이니라 여호와의 말씀이니라 그 날 그 때에 이스라엘 자손이 돌아오며 유다 자손도 함께 돌아오되 그들이 울면서 그 길을 가며 그의 하나님 여호와께 구할 것이며 그들이 그 얼굴을 시온으로 향하여 그 길을 물으며 말하기를 너희는 오라 잊을 수 없는 영원한 언약으로 여호와와 연합하라 하리라(렘 50:3-5)

하나님의 심판은 공의롭다. 죄와 함께하실 수 없는 거룩하신 하나님은 문명과 사회 속의 암적 존재인 죄를 소멸하실 수밖에 없다. '현대판 바빌론의 심장'이라고 여겨지는 뉴욕과 미국이 엄청난 심판을 앞두고 있다. 2001년 9월 11일에 발생한 테러는 대 심판의 첫 열매였다. 미국 유대인들이 이스라엘로 피하지 않으면 앞으로 몇 년 안에 점점 더 큰 심판을 경험할 것이다. 이러한 심판에도 유대인들이 예루살렘으로 돌아오지 않는다면, 그들에게 더이상 희망은 없다.

심판은 하나님의 집에서 시작된다

하나님의 집에서 심판을 시작할 때가 되었나니 만일 우리에게 먼저 하면 하

나님의 복음을 순종하지 아니하는 자들의 그 마지막은 어떠하며(벧전 4:17)

하나님은 개인과 사역 단체 그리고 교회를 심판하고 계신다. 지난 10년간 교회가 범한 간음죄가 최근 폭로되고 있다. 교회 안에서 많은 이를 유혹한 교만과 자만 그리고 맘몬의 거짓도 드러나고 있다. 교회가 점점 더 성장하고 나아지고 있다는 말은 오만한 거짓이다. 미래의 교회는 박해와 재정난으로 인하여 지하교회처럼 될 것이다.

사이비 종교에 빠진 유대인과 미국 사회에 동화되어 가는 유대인

통계에 의하면, 유대인은 전체 미국 인구의 2~3퍼센트에 불과하지만, 미국에서 사이비 종교에 연루된 사람 중 최대 15퍼센트가 유대인이다. 한편, 1백만 명 이상의 미국 내 유대인들이 지난 50년간 미국 사회에 동화되었다. 2000~2001년 '유나이티드 쥬이시 커뮤니티 서베이'에 의하면, 미국 내 유대인 31퍼센트가 다른 민족과 결혼했다. 미국 내 국제결혼 비율은 1964년 6퍼센트에서 1974년에는 14퍼센트, 1987년에는 23퍼센트 증가했고 1996년 이후에는 무려 47퍼센트나 증가했다. 유대인이 아닌 배우자가 유대교로 개종한 비율은 1971년 44퍼센트에서 1975년 27퍼센트로 감소하였고 1980년 이후에는 12퍼센트까지 줄어들었다.

반유대주의의 증가

루이 파라칸은 1986년 1만 명이 듣고 있는 워싱턴 DC 라디오 방송에서 "곧 유대인들의 머리를 미국의 골목골목마다 굴리게 될 것"이라고 말했다. 1996년, 그는 반유대주의적 목적을 달성하기 위해 리비아의 카다피와 이라크의 사담 후세인에게 수백만 달러를 받아 워싱턴 DC에서 1백만 명의 행진을 이끌었다. 이렇듯 반유대주의가 증가하고 있다.

미국의 재정이 붕괴되면 유대인들이 희생양이 될 수 있다. 특히 연방준비제도 이사회 의장인 앨런 그린스펀과 많은 유대인 경제학자에게 그 책임이 전가될 것이다.

KKK단 Ku Klux Kan 백인우월주의, 인종차별주의자들의 비밀 단체-편집 주, 네오나치 운동 등 반유대 단체가 매년 증가하고 있다. 유대인문화교육촉진협회 B'nai B'rith 의 명예훼손방지연맹에 따르면, 1987년 미국에서 반유대주의적 기물 파손 행위가 17퍼센트 증가했다. 1990년대 내내 이스라엘에서 팔레스타인 시위와 폭동이 있었고, 이로 인해 세계 여론은 점점 이스라엘에 반대하는 쪽으로 기울었다. 2002년 제2차 걸프전 당시 워싱턴 DC에서는 약 20만 명의 사람들이 모여 팔레스타인을 위한 국가적인 행진을 벌였는데, 전쟁과 인종차별에 대항하는 행진에 '홀로코스트 종식'과 같은 반유대주의 구호를 사용하였다.

유대인은 자신들의 안전을 통제할 수 있는 이스라엘에 거하는 것이 더 안전하다.

시편 121편 4절은 이같이 말씀한다. "이스라엘을 지키시는 이는 졸지도 아니하시고 주무시지도 아니하시리로다"

경제적 심판

8년도 채 안 되어, 미국은 세계에서 가장 큰 투자국에서 가장 큰 채무국이 되었다. 또 많은 나라들이 미국에게 빚을 갚을 수 없다고 선언하고 있다. 2003년 미국의 국가 부채는 6조 9천억 달러 이상이며 지금도 계속 증가하고 있다. 2015년에는 국가 부채가 거의 20조 달러에 이르렀다. 통화 및 금융 붕괴가 임박했는지도 모른다. 이사야 60장은 열방의 재물이 이스라엘로 모일 것이라고 말씀한다. 유대인들이 지금 미국을 떠나지 않으면, 빈털터리가 된 난민 신분으로 돌아가야 할 것이다.

낙태

지난 45년간 미국에서 7천만 명 이상의 아기들이 죽임을 당했다. 출애굽기 20장 13절은 "살인하지 말라"고 말씀하고 있지만, 미국은 세계에서 두 번째로 진보적인 낙태법을 가진 나라이다. 낙태가 합법화되던 1973년에는 총 74만 5천 건의 낙태가 보고되었다. 1973년 이후 그 수는 꾸준히 증가해 1990년 낙태 신고 건수는 160만 8천 600건에 달했다.

미국 땅에 흘려진 피가 너무 많음에도 불구하고 아직 국가적인 심판을 받지 않은 것은 기적이다. 세속적·보수적 유대인 할 것 없이 유대인들은 낙태를 장려했다. 다음 세대를 살해하는 낙태가 그들의 미래에 영향을 미치는 일임에도 불구하고 말이다. 오늘날의 낙태는 구약 시대 때 아이들을 제물로 바치던 것과 다를 바 없다.

누구든지 이스라엘의 단 한 영혼이라도 죽이는 자는 하나의 완전한 세계를 파괴하는 것이고, 누구든지 이스라엘의 영혼 하나를 보존하는 자는 하나의 완전한 세계를 보존하는 것이다. 이 사실을 당신에게 가르쳐 주기 위해서 인간은 홀로 창조되었다. 미슈나 20에 있는 바빌로니아 탈무드 산헤드린 37

에이즈: 성적 부도덕에 대한 하나님의 심판

성적 행위가 아닌 무고한 방식으로 많은 사람이 에이즈에 걸리지만, 미국에서 HIV 양성 판정을 받았거나 에이즈에 걸린 사람들의 수는 2003년 기준으로 250만 명이 넘는다. 뉴욕은 세계에서 가장 큰 유대인 거주 도시인 동시에 HIV 바이러스 보균자 혹은 에이즈 환자가 7만 5천 명 이상이 살고 있는 도시이다. 이 에이즈 감염률 수치는 아시아나 중남미, 아프리카의 일부 제3세계 국가와 비슷하다. 에이즈는 뉴욕을 통해 미국 등지로 확산되고 있다.

정치와 비즈니스 영역에서의 심판

수십 년간 간통과 부패를 일삼아온 정치인들의 파렴치한 행동이 폭로되고 있다. 과거의 대통령은 사임하고 물러났지만 오늘날의 정치인들은 그렇지 않다. 하나님은 지금 정치와 비즈니스 영역을 심판하고 계신다. 클린턴 대통령은 스캔들에 휘말렸고, 이반 보스키나 마피아 두목과 같은 재계 지도자들의 죄목도 폭로되고 있다.

테러로 얼룩진 미국

그들이 놀라며 괴로움과 슬픔에 사로잡혀 해산이 임박한 여자 같이 고통하며 서로 보고 놀라며 얼굴이 불꽃 같으리로다(사 13:8)

1987년 AP통신은 미국 연방 수사국FBI이 1986년 미국에서 발생할 수도 있었던 200건의 테러를 미연에 방지했다고 보도했다. 수천 명의 테러리스트가 미국 내에 있고 언제든지 미국을 공격할 수 있다. 그들이 테러를 일으킬 가능성이 가장 높은 곳은 대다수 유대인이 거주하고 있는 대도시들이다.

1993년 2월 26일 뉴욕: 세계무역센터 지하 차고에서 폭탄이 터져 6명이 숨지고 최소 1천 명 이상의 부상자가 나왔다. 이 사건은 미국에서 발생한 최악의 폭탄 테러로 기록되었다.

1995년 4월 20일 오클라호마: 연방 청사 건물에 폭탄을 탑재한 트럭이 돌진해서 168명의 사망자가 발생했다. 168명의 사망자 중에는 어린이가 19명이나 있었다. 이밖에 구조 작업에 참여한 간호사 1명도 구조 중 머리를 다쳐 사망했다. 부상자는 4백 명 이상으로 집계되었다.

2001년 9월 11일 뉴욕 & 워싱턴 DC: 이슬람 테러리스트에게 공중 납치된 두 대의 비행기가 세계무역센터와 펜타곤 건물에 충돌했다. 단 한 시간 만에 약 3천 명이 사망하고 수많은 부상자가 나왔다. 지난 7년간 이스라엘에서 테러로 사망한 사람들의 숫자보다 훨씬 많은 사상자가 이날 발생했다.

2004년: 미국이 아프가니스탄, 이라크 등 많은 나라에 개입하기 시작한 이후 테러 위협은 계속 증가하고 있다.

2014년 4월: 캔자스에서 발생한 테러로 유대인들이 사망하고 박해받았다.

불안정한 기상 상황

일월 성신에는 징조가 있겠고 땅에서는 민족들이 바다와 파도의 성난 소리로 인하여 혼란한 중에 곤고하리라 사람들이 세상에 임할 일을 생각하고 무서워하므로 기절하리니 이는 하늘의 권능들이 흔들리겠음이라(눅 21:25-26)

또 내가 위로 하늘에서는 기사를 아래로 땅에서는 징조를 베풀리니 곧 피와 불과 연기로다 주의 크고 영화로운 날이 이르기 전에 해가 변하여 어두워지고 달이 변하여 피가 되리라(행 2:19-20)

위 성경 구절들은 하늘과 바다에 큰 변화가 오고 있다고 말씀한다. 이것은 많은 사람의 삶과 건강에 큰 영향을 미칠 것이다.

1993년 6~8월: 두 달 동안 내린 폭우로 미시시피강과 그 지류가

범람해 10개 주 일리노이, 아이오와, 캔자스, 켄터키, 미네소타, 미주리, 네브래스카, 노스다코타, 사우스다코타, 위스콘신에 홍수가 났고, 이로 인해 50여 명의 사망자가 발생하였고, 120억 달러의 재산과 큰 농작물 피해가 있었다. 그리고 7만여 명의 사람이 집을 잃었다.

1996~1997년 겨울: 재앙에 가까운 홍수는 미국 중서부 지역에서 29명의 목숨을 앗아갔다.

2002년 5월: 미주리, 일리노이, 인디애나, 웨스트버지니아, 버지니아, 켄터키에서 발생한 홍수는 큰 피해와 함께 20명의 사망자를 남겼다.

2002~2003년 여름: 서부에서 산불이 발생해 7백만 에이커가 넘는 삼림과 토지, 4천 채 이상의 집이 불에 탔다. 50명의 사람이 목숨을 잃고 40억 달러의 재산 피해와 많은 소방 비용이 발생했다.

미국 역사상 가장 큰 자연재해와 피해액(무보험 손실 포함)은 다음과 같다. 1989년 허리케인 휴고 59억 달러, 1992년 허리케인 앤드류 3백억 달러, 1993년 중서부 지역 홍수 120억 달러, 2005년 사이클론 카트리나 840억 달러, 사망자 1,836명, 2012년 허리케인 샌디 730억 달러, 사망자 147명.

기근

아무도 미국에 심각한 기근이 발생할 수 있다고 예상하지 않겠지만, 우리의 생각과는 달리 곧 미국에 기근이 발생할 수 있다. 기상 상황이 작물 주기에 영향을 미쳐서 기근이 발생할 수 있고, 석유 부족으로 인해 식량 유통에 차질이 생길 수도 있다. 요한계시록 18장은 기근을 바빌론 멸망의 결과 중 하나로 묘사한다. 마태복음 24장도 기근에 대해 말씀하고 있고, 누가복음 6장 25절은 "화 있을진저 너희 지금 배부른 자여 너희는 주리리로다"라고 경고하고 있다.

지진

1986년에 그 어느 해보다 많은 지진이 발생해 세계를 뒤흔들었다. 지진학자들은 앞으로 지진 위협은 더 커지고, 도시의 확장으로 인해 피해 잠재력은 더 커질 것으로 예측한다. 미국을 관통하는 세계 주요 지진 단층 가운데 10개가 언제든 지진을 발생시킬 수 있는 활성 단층이다(마 24:7). 지진 발생 가능성이 가장 높은 두 곳은 대부분의 유대인이 거주하는 동해안과 서해안 지역이다. 미국 역사 속에 수백 번의 지진이 발생해 사람들의 삶을 파괴했다.

1868, 1906년: 샌프란시스코만에서 매우 큰 지진과 상당한 규모의 여진이 보고되었다.

1989년: 미국 프로야구 월드시리즈 중 샌프란시스코만에서 지진이 발생해 59억 달러(무보험 손실 포함)의 재산 피해가 발생했다.

1994년 1월 17일 남부 캘리포니아: 로스앤젤레스, 벤투라, 오렌지, 샌버너디노주 카운티에서 발생한 6.8 규모의 지진으로 60명의 사망자와 7천 명 이상의 부상자가 발생했다. 2만 명 이상이 집을 잃었고, 4만 채 이상의 건물이 피해를 입었다. 고가 도로가 붕괴되고 화재 피해도 심각했다. 총 피해 금액은 약 2백억 달러이다. 언제든지 더 큰 지진이 발생할 수 있다.

가장 우려되는 공격 - 테러리스트와 생물학 및 핵 공격, 화학 무기 공격

많은 도시가 테러와 핵 공격의 표적이 될 수 있다. 대부분의 유대인은 교외보다는 대도시에 살고 있기 때문에 대규모 살해 공격(사 6:9-13, 계 18)에 노출되어 있다.

미국의 모든 죄 외에도, 이란과 타협해 이란의 핵무기 개발 위협을 저지하는 이스라엘의 편에 서지 않는 것은 미국의 안보를 위협하는 일이고 이란의 핵 공격에 더욱 노출되는 일이다.

하나님께서는 AD 70년에 이스라엘 민족을 심판하셨고, 이제 미국과 이방 민족들을 심판하려 하신다. 유대인들은 이스라엘로 돌아가야 한다. 그렇지 않으면 그들은 핵 홀로코스트를 경험하게 될지도 모른다. 더 늦기 전에 미국 유대인 공동체가 이스라엘로 대규모 알리야를 해야 한다.

급진적인 심판들이 곧 미국에 임할 것이다. 심판의 정도는 미국이 얼마나 회개하는가에 달렸다. 니느웨가 그랬던 것처럼 회개와 금식, 기도와 부흥이 필요하다. 나는 유대인들이 이 심각한 심판에 대한 경고를 진지하게 받아들이도록 기도한다.

에스겔 39장 28절처럼 모든 유대인을 이스라엘로 데려오려는 하나님의 목적과 계획이 성취될 것이다. 하나님께서 미국에 내릴 심판은 공의로우며, 자기 백성에게 이스라엘 땅으로 돌아갈 때라고 말하는 하나님 사랑의 경고를 유대인들은 받아들여야 한다. 유대인들이 잇사갈의 자손처럼 이 시대를 분별하고 그들이 지금 무엇을 해야 하는지 깨달아 알기를 기도한다(대상 12:32).

점점 더 많은 영역에서 영광의 구름이 미국을 떠나 예루살렘으로 움직이고 있고, 하나님의 호의 또한 미국 땅에 있는 유대인들에게서 점차 떠나게 될 것이다. 의로우신 하나님 사랑의 경고에 귀를 기울이지 않는 유대인들은 미국에 임할 심판에 의해 크게 다칠 수 있다. 2015년 7월 13일 미국의 모든 주에서 합법화된 동성 결혼의 결과는 소돔과 고모라의 멸망에서 분명히 알 수 있다. 역사가 주는 교훈을 배우지 않으면 실수를 반복할 수밖에 없다.

귀한 유대 백성이여, 미국에 임할 심판과 핵 홀로코스트로부터 도피하라!

다시 태어난 이스라엘로 돌아가서 영광의 왕을 위하여 이스라엘의 회복을 도우라!

4장

이스라엘과 예루살렘의 재탄생과 회복

이러한 일을 들은 자가 누구이며 이러한 일을 본 자가 누구이냐 나라가 어찌 하루에 생기겠으며 민족이 어찌 한 순간에 태어나겠느냐 그러나 시온은 진통하는 즉시 그 아들을 순산하였도다(사 66:8)

그러므로 주 여호와께서 이같이 말씀하셨느니라 내가 이제 내 거룩한 이름을 위하여 열심을 내어 야곱의 사로잡힌 자를 돌아오게 하며 이스라엘 온 족속에게 사랑을 베풀지라 그들이 그 땅에 평안히 거주하고 두렵게 할 자가 없게 될 때에 부끄러움을 품고 내게 범한 죄를 뉘우치리니 내가 그들을 만민 중에서 돌아오게 하고 적국 중에서 모아 내어 많은 민족이 보는 데에서 그들로 말미암아 나의 거룩함을 나타낼 때라 전에는 내가 그들이 사로잡혀 여러 나라에 이르게 하였거니와 후에는 내가 그들을 모아 고국 땅으로 돌아오게 하고 그 한 사람도 이방에 남기지 아니하리니 그들이 내가 여호와 자기들의 하나님인 줄을 알리라 내가 다시는 내 얼굴을 그들에게 가리지 아니하리니 이는 내가 내 영을 이스라엘 족속에게 쏟았음이라 주 여호와의 말씀이니라 (겔 39:25-29)

하나님은 아브라함에게 처음으로 시온주의의 비전을 드러내 보이셨고, 4천 년 전 위대한 족장들아브라함, 이삭, 야곱을 가나안 땅과 후에 '다윗의 성'으로 알려진 도시 예루살렘으로 인도하셨다. 1967년 예루살렘은 재탄생한 이스라엘 국가(1948년)의 수도로 회복되었고 지금도 그 회복은 진행 중이다. 예루살렘은 곧 이스라엘뿐만 아니라 전 세계를 위한 메시아의 수도가 될 것이다.

마지막 날들에 주의 집의 산이 산들의 꼭대기에 굳게 세워지며 작은 산들 위로 높여지리니 모든 민족들이 그리로 흘러들리라. 많은 백성들이 가며 이르기를, 너희는 오라. 우리가 주의 산에 오르고 야곱의 하나님의 집에 이르자. 그분께서 자신의 길들을 우리에게 가르치실 터인즉 우리가 그분의 길들로 걸으리라, 하리니 이는 법이 시온에서부터 나가며 주의 말씀이 예루살렘으로부터 나갈 것이기 때문이라. 그가 민족들 가운데서 심판하며 많은 백성들을 꾸짖으리니 그들이 자기들의 칼을 쳐서 보습을 만들고 자기들의 창을 쳐서 낫을 만들리라. 민족이 민족을 치려고 칼을 들지 아니하고 그들이 다시는 전쟁을 배우지 아니하리라(사 2:2-4, KJV)

성경에서 예루살렘이 처음으로 언급되는 부분은 살렘 왕 멜기세덱이 떡과 포도주를 들고 나와 "천지의 주재이시요 지극히 높으신 하나님이여 아브람에게 복을 주옵소서"(창 14:17-24)라고 말씀하는 부분이다. 우리 팀은 사람들을 이끌고 예루살렘 언덕을 올라갈 때마다 아브라함을 축복하던 멜기세덱을 기억하면서, 떡과 포도주를 나누고 아브라함의 영적 후손으로서 주님의 축복을 받곤 한다. 아브라함 시대 이후 기근이 이 땅을 덮쳤고, 아브라함의 후손은 이집트에 머물렀다. 그때 하나님께서 모세에게 출애굽의 비전을 보여 주시고 십계명을 주시며 희생 제사의 장막을 세우게 하셨다. 이로 인해 이스라엘 백성뿐만 아니라 온 열방도 엄청난 축복을 받았다. 그리고 여호수아가 이스라엘 백성을 가나안으로 이끌어 그 땅을 차지하게 했다.

아브라함의 때로부터 천 년이 지난 후, 다윗왕이 예루살렘으로 하나님의 언약궤를 가져오고 솔로몬에 의해 성전이 세워지면서 예루살렘은 가장 큰 영광을 누렸다. 다윗의 장막은 뿔나팔과 트럼펫, 심벌즈, 춤추는 자들과 노래하는 자들, 리라와 하프 연주를 사용해 하나님을 찬양하였다. 다윗왕은 이스라엘의 하나님 앞에서 춤추며 주님으로 말미암아 즐거워했다. 다윗은 시편 대부분을 기록했는데, 그의 시편은 지금까지도 세상에서 가장 뛰어난 노래로 남아 있다.

그러나 곧 온 나라에 우상숭배가 들어와 하나님의 심판이 임했다. 이사야는 앗수르를 통해 임할 심판에 관하여 경고했고, 예레미야는 바빌론 사람들에 의해 내려질 2차 심판을 경고했다.

유대인들이 두 번째로 이 땅에 돌아온 때는 바사(페르시아)의 고레스왕 통치 아래에 있을 때였다. 이 귀환은 이스라엘뿐만 아니라 온 열방에 큰 축복을 가져다주었다. 이 시대의 끝에 예슈아께서 탄생하시고 희생제물이 되셨다. 그리고 구원의 메시지가 전 세계의 이방인들에게 퍼져 나갔다.

또 다른 중요한 분기점은 1948년이다. 1897년 테오도어 헤르츨은 50년 안에 이스라엘 국가가 세워질 것을 예언했다. 그로부터 정확히 50년 후인 1948년, 홀로코스트가 끔찍하게 유대인을 할퀸 뒤 이스라엘이 재탄생했다. 아이러니하게도 1947년 11월 27일 당시 2백만 명의 유대인이 노예로 묶여 있던 소련의 안드레 그로미코 대통령이 이스라엘을 국가로 인정하는 협정에 최초로 서명했다.

1948년은 이스라엘 국가가 재탄생한 해이고, 유엔과 세계교회협의회가 구성된 해이기도 하다. 빌리 그레이엄, 빌 브라이트, 리처드 할버슨의 사역과 많은 복음주의적 사역들이 그때 시작되었다. 카리스마 운동의 아버지인 데이비드 뒤 플레시스는 비전을 보았는데, 이스라엘이 국가로 세워지면 카리스마 운동이 시작될 것이라는 내용이었다. 그리고 정확히 그 비전대로 되었다. 마치 선지자 요엘이 마지막 때에 일어날 일에 관하여 예언했던 내용처럼 하나님께서는 모든 육체에 성령을 쏟아붓기 시작하셨다.

1967년 발생한 6일 전쟁 또한 역사상 매우 중요한 시기였다. 서기 70년에 예루살렘이 이방인의 통치하에서 이스라엘에 반환되었다. 대부분의 기독교인은 이것이 누가복음 21장 24절 "예루살렘은 이방인의 때가 차기까지 이방인들에게 밟히리라"는 말씀이 성취되기 시작한 것으로 보고 있다.

나는 이스라엘이 탄생하던 1948년에 태어나는 특권을 얻었다. 이스라엘 국가가 40세가 되던 날 5일 뒤에 나도 40세가 되었다. 1982년 초막절 동안 나는 예루살렘에서 기도하며 공부하고 있었다. 그때 하나님께서 내 눈에 덮여 있던 수건을 벗겨 주셔서 이스라엘을 향한 주님의 목적과 어떻게 주님께서 유대인들을 러시아와 미국 등지에서 이스라엘로 데려오실 것인지를 보게 하셨다. 나는 또한 에스겔 37장에 언급된 마지막 때 일어날 대부흥이 이스라엘 땅에서 일어날 것을 이해하게 되었다.

나는 언젠가 예루살렘에 살면서 이스라엘을 위해, 유대인의 귀환을 위해, 예루살렘의 평안과 열방의 구원을 위해 그리고 메시아의 다시 오심을 위해 중보하며 다른 사람들도 그렇게 기도하도록 격려하는 시간을 보내게 될 것을 알고 있었다.

우리는 이스라엘로 이주하기 전 4년 동안 워싱턴 DC에서 '이스라엘의 재탄생을 축하하는 국가적 기념행사'를 주관하였다. 이 행사에서 기독교인들과 관계를 형성한 랍비들을 예우하는 시간도 가졌다. 1987년 이스라엘로 완전히 이주하기 전, 나는 예루살렘과 이스라엘을 20번 이상 다녀오는 특권을 누렸는데, 많은 목회자와 평신도들을 데리고 이 땅을 순회하며 예루살렘의 평화와 유대인들의 귀환을 위해 기도해 왔다.

우리는 이스라엘의 안전을 위해 이집트, 요르단, 시리아, 레바논 국경에서 여러 번 기도했다. 또 올드 시티를 여러 차례 돌면서 예루살렘의 평화와 유대인과 아랍인 사이의 평화를 구했고, 영원한 평화를 가져올 메시아의 재림을 위해 수없이 기도했다. 우리는 유대교 회당에서 유대인들을 위해 기도했고, 병원에 있는 사람들을 위해서도 기도했다. 군부대를 찾아가 군인들을 만나서 함께 노래를 부르고 그들에게 선물도 주고 기도와 축복도 해주었다. 심지어 나중에는 이스라엘 대통령과 총리들을 만나는 특권까지 누렸다.

에티오피아 유대인들이 처음 알리야했을 때 나는 예루살렘에 있었고, 이들이 이스라엘 사회에 흡수되기 위해 고군분투하는 동안 그들과 함께 기도했던 기억이 난다. 우리는 유대인들을 위해 수백 상자의 옷을 이스라엘로 가져왔다. 또 '샬롬 예루살렘 숲'을 조성하고 있다. 우리 투어에 참여한 많은 사람이 자신의 이름으로, 또 가족과 친구의 이름으로 그곳에 나무를 심었다. 많은 이들이 유대인들을 위해 소중한 것들을 나누었다. 하지만 여전히 우리는 우리가 유대인들을 축복한 것보다 더 많은 축복을 그들에게 받고 있다.

우리는 유대인들의 사랑과 그들이 회복한 땅에서 축복을 받았다. 우리는 성경과 선지자들 그리고 유대인의 뿌리 속에 간직된 우리 몫의 유산을 축복으로 받았다. 또한 유대인과 많은 기독교인을 이스라엘로 데려갈 수 있는 특권을 받았고, 이스라엘에 거주하면서 하나님을 더 깊이 알게 된 사람들을 만날 수 있는 특권을 얻었다. 눈앞에 펼쳐지는 사해 풍경과 예슈아 시대 때 사용된 고기잡이 배가 최근 갈릴리 호수에서 발견된 것을 볼 수 있는 것이 우리에게 얼마나 큰 축복인지 모른다.

성경에 등장하는 아름다운 명소들을 볼 수 있는 것, 아침 식사로 팔라펠병아리콩을 으깨어 만든 작은 경단을 납작한 빵과 함께 먹는 중동 지역 음식과 채소를 먹을 수 있는 것, 갈릴리 호수의 베드로 고기를 먹을 수 있는 것도 큰 축복이다. 아름다운 이스라엘 음악과 춤, 심카 토라 Simchat Torah, 초막절 끝 날에 지키는 유대교 의식 - 편집 주 때 벽에서 춤추는 아이들, 모든 상점이 문을 닫는 샤밧 안식일에도 축복을 받았다. 우리 죄를 위한 속죄의 피를 기억하면서, 하던 모든 일을 멈추고 깊은 묵상과 회개로 들어가는 '욤 키푸르 Yom Kippur'를 경험하는 축복도 받았다. 여러 교육 박물관과 아름다운 바다, 장미처럼 피어나는 사막은 이스라엘의 하나님, 아브라함과 이삭과 야곱의 하나님께서 축복하시듯 우리를 축복했다.

이런 수많은 축복을 누리는 특권을 누렸기 때문에, 우리는 시온주의 비전을 실현하는 데 도움이 되어야 한다는 책임감을 느낀다. 우리는 기독교인으로서 이스라엘 땅에서 많은 축복을 받았다. 어떤 이들은 홀로코스트 이후 조국을 돌려받은 유대인들이 왜 아름다운 약속의 땅으로 돌아가지 않고 낯선 바빌론 땅에서 시온의 노래를 부르는지 궁금할 것이다.

유대인들이 이방 땅에서 이스라엘로 돌아갈 그 멋진 날이 다가오고 있다. 에스겔 39장 28-29절은 하나님께서 그들을 하나도 남기지 않고 그들의 땅으로 모으겠다고 말씀하신다. 하나님께서는 더이상 이스라엘에게 얼굴을 가리지 아니하시고 이스라엘 집에 성령을 쏟아부으실 것이다.

처음 두 번의 귀환이 온 세상에 엄청난 축복을 가져다주었다면, 다가오는 세 번째 귀환은 얼마나 더 큰 축복을 가져오겠는가?

여호와께서 시온을 건설하시고 그의 영광 중에 나타나셨음이라(시 102:16)

세 번째 귀환의 성취는 메시아를 다시 오시게 할 것이다. 20세기는 진정으로 회복의 때였다. 하나님께서는 20세기 초 테오도어 헤르츨에게 성령의 감동으로 이스라엘 회복의 비전을 주셨고, 이방인들에게는 그분의 영을 부어 주기 시작하셨다. 유대인과 기독교인 사이에 운행하시는 성령의 이러한 움직임은 세기가 바뀐 지금까지도 지속해서 증가하고 있다. 아직 오지 않은 가장 위대한 회복은, 북방과 미국, 열방에서 귀환한 수백 명의 유대 백성에게 하나님의 성령을 쏟아 부으실 때 일어날 것이다.

이 책의 첫 번째 판은 1987년 12월 이스라엘에서 폭동이 시작되기 이틀 전에 인쇄되었다. 많은 미국 유대인과 다른 나라에 살던 유대인들은, 이스라엘 사람들이 그 상황을 처리한 방법에 관하여 매우 비판적이었다. 그러나 디아스포라 유대인들이 이스라엘 국가가 재탄생한 지 55년의 세월 동안 이스라엘로 돌아오라는 하나님의 부르심에 순종했다면 이런 문제는 애초에 존재하지도 않았을 것이다. 미국 유대인들이 이스라엘 사태를 돕고 싶다면 손가락질을 멈추고 이스라엘로 알리야해야 한다.

선지자들의 예언대로 이스라엘 땅에 유대인들로 차고 넘쳤다면, 세상은 아마 이스라엘을 바라보며 "저 땅은 홀로코스트를 막 지나온 유대인들만 살기에도 좁다"고 말했을 것이다. 그러나 디아스포라 유대인들이 서양에서 돌아오지 않았기 때문에 이스라엘 땅 일부에만 유대인들이 거주하고 있고, 나머지는 세상의 의견대로 '타인에게 속한 영토,' 즉 '점령지'로 여겨지고 있다. 미국과 러시아 유대인들이 이 땅으로 돌아와 하나님께서 주신 땅을 차지했다면 이런 문제는 발생하지 않았을 것이다. 더 많은 문제가 발생하기 전에 그들이 곧 돌아오기를 바랄 뿐이다.

데이비드 벤 구리온은 네게브 땅을 개발하면 벨기에 정도의 인구 규모를 가진 국가가 될 수 있다고 말했다. 데이비드 벤 구리온이 성명을 발표했을 때, 지리적으로 이스라엘과 국토 면적이 비슷한 벨기에에는 1천만 명의 인구가 살고 있었다. 1997년 이스라엘의 인구는 약 6백만 정도이다.

야곱아 내가 반드시 너희 무리를 다 모으며 내가 반드시 이스라엘의 남은 자를 모으고 그들을 한 처소에 두기를 보스라의 양 떼 같이 하며 초장의 양 떼 같이 하리니 사람들이 크게 떠들 것이며 길을 여는 자가 그들 앞에 올라가고 그들은 길을 열어 성문에 이르러서는 그리로 나갈 것이며 그들의 왕이 앞서 가며 여호와께서는 선두로 가시리라(미 2:12-13)

1987년 당시 이스라엘은 벤 구리온이 계획했던 인구 1천만 명에서 5백만 명 이상이 모자란 상황이었다. 앞으로 귀환할 수백만 명을 위한 공간은 충분히 남아 있다. 2004년 이스라엘 인구는 7백만 명으로 늘었고, 벤 구리온이 꿈꿨던 것처럼 백만 명의 유대인을 네게브에 정착시킬 것이라는 비전과 계획은 현재진행형이다. 다만 우리의 걱정은 돌아오기를 거부하는 미국의 유대인들이다.

하나님께서는 "한 사람도 이방에 남기지 않겠다"(겔 39:28-29)고 말씀하셨지만, '남은 자'들이 모두 돌아올 것이라 말씀하셨지 그들 모두가 돌아올 것이라고는 말씀하지 않으셨다. 결국 유대인들은 이스라엘 땅으로 돌아오거나 디아스포라 상태에서 죽을 것이다.

이방 국가들 특히 미국에 대한 심판이 증가함에 따라 돌아오지 않는 한 수백만 명의 유대인이 그곳에서 죽을 수도 있다. 유대인들에게 이스라엘로 돌아가라고 말씀하는 성경은 700구절이(부록 A 참조) 넘는다. 유대인들에게 디아스포라 상태로 남으라고 말하는 성경 구절은 아직 찾지 못했다.

쉐마의 두 번째 단락은 다음과 같이 말씀한다.

내가 오늘 너희에게 명하는 내 명령을 너희가 만일 청종하고 너희의 하나님 여호와를 사랑하여 마음을 다하고 뜻을 다하여 섬기면 여호와께서 '너희의 땅'에 이른 비, 늦은 비를 적당한 때에 내리시리니…너희는 스스로 삼가라…너희가 여호와께서 주신 '아름다운 땅'에서 속히 멸망할까 하노라 이러므로 너희는 나의 이 말을 너희의 마음과 뜻에 두고…또 네 집 문설주와 바깥 문에 기록하라 그리하면 여호와께서 너희 조상들에게 주리라고 '맹세하신 땅'에서 너희의 날과 너희의 자녀들이 많아서 하늘이 땅을 덮는 날과 같으리라

(신 11:13-21)

데이비드 스턴 박사는 이같이 말했다.

"쉐마는 뉴욕과 필라델피아, 워싱턴, 로스앤젤레스에 있는 여러분의 집 문설주 메주자 유대인들의 집 문설주에 붙이는 성경 구절 보관함가 아니다. 이것은 조국 이스라엘 땅으로 가라는 격려이자 울림이다. 하나님께서 여러분의 조상들에게 주신 그 땅으로 돌아가라! 그리고 지금 당장 알리야를 계획해서 실천에 옮겨라!"

유대인들이여, 미국을 향한 심판이 더 증가하기 전에 이스라엘로 도피하라. 수천 년의 박해 끝에 미국 사회의 안전한 그늘에 숨은 것은 축복이었지만, 그 그늘은 점점 걷히고 있다. 하나님께서는 여러분이 미국 사회에 완전히 동화되는 것을 절대 허락하지 않으셨다. 하나님께서는 여러분이 미국에서 돌아오기를 원하신다. 미국 유대인들이여, 여러분의 운명과 사명을 놓치지 마라! 이스라엘로 돌아가서 이스라엘 모든 영역의 회복에 동참하라!

앞으로 이스라엘도 많은 어려운 날을 겪겠지만, 이스라엘 최고의 날들, 다윗왕 때보다 더 큰 영광의 날들, 이른 비보다 더 큰 '성령의 마지막 비'가 내릴 날이 곧 올 것이다. 메시아가 다시 오시는 날이 점점 가까워지고 있다. 이스라엘의 하나님 안에서 여러분의 영원한 소유가 된 여러분의 조국 이스라엘의 영적 회복에 참여하기 위해 하나님의 명령에 순종하고 이스라엘로 속히 돌아가라!

5장

공산주의에 묶여 있던 소련 유대인들

Let My People Go!

두려워하지 말라 내가 너와 함께 하여 네 자손을 동쪽에서부터 오게 하며 서쪽에서부터 너를 모을 것이며 내가 북쪽에게 이르기를 내놓으라 남쪽에게 이르기를 가두어 두지 말라 내 아들들을 먼 곳에서 이끌며 내 딸들을 땅 끝에서 오게 하며 내 이름으로 불려지는 모든 자 곧 내가 내 영광을 위하여 창조한 자를 오게 하라 그를 내가 지었고 그를 내가 만들었느니라 (사 43:5-7)

열방은 모였으며 민족들이 회집하였는데 그들 중에 누가 이 일을 알려 주며 이전 일들을 우리에게 들려 주겠느냐 그들이 그들의 증인을 세워서 자기들의 옳음을 나타내고 듣는 자들이 옳다고 말하게 하여 보라 나 여호와가 말하노라 너희는 나의 증인, 나의 종으로 택함을 입었나니 이는 너희가 나를 알고 믿으며 내가 그인 줄 깨닫게 하려 함이라 나의 전에 지음을 받은 신이 없었느니라 나의 후에도 없으리라 나 곧 나는 여호와라 나 외에 구원자가 없느니라 내가 알려 주었으며 구원하였으며 보였고 너희 중에 다른 신이 없었나니 그러므로 너희는 나의 증인이요 나는 하나님이니라 여호와의 말씀이니라 (사 43:9-12)

너희는 이전 일을 기억하지 말며 옛날 일을 생각하지 말라 보라 내가 새 일을 행하리니 이제 나타낼 것이라 너희가 그것을 알지 못하겠느냐 반드시 내가 광야에 길을 사막에 강을 내리니 (사 43:18-19)

여호와의 말씀이니라 그러나 보라 날이 이르리니 다시는 이스라엘 자손을 애굽 땅에서 인도하여 내신 여호와께서 살아 계심을 두고 맹세하지 아니하고 이스라엘 자손을 북방 땅과 그 쫓겨 났던 모든 나라에서 인도하여 내신 여호와께서 살아 계심을 두고 맹세하리라 내가 그들을 그들의 조상들에게 준 그들의 땅으로 인도하여 들이리라(렘 16:14-15)

전능하신 하나님은 새 일을 행하고 계신다. 그 일은 이집트에서 이스라엘 백성을 이끌어내신 출애굽 사건이 시시해 보일 정도로 굉장한 것이다. 구소련이라는 '바로'는 수백만의 유대인을 놓아주도록 강요받고 있다. 하나님께서 "북쪽에게 이르기를 내놓으라"(사 43:6)고 말씀하셨기 때문이다. 이 일은 이 책을 쓴 1987년 이후에 일어나기 시작했다. 지난 20년간 백만 명이 넘는 사람들이 북쪽에서 이스라엘로 돌아왔다.

나는 1982년에 예루살렘에서 스티브 라이틀을 비롯해 일곱 사람을 만났다. 이들은 러시아 유대인들의 출애굽에 대한 비전을 갖고 준비하는 사람들이다. (스티브 라이틀은 소련 유대인들의 출애굽에 관하여 쓴 《제2의 출애굽 Exodus II》의 저자이다.) 그날 이후 하나님께서 소련의 유대인들을 곧 탈출시킨다는 사실이 매우 분명해졌다. '제2의 출애굽'은 실제가 될 것이고, 나 역시 그들의 구원에 관한 거룩한 부담감을 갖게 되었다.

1985년 10월에는 유대인과 기독교인들로 구성된 기도팀을 이끌고 이집트와 이스라엘로 향했다. 모세가 하나님께 출애굽 비전을 받은 시내산 정상에서 유대인들을 다시 이스라엘로 부르는 선포 기도를 했다. 그때 우리가 받은 예언적 말씀은 이것이다. "너희는 과거의 출애굽을 다시 경험하고 있다. 나는 미래에 있을 출애굽을 준비하기 위해 너희를 러시아와 미국으로 보낸다."

이 말씀으로 인해 1986년 10월 우리의 첫 번째 기도팀이 러시아로 향하게 되었다. 이것은 정말 중요한 일이었다. 38명의 유대인과 기독교인들이 러시아로 향했다. 워싱턴 DC에 있던 소련 대사관은 출국 시간까지 18시간밖에 남지 않았는데도 우리에게 비자를 발급하지 않았다. 많은 중보 기도가 쏟아진 후에야 간신히 비자를 받을 수 있었다. 러시아 기도 여행 내내 성령의 임재가 우리를 크게 아우르셨다. 한 교회는 기도 여행 일정 내내 24시간 사수 기도를 해주었다. 수십 개 교회와 수백 명의 성도가 우리를 위해 열심히 기도해 주셨다.

우리는 추운 밤 상트페테르부르크에 도착했다. 비와 우박이 내렸다. 비행기에서 내려 버스에 오르자마자 소련 국가보안위원회 KGB 요원들과 마주하였다. 그 차갑고 서늘한 시선은 마치 우리에게 "합리적이고 인본주의적이며 무신론적인 나라에 온 것을 환영한다"고 말하는 것 같았다.

먼저 우리는 상트페테르부르크에 있는 세계 최고의 미술관 중 하나인 예르미타시를 방문했다. 그 미술관에는 17세기부터 19세기 사이에 제작된 기독교, 유대교 작품으로 가득 차 있었다. 미술관 방문 이후 우리는 수많은 레베르닉 이스라엘 이민을 신청했다는 이유로 직업을 잃은 유대인들을 만났다. 그들은 이스라엘로 가겠다는 의지 때문에 받은 차별과 박해에 대해 얘기해 주었다. 그들은 우리의 기도와 격려와 선물에 매우 고마워했다. 그들 모두 결국에는 이스라엘로 돌아갈 수 있었다.

나는 그날 상트페테르부르크에 사는 기독교 음악가 발레리 바리노프 Valeri Barinov, 러시아 출신의 영화배우—편집 주 와 함께 밤을 보냈다. 바리노프는 그 지역에 있는 수천 명의 이방인을 주님께로 이끌었다(유대인뿐만 아니라 기독교인들도 소련에서 박해받고 있었다). 소련은 매년 그의 직장을 강제로 옮기게 했는데, 그 이유는 바리노프가 국가보안위원회 요원들을 비롯한 많은 사람을 주님께로 이끌었기 때문이다. 바리노프는 결국 3년간 교도소에 수감되었고, 하나님에 대해 이야기했다는 이유로 갈비뼈가 부러지는 등 심한 육체적 박해를 받았다. 하지만 아무것도 그를 막지 못했다. 바리노프는 교도소에서도 100여 명의 사람들을 주님께 인도했고 심지어 그곳에서 교회를 시작했다. KGB는 이러한 바리노프 때문에 너무 곤란해졌고, 결국 그를 석방해야 했다. 바리노프는 우리를 만나기 몇 주 전에 풀려났다. 그는 내가 만난 사람 중 가장 담대한 사람이다. 바리노프는 전 세계를 향하여 부르심의 나팔을 불었고, 그의 음악은 〈롤링스톤〉을 비롯한 여러 잡지에 기사화되었다.

욤 키푸르_{속죄의 날이자 유대력에 모든 것이 멈추는 유일한 날} 때 우리는 모스크바 유대교 회당을 방문해 그곳 유대인들에게 옷과 성경을 선물했다. 그리고 여호수아가 여리고성을 돌며 기도했던 것처럼, 크렘린과 붉은 광장을 돌며 유대인들이 이스라엘로 귀환하도록 여리고 기도 행진을 했다. 우리는 후에 유대인들이 바로 그 크렘린 아래에 있는 지하감옥에 갇혀 있었다는 사실을 알았다.

전에는 성모 영보 성당이었다가 지금은 박물관이 된 곳에서 찬송가 '참 반가운 성도여'를 부르기도 했는데, 국가보안위원회 요원들이 보고 있는 바로 앞에서 찬양을 했다. 크렘린 한가운데 있는 이 박물관에는 예슈아의 탄생을 그린 아름다운 그림들이 있었다. 우리가 소련을 방문한 그 사흘 동안 아이슬란드에서는 레이건 대통령과 고르바초프 사무총장의 정상 회담이 열리고 있었다. 이때 많은 소통의 문이 열려 많은 이들의 삶을 변화시켰다.

우리는 곧바로 모스크바에서 예루살렘으로 갔다. 우리는 유럽을 거쳐 약속의 땅으로 가면서 기도로 '해방의 대로'를 준비했다. 예루살렘 올리브산에 있는 자유러시아교회 Free Russian Church 에서 북쪽을 향해 이스라엘 하나님의 이름으로 유대인들을 내놓으라고 선포하면서(사 43:6) 이들을 다시 이스라엘로 불렀다. 우리가 러시아를 향해 기도한 지 며칠 만에 러시아는 1만 2천여 명의 유대인을 1년 안에 이스라엘로 돌려보내기로 결정했다.

우리의 두 번째 러시아 기도 여행은 첫째 장에서 언급한 그 비전을 본 지 불과 며칠 후인 1987년 3월과 4월에 이루어졌다. 비전 속에서 폭탄이 터지고 미국이 이슬람 공격을 받는 모습을 본 후, 우리는 하나님의 특별한 부름을 받았다는 것을 깨닫고 러시아로 떠났다. 하나님께서는 모스크바에서 다니엘서와 요한계시록을 풀어 주셨다. 다니엘 10장에는 천사장 미가엘이 다니엘에게 유대인들을 향한 하나님의 종말 계획을 깨닫게 해주는 장면이 나온다. 12장 1절에는 미가엘이 유대인들을 소련에서 벗어나게 하기 위해 일어나는 장면이 나온다.

여기서 주목할 만한 '우연'이 한 가지 있다. 크렘린의 주요 교회 박물관 중 하나가 '천사장 미가엘 교회 The Church of Michael the Archangel'라는 것이다. 미가엘은 전통적으로 유대인의 보호와 관련이 있지 않은가! 우리는 유대인들의 구원을 위해 이 교회에서 기도했고 성경과 관련된 아름다운 작품들을 즐기기도 했다. 또한 계시록 12장 6-8절에 언급된 것을 보았다. 말씀대로 천사장 미가엘이 일어나면서 루시퍼와 대결을 펼치는 모습, 천국에서 전쟁이 일어나 루시퍼가 땅으로 쫓겨나는 장면, 그리고 루시퍼가 거짓 메시아 행세를 하면서 큰 전쟁이 이 땅에 일어나 대환난이 시작되는 모습 전부를 보았다.

다니엘 12장 1절처럼 천사장 미가엘이 일어나 유대인을 풀어줄 때가 다가왔음을 느낀 우리는 크렘린 주변에서 또 다른 여리고 행진을 벌였다. 우리는 미가엘과 그의 아래에 있는 모든 천사를 보내주셔서 소련과 다른 나라에 있는 유대인들을 이스라엘로 인도해 달라고 하나님께 기도했다.

우리는 또한 상트페테르부르크에 있는 무신론 박물관 Atheistic Museum을 방문했다. 이 건물은 오래된 교회였는데 박물관으로 개조되었다. 박물관 1층에는 인본주의와 공산주의의 영을 상징하는 큰 나체 동상이 있었고, 그 곁에는 어린 천사들과 마귀 상이 있었다. 그곳의 가장 하이라이트는 레닌 그림이었다. 레닌과 함께 세계의 모든 종교와 문화가 공산주의에 예속되는 내용이 그림에 담겨 있었다. 그림에서 미국과 영국, 스위스와 다른 나라 국기들이 반으로 찢겼고 전 세계가 망치와 낫에 휩쓸린 모습이 묘사되어 있었다.

우리는 무신론 박물관 주변에서 또 한 번 여리고 행진을 했고, 1917년 레닌이 악마 같은 이데올로기를 만들어낸 이 도시에서 성령의 검으로 공산주의의 영적 뿌리에 도끼질을 했다. (1987년은 공산주의 혁명 70주년이었다.) 이 무신론 박물관은 이로부터 3년 후에 문을 닫았다. 할렐루야!

이 글을 쓰고 있는 시점에 우리가 기도 여행 중에 만났던 리퓨즈닉 Refuseniks, 러시아에서 출국이 금지된 유대인-편집 주이 석방되었다. 리퓨즈닉이었던 블라드미르 슬레팍 Vladmir Slepak, 미하일 지빈 Mikhail Zivin, 헬렌 메이 Helen May 가 예루살렘에서 이 책을 러시아어로 번역했다. 발레리 바리노프와 그 가족의 석방을 위해 마거릿 대처 Margaret Thatcher 가 매우 중요한 역할을 했고, 1988년 초 예루살렘 기도의 집에서 우리와 함께 기도하며 하루를 보내기도 했다.

하나님은 인본주의적이고 무신론적인 이 공산주의 나라에 많은 재앙을 내리셨고, 그 결과 수백만의 소련 유대인이 풀려나고 있다. 샤브타이 알보허는 〈예루살렘 포스트〉에서 "오늘날 미국의 왜곡된 가치와 그 문화에 물들지 않은 소련 유대인 활동가들은 미국 유대인들보다 진정한 유대인 정신을 훨씬 잘 표현하고 있다"고 평가했다. 지난 50년 동안 소련 유대인들이 미국 유대인들보다 인구 백만 명당 50배나 많은 수의 알리야를 이루어 냈다.

나는 북쪽에서 유대인들이 알리야할 것을 굳게 믿고 열심히 노력하고 있지만, 한편으로는 이스라엘의 현 장관이자 한때 소련의 리퓨즈닉이었던 나탄 아나톨리 샤란스키 Natan Anatoly Sharansky 의 입장에 동의한다. 샤란스키는 이스라엘로 알리야하기 위해 러시아 감옥에서 출소하고 몇 달 뒤에 워싱턴 DC를 방문하였다. 이곳에서 그는 "미국에 있는 적(물질주의의 영)들은 훨씬 더 교활하고 기만적이어서 알아채기 어렵다"고 말했다.

미국의 물질만능주의 영은 소련의 무신론 영보다 유대인들에게 더 강한 영향력을 미치고 있다. 하나님은 북쪽뿐만 아니라 모든 국가에서 유대인들을 이끌고 나오기를 원한다고 하셨는데, 이 말씀 성취의 가장 큰 과제는 미국일 것이다. 많은 사람이 러시아와 미국에서의 귀환이 출애굽의 모습보다 더 장관일 것이라고 한다. 하나님께서는 유대인들을 자유롭게 하려고 러시아의 바로인 공산주의의 영, 무신론의 영뿐만 아니라, 미국 바빌론의 바로인 물질주의의 영에 대해서도 "유대 백성을 포기하라!"고 재앙과 심판을 내리실 것이다.

이스라엘로 가기 위해 북쪽 땅에서 나온 많은 유대인이 맘몬의 영에 유혹되어 미국으로 향하는 경우가 많다. 1987년부터 2001년까지 소련에서 알리야한 유대인이 미국보다 50배 더 많지만, 같은 기간 이스라엘 출국 비자를 받은 소련 유대인의 약 80퍼센트가 미국으로 갔다고 〈예루살렘 포스트〉가 보도했다.

미국 유대인들이 하나님의 부르심을 따라 시온주의자가 되는 모범을 보이지 않는다면, 소련 유대인들은 시온을 향한 그들의 사명을 따르기보다는 미국의 물질주의와 사치의 영을 계속 따를 것이다.

(이 책을 쓴 이후, 미국으로 들어오는 유대인의 수를 제한하는 법이 제정되었다. 여전히 많은 이들이 북쪽에서 나와 미국으로 향하고 있지만, 이 법은 결국 많은 북쪽 유대인이 이스라엘로 향하게 하는 일등 공신이 되었다.)

6장

뉴욕 그리고 미국, 바빌론의 심장

우리가 바빌론의 강변에서 거기에 앉아 참으로 시온을 기억하며 울었도다. 우리가 그것의 한가운데 있는 버드나무들에 우리의 하프들을 걸었나니 거기서 우리를 포로로 끌어간 자들이 우리에게 노래를 요구하며 우리를 피폐하게 한 자들이 우리에게 희락을 요구하여 이르기를, 우리를 위해 시온의 노래들 가운데 하나를 노래하라, 하였도다. 우리가 어찌 이방 땅에서 주의 노래를 부르리요? 오 예루살렘아, 내가 너를 잊을진대 내 오른손이 자기 솜씨를 잊을지로다. 내가 너를 기억하지 아니하거나 내가 가장 기뻐하는 것보다 예루살렘을 더 좋아하지 아니할진대 내 혀가 내 입천장에 붙을지어다. 오 주여, 예루살렘의 날에 에돔 자손이 말한 것을 기억하소서. 그들이 말하기를, 그것을 무너뜨리라. 그것을 무너뜨리라. 그것의 기초까지 무너뜨리라, 하였나이다. 오 멸망 받을 바빌론의 딸아, 네가 우리에게 베푼 대로 네게 갚는 자가 행복하리로다. 네 어린것들을 들어다가 돌에 메어치는 자가 행복하리로다 **(시 137, KJV)**

나의 백성아 너희는 그 중에서 나와 각기 여호와의 진노를 피하라 칼을 피한 자들이여 멈추지 말고 걸어가라 먼 곳에서 여호와를 생각하며 예루살렘을 너희 마음에 두라**(렘 51:45, 50)**

고대 이스라엘인들이 바빌론 강가에서 울며 예루살렘을 절대 잊지 않겠다고 했던 것처럼 오늘날 유대인들은 미국의 바빌론 강가에 앉아 있다. 차이점은 그들이 아직 예루살렘으로 돌아가기 위해 울지 않는다는 것이다.

에스겔 17장 10절은 큰 독수리 두 마리에 대한 비유이다. 첫 번째 독수리는 고대 바빌론을 의미하고, 두 번째 독수리는 역사적으로 이집트를 상징했지만, 어떤 사람들은 '마지막 때 바빌론의 딸'인 뉴욕과 미국을 의미한다고 믿는다. 에스겔은 바빌론의 왕을 의미하는 첫 번째 독수리가 어떻게 예루살렘에 와서 여호야김왕을 포로로 잡았는지 이야기한다. 다니엘을 비롯한 유대인 수천 명은 느부갓네살에 의해 바빌론에 포로로 끌려갔다. 열왕기하 24장은 가난한 사람들을 제외한 모든 사람이 끌려갔다고 말씀한다.

이스라엘 민족은 바빌론 포로 생활 70년 동안 큰 축복을 받았고 큰 부를 축적했다. 에스겔은 이스라엘이라는 포도나무가 높지 않은 포도나무가 되어 독수리를 향하여 가지를 내고 번성한 것에 관하여 이야기하고 있다.

또 날개가 크고 털이 많은 다른 큰 독수리가 있었는데, 보라, 이 포도나무가 그 독수리로 하여금 자기가 들어 있는 고랑을 통해 자기에게 물을 주게 하려고 그를 향하여 자기 뿌리들을 구부리고 그를 향하여 자기 가지들을 내었느니라. 그것을 큰물 곁의 좋은 땅에 심은 것은 그것이 가지들을 내고 열매를 맺어 아름다운 포도나무를 이루게 하려 함이었느니라. 너는 이르기를, 주 하나님이 이같이 말하노라. 그것이 형통하겠느냐? 그 독수리가 그것의 뿌리들을 뽑고 그것의 열매를 잘라 내어 그것이 시들게 하지 아니하겠느냐? 큰 권능이나 많은 백성으로 그것의 뿌리를 잡고 그것을 뽑지 아니하여도 그것이 봄에 낸 모든 잎사귀가 시들리라. 보라, 참으로 그것이 심겼어도 형통하겠느냐? 동풍이 그것에 손을 대면 그것이 완전히 시들지 아니하겠느냐? 그것이 자기가 자라던 고랑에서 시들리라, 하라(겔 17:7-10, KJV)

동풍은 전능하신 하나님의 주권적 행위를 의미한다. 에스겔 19장 12절은 동풍의 또 다른 예를 제시한다.

분노 중에 뽑혀서 땅에 던짐을 당하매 그 열매는 동풍에 마르고 그 강한 가지들은 꺾이고 말라 불에 탔더니 (겔 19:12)

이것은 콜로라도주 덴버에 있는 믿음성경교회Faith Bible Church의 전 목사였던 로버트 훌리Robert Hooley 박사의 글에서 부분적으로 얻은 통찰이다. 하나님의 목적은 그분의 백성이 이스라엘로 돌아오는 것이고 이를 거부하는 사람들은 핵 홀로코스트의 화염에 휩싸일 수도 있다. 그러나 1987년을 비롯해 수년 동안 미국에서 이스라엘로 이주한 유대인의 수보다 이스라엘을 떠나 미국으로 이주해 간 유대인의 수가 더 많다는 사실을 알아야 한다.

유대인들이 이방인의 문화에 동화되고 그들이 사이비 종교에 가입하는 숫자는 동풍의 심판 중 극히 일부에 불과하며 이는 미국 유대인 공동체의 미래에 이미 영향을 미치기 시작했다. 많은 수의 미국 유대인들이 아직도 예루살렘으로 알리야하지 않았지만, 심판은 매우 가까이 다가오고 있다. 곧 이 심판으로 인해 많은 미국 유대인이 눈물을 흘리며 이스라엘로 돌아오게 될 것이다.

역사적인 도시였던 바빌론은 부와 쾌락주의로 유명했다. 바빌론 시대의 삶의 중심은 인간, 인권, 쾌락, 편안함과 평안함, 부에 집중되었다. 요한계시록 17장과 18장은 마지막 때의 바빌론을 이와 비슷한 방식으로 묘사한다. 바빌론은 문자 그대로 지리적 도시로 묘사되지만,

다른 한편으로는 세계적 시스템을 의미하기도 하고 넓은 의미에서 세상의 악한 도시들의 집합이라고도 할 수 있다.

요한계시록에서 바빌론을 가장 잘 보여 주는 두 가지 특징은 물질주의와 쾌락주의이다. 뉴욕은 돈과 물질만능주의를 선도하는 도시일 뿐만 아니라 (세계 화폐 시장이 뉴욕을 중심으로 돌아가지 않는가!) 세계 최고의 타락과 쾌락의 도시이다.

뉴욕과 미국은 현대 바빌론의 중심지이며 인간 중심 사회가 되었다. 우리는 '나' 세대라고 불리는 사람들이다. 인간, 자아, 물질주의, 쾌락주의, 안락함과 사치가 이스라엘의 참 하나님보다 더 숭배받고 있다. (마치 예전의 바빌론처럼 말이다.) 우리는 많은 시간을 뉴욕을 위해 기도하는 데 보냈다. 뉴욕에 부흥과 축복이 임하기를, 또 멸망이 임하기 전에 유대인들이 이 땅을 속히 떠나도록 기도했다.

요한계시록 18장 3절은 이렇게 말씀한다. "그 음행의 진노의 포도주로 말미암아 만국이 무너졌으며 또 땅의 왕들이 그(바빌론)와 더불어 음행하였으며 땅의 상인들도 그 사치의 세력으로 치부하였도다 하더라" 하나님께서는 바빌론이 사치와 영광을 누린 만큼 고통과 애통함으로 갚으셨다. "그가 얼마나 자기를 영화롭게 하였으며 사치하였든지 그만큼 고통과 애통함으로 갚아 주라 그가 마음에 말하기를 나는 여왕으로 앉은 자요 과부가 아니라 결단코 애통함을 당하지 아니하리라 하니"(계 18:7) 몇몇 사람은 1986년 7월 4일 뉴욕에서 있었던 축제를 보며, '여왕'(자유의 여신상) 안에서 술 취함과 물질주의, 음란과 교만으로 가득 찬 뉴욕이 현대판 바빌론의 예시라고 생각한다. 뉴욕은 심판을 향해 점점 더 무르익어가고 있다.

그들은 세상에서 일어나는 일과 그 문제들이 자신들에게 아무 영향도 못 미칠 것이라고 생각하지만, 요한계시록 18장 8-10절은 이렇게 말씀한다. "그러므로 하루 동안에 그 재앙들이 이르리니 곧 사망과 애통함과 흉년이라 그가 또한 불에 살라지리니 그를 심판하시는 주 하나님은 강하신 자이심이라 그와 함께 음행하고 사치하던 땅의 왕들이 그가 불타는 연기를 보고 위하여 울고 가슴을 치며 그의 고통을 무서워하여 멀리 서서 이르되 화 있도다 화 있도다 큰 성, 견고한 성 바빌론이여 한 시간에 네 심판이 이르렀다 하리로다" 바빌론(뉴욕)과 미국을 향한 심판은 곧 임할 것이다.

유엔 국제연합은 뉴욕에 중심을 두고 있다. 유엔 가입국들은 다양한 방법으로 1억 명 이상의 자국민을 살해하는 것을 허용했는데 이는 주로 러시아, 중국, 쿠바 등의 나라에서 독재 정권을 통해 일어났다. 게다가 전 세계적으로 약 10억 건의 낙태가 행해졌다. 인류는 세계의 국가를 하나로 모으기 위해 유엔을 만들었지만 성공하지 못했다. 유엔은 1948년 이스라엘을 공식적으로 인정하고 유엔 회원국으로 받아들였음에도 불구하고 지난 55년간 매우 반이스라엘적인 행보를 보여 왔다.

우리가 뉴욕에서 기도팀을 이끌고 유엔에서 기도할 때, 건물 한쪽에 이사야 2장의 한 구절이 적힌 것을 보았다.

그가 민족들 가운데서 심판하며 많은 백성들을 꾸짖으리니 그들이 자기들의 칼을 쳐서 보습을 만들고 자기들의 창을 쳐서 낫을 만들리라. 민족이 민족을 치려고 칼을 들지 아니하고 그들이 다시는 전쟁을 배우지 아니하리라
(사 2:4, KJV)

참 고귀한 목표가 유엔 건물 한쪽에 쓰여 있지만, 하나님의 계획은 세계 평화가 뉴욕이 아닌 이스라엘에서 이루어질 것을 보여 준다.
이사야 2장 3절은 이같이 말씀한다.

이는 율법이 시온에서부터 나올 것이요 여호와의 말씀이 예루살렘에서부터 나올 것임이니라

하나님은 나라들 사이를 심판하시고 많은 민족의 분쟁을 해결하실 것이다. 이사야 11장은 뉴욕이 아니라 이스라엘이 만민의 기치라고 말씀한다. 연합, 세계 구원, 하나님 나라 백성의 회복은 뉴욕(바빌론)에서 싹트는 것이 아니라 예루살렘에서부터 시작되는 것이다(시 48:2). 그리고 메시아는 다시 오실 때 뉴욕이 아니라 스가랴 14장에 기록된 것처럼 예루살렘으로 오셔서 올리브산 위에 서실 것이다.

왜 유대인은 세계 어느 도시와 나라보다 유독 뉴욕과 미국에 많이 살고 있을까? 6백만 유대인들이 홀로코스트로 이방 땅에서 목숨을 잃었는데도, 또 불과 55년 전 그들의 조국 이스라엘이 재탄생했음에도 불구하고 그들은 미국 떠나기를 거부한다. 역사적으로 그들은 전쟁으로 피폐해진 땅을 재건하며 사는 것보다 바빌론에서 사는 것이 더 쉽고 편안하다는 것을 알기 때문이다(마치 오늘날처럼 말이다). 오늘날 미국 유대인들은 이스라엘 땅에서의 마지막 사명을 찾아 알리야하기 보다 바빌론에서 물질주의와 미국의 유대인이 되는 것에 더 헌신하고 있다. 세속 유대인들은 물론 토라를 따르는 유대인들 또한 바빌론(미국)에서 나와 이스라엘로 돌아가라고 외치는 700개의 성경 구절을 도무

지 진지하게 받아들이지 않는다.

샤브타이 알보허는 〈예루살렘 포스트〉에서 다음과 같이 말했다.

죄수였던 시온 요세프 멘델레비치가 상트페테르부르크에서 비행기 공중 납치를 시도했다가 붙잡혔다. 소련은 그에게 두 가지 선택권을 주었다. 죽음과 시온주의와 유대 국가에 대한 충성을 포기하는 것이다. 교도소에서 소련 당국은 멘델레비치에게 그가 뼛속까지 러시아인이라는 것을 납득시키며 그를 설득하려고 했다. '당신은 우리와 같은 사람이다. 우리 중 하나다. 우리는 같은 언어를 사용하고, 함께 자랐고, 같은 경험을 공유한다. 네가 우리와 무엇이 다르다고 생각하는가?' 이 시점에서 멘델레비치는 자신의 삶과 자유를 위협하는 가장 큰 요인이 교도소에 구속되는 것이 아니라 유대인으로서 자신의 정체성을 부정당하는 것임을 깨달았다. 그는 대다수의 미국 유대인이 아직 스스로에게 한 번도 물어보지 않았을 그 질문을 자기 자신에게 던졌다. '내가 나 자신이 될 수 없다면 내 인생은 가치가 있는가? 나의 유대성을 표현할 수 없다면 나는 살 가치가 있는가?' 멘델레비치는 자신의 정체성을 부인하지 않았고 결국 오늘날 예루살렘에서 자유의 몸으로 살고 있다.

미국 유대인들을 비롯해 다른 나라에 사는 유대인들, 심지어 이스라엘에 사는 유대인들조차 유대 민족으로서의 진정한 목적과 독보적인 특징, 정체성과 사명을 여러모로 잃어버린 것 같다. 유대인으로서의 정체성은 미국에서 사치의 유혹에 패배해 버렸다.

그들은 예루살렘의 평범한 아파트보다 미국의 메르세데스 벤츠에 더 많은 가치를 둔다. 그들은 국가들 사이에서 꼬리가 아니라 머리가 되는 높은 부르심을 잊어버린 것 같다.

미국의 많은 종교적·비종교적 유대인들, 심지어 이스라엘에 있는 몇몇 유대인도 미국 바빌론의 세속적·유물론적 우선순위에 현혹되어 왔고 심지어 그것들을 본받으려 노력한다. 그들은 하나님 안에서 의의 길을 걸으며 열방의 빛으로서 그들의 사명을 성취하는 것에 소원해졌다. 지난 55년간 30만 명이 넘는 유대인이 이스라엘을 떠나 미국으로 간 것에 비해, 단 8만 명만이 미국에서 이스라엘로 알리야했다는 사실이 이를 증명한다.

미국에서 대규모 알리야 운동을 일으킬 수 있는 것은 심판이나 영적 부흥밖에 없다. 미국의 반유대주의 증가, 경제 붕괴 그리고 미국에 대한 심판은 그들이 알리야하도록 자극할 수 있다. (이 글은 1987년 10월, 주식 시장이 508포인트 하락한 블랙 먼데이 이전에 작성되었다.)

1960년대의 '테슈바(회개)'와 같이, 성경 말씀에 기반을 둔 부흥 운동이 유대교의 모든 분파에서 터져 나오는 것이 알리야를 향한 가장 바람직한 수단일 것이다. 유대인들이 이스라엘 백성으로 알리야하고, 그들의 하나님과 시온을 사랑하라는 성경적 부름에 응답한다면, 미국의 유대인들처럼 바빌론에서 물질주의 신과 사치의 신을 섬기던 자들이 돌이킬 수 있을 것이다. 바라기는 미국 유대인들을 이스라엘 땅으로 데려오는 방법이 심판이 아닌 부흥이 되기를 기도한다. 시편 137편 8절은 바빌론의 딸이 멸망할 것이라고 말씀한다. 나는 하나님께서 요한계시록 18장 4절에서 뉴욕과 미국의 유대인들을 향해 말씀하고 계신다고 믿는다.

내 백성아, 너희는 그녀에게서 나와 그녀(미국 바빌론)의 죄들에 참여하는 자가 되지 말고 그녀가 받을 재앙들을 받지 말라(KJV)

스가랴 2장 7절은 말씀한다. "오 바빌론의 딸과 함께 거하는 시온아, 네 자신을 건질지어다 KJV" 하나님께서 유대인들을 이스라엘 땅으로 부르며 손짓하고 계신다. 그들이 하나님의 간청에 응답해 다시 예루살렘을 위해 울며 고토로 돌아갈 것인가, 아니면 홀로코스트와 같은 참혹한 비극에 휘말릴 것인가?

7장

물질주의에 사로잡힌
미국 유대인

Let My People Go!

거짓되고 헛된 것을 숭상하는 모든 자는 자기에게 베푸신 은혜를 버렸사오나(욘 2:8)

너는 티끌을 털어 버릴지어다 예루살렘이여 일어나 앉을지어다 사로잡힌 딸 시온이여 네 목의 줄을 스스로 풀지어다 여호와께서 이와 같이 말씀하시되 너희가 값 없이 팔렸으니 돈 없이 속량되리라(사 52:2-3)

일어나라 빛을 발하라 이는 네 빛이 이르렀고 여호와의 영광이 네 위에 임하였음이니라 보라 어둠이 땅을 덮을 것이며 캄캄함이 만민을 가리려니와 오직 여호와께서 네 위에 임하실 것이며 그의 영광이 네 위에 나타나리니 나라들은 네 빛으로, 왕들은 비치는 네 광명으로 나아오리라 네 눈을 들어 사방을 보라 무리가 다 모여 네게로 오느니라 네 아들들은 먼 곳에서 오겠고 네 딸들은 안기어 올 것이라 그 때에 네가 보고 기쁜 빛을 내며 네 마음이 놀라고 또 화창하리니 이는 바다의 부가 네게로 돌아오며 이방 나라들의 재물이 네게로 옴이라 허다한 낙타, 미디안과 에바의 어린 낙타가 네 가운데 가득할 것이며 스바 사람들은 다 금과 유향을 가지고 와서 여호와의 찬송을 전파할 것이며 게달의 양 무리는 다 네게로 모일 것이요 느바욧의 숫양은 네게 공급되고 내 제단에 올라 기꺼이 받음이 되리니 내가 내 영광의 집을 영화롭게 하리라 저 구름 같이, 비둘기들이 그 보금자리로 날아가는 것 같이 날아오는 자들이 누구냐 곧 섬들이 나를 앙망하고 다시스의 배들이 먼저 이르되 먼 곳에서 네 자손과 그들의 은금을 아울러 싣고 와서 네 하나님 여호와의 이름에 드리려 하며 이스라엘의 거룩한 이에게 드리려 하는 자들이라 이는 내가 너를 영화롭게 하였음이라 내가 노하여 너를 쳤으나 이제는 나의 은혜로 너를 불쌍히 여겼은즉 이방인들이 네 성벽을 쌓을 것이요 그들의 왕들이 너를 섬길 것이며 네 성문이 항상 열려 주야로 닫히지 아니하리니 이는 사람들이 네게로 이방 나라들의 재물을 가져오며 그들의 왕들을 포로로 이끌어 옴이라 너를 섬기지 아니하는 백성과 나라는 파멸하리니 그 백성들은 반드시 진멸되리라 레바논의 영광 곧 잣나무와 소나무와 황양목이 함께 네게 이르러 내 거룩한 곳을 아름답게 할 것이며 내가 나의 발 둘 곳을 영화롭게 할 것이라 너를 괴롭히던 자의 자손이 몸을 굽혀 네게 나아오며 너를 멸시하던 모든 자가 네 발 아래에 엎드려 너를 일컬어 여호와의 성읍이라, 이스라엘의 거룩한 이의 시온이라 하리라(사 60:1-14).

유다도 예루살렘에서 싸우리니 이 때에 사방에 있는 이방 나라들의 보화 곧 금은과 의복이 심히 많이 모여질 것이요(슥 14:14).

미국 유대인들이 러시아 유대인들에게 모범을 보여야 할 때이다. 미국의 물질만능주의에서 벗어나 미국에서 얻은 모든 부를 이스라엘로 가져가야 할 때이다. 수 세기 전에 이스라엘 백성이 이집트와 바빌론에서 그랬던 것처럼 말이다.

미국 유대인들이 부유하다는 고정관념은 오해이다. 대부분 그들의 수입은 평균 수준이다. 심지어 1986년에는 80만 명 이상의 미국 유대인들이 최저소득 수준 이하였다. 지금은 경제적으로 많이 나아졌지만, 미국 유대인들은 여전히 정서적으로, 경제적으로 미국 땅에 묶여 있다. 마치 러시아의 유대인들이 그 땅에 물리적으로 묶인 것처럼 말이다. 역사적으로 이집트의 유대인들은 물리적으로 노예 제도에 묶여 번성할 수 없었는데, 바빌론에서는 오히려 물질주의에 묶이고 말았다. 비종교주의세속주의는 미국의 물질주의를 통하여 나타나고 있다. 역사 속에서 하나님께서 말씀하실 때 많은 이들이 디아스포라 상태를 떠나고 싶어 하지 않았는데 지금의 미국도 같은 상황이다.

최근 이스라엘로 알리야한 뉴욕 출신 유대인 변호사 샤브타이 알보허는 〈예루살렘 포스트〉 기사에서 이런 질문을 던졌다.

왜 유대인 운동가들은 이스라엘에 있는 미국 대사관에서 '내 백성을 가게 하라'고 요구하지 않는가? 물론, 일반적인 사람들은 미국 유대인들이 이스라엘로 자유롭게 올 수 있다고 지레짐작한다. 그러나 실제로 미국 유대인들은 자신도 모르게 그들의 국가 정체성을 미국 사회와 문화에 종속시켜 버린 '억압된 민족'처럼 행동하고 있다.

육체적으로는 자유롭지만, 미국 유대인들은 달러를 숭배하고 개인의 이익과 물질적 만족을 우상화하는 소비문화에 지적·정서적·경제적인 노예가 되었다.

수천 명의 소련 유대인은 소중한 이스라엘 땅을 밟기 위해 경제적 어려움과 육체적 고문을 당하고 '시베리아 여정'을 감수하지만, 자유의 족쇄를 찬 미국 유대인들은 주식에만 관심을 갖고 코셔가 가능한 카리브 연안의 휴양지로 떠날 계획만 세우고 있다.

미국 내 유대인 공동체의 약 3분의 1 규모인 1백만 명의 러시아 유대인이 구소련에서 이스라엘로 알리야한 것에 비해 '자유의 땅'인 미국에서는 고작 8만 명이 이스라엘로 알리야했다(2003년 기준).

사람들은 다른 국가에 거주하는 유대인들의 물질적 지원 없이 이스라엘이 스스로 존재할 수 없다고 생각한다. 미국과 다른 국가에 사는 유대인들은 알리야를 하지 않은 것을 정당화하기 위해 이런 주장을 펼치지만, 이것은 사실이 아니다. 1987년 12월 5일 〈예루살렘 포스트〉에 기고한 슐로모 아니네리는 '돈 말고 사람을 달라'는 제목의 기사로 이같이 말했다.

이스라엘이 유대인들의 지원에 직접적으로 의존하는 것에서 해방될 방법을 진지하게 고민해 봐야 한다. UJA The United Jewish Appeal, 유대인 자선단체 —편집 주 와 그 지부들은 모두 폐지되어야 한다.
전 세계에 있는 유대인 기금의 모금액은 매년 이스라엘 예산의 약 2퍼센트에 달한다. 해외 모금 행사에서 유대인 청중을 상대로 연설하는 이스라엘 지도자들이 모금에 대하여 연설할 때 알리야 문제를 이야기하는 것은 분명 어려운 일이다. 이제 이스라엘은 생존을 위해 해외 유대인 자선 사업에 의존하는 것이 아니라, 디아스포라 유대인들이 돈을 가지고 약속의 땅으로 알리야하도록 해야 한다.
물질만능주의만이 문제가 아니다. 유대인들은 수천 년 동안 박해받았기 때문에 더는 자신의 유대성과 직면하고 싶지 않은 것이다. 그들은 이스라엘로 돌아가기 위해 믿음을 재정비해야 한다. 하나님께서 그들에게 힘, 믿음, 용기 그리고 그들의 메시아가 오기 전에 마지막으로 알리야하길 소망하는 마음을 주시기를 기도한다.

믿음의 사람, 아나톨라 샤란스키는 워싱턴 DC에서 이렇게 말했다.

나는 소련보다 미국에 사는 것이 더 어렵다고 생각한다. 왜냐하면 소련에서는 나의 '적'이 누구인지 알기 때문에 분명하게 상대할 수 있었다. 그러나 미국에서는 물질주의_{맘몬}, 음란, 교만, 세상을 향한 관심 등 친구의 모습으로 위장해 다가오는 미묘한 적들이 너무 많아서 누구와 그리고 무엇과 싸우고 있는지 알기 어렵다.

미국에서는 고를 수 있는 선택 사항이 너무 많아서 결과적으로 상황이 더 복잡하고 어려울 수 있다. 소련에서 벗어나는 것보다 미국의 물질주의 문화에서 벗어나는 것이 분명 더 어렵다. 비율로 따져보면 지난 55년간 알리야한 소련 유대인 50명 당 알리야한 미국 유대인은 단 한 명이었다.

우리는 미국의 유대인과 기독교인들이 얼마나 물질만능주의에 속박되어 있는지 점점 분명하게 깨닫고 있다. 우리는 지폐에 '우리는 하나님을 믿노라 In God We Trust'를 새겨 넣지만, 결국 우리가 믿는 신은 '우리는 하나님을 믿노라 In God We Trust'를 새겨 넣은 바로 그 돈인 것 같다. 1987년에 미국에서 어느 유명한 기독교 목사를 유혹한 맘몬 신이 드러난 것은 하나의 극단적인 경우이다. 정도 차이는 있지만 돈의 유혹을 받는 유대인과 기독교인이 얼마나 많은가!

우리는 어떤 결정을 내릴 때 그 결정을 통해 하나님께 순종하고 하나님이 원하시는 일을 할 수 있도록 고군분투해야 한다. 동시에 재정적으로 우리에게 더 유익해 보이는 일들의 유혹을 물리쳐야 한다. 디모데전서 6장 10절에는 돈을 사랑함이 일만 악의 뿌리가 된다고 했고, 마태복음 6장 24절은 "한 사람이 두 주인을 섬기지 못할 것이니 혹 이를 미워하고 저를 사랑하거나 혹 이를 중히 여기고 저를 경히 여김이라 너희가 하나님과 재물을 겸하여 섬기지 못하느니라"고 말씀한다. 여러분은 하나님과 맘몬을 동시에 섬길 수 없다.

유대인과 기독교 공동체의 많은 이들이 거짓 신에게 속고 유혹받고 있다. 우리는 하나님의 첫 번째 계명을 심각하게 받아들이지 않는 것이다.

너는 내 앞에 다른 신들을 두지 말라 (출 20:3, KJV)

우리는 현대 문화의 잘못된 신을 분별하지 못했다. 탐욕, 성적 타락, 음란, 이기심, 이런 것들은 모두 물질만능주의의 징후이다. 우리는 나무에서 숲을 볼 수 없었다. 마약 판매상, 포주와 매춘부, 기업 임원, 스포츠 영웅, 할리우드 스타와 록스타, 선데이 기독교인과 종교적 유대인, 사회에서 뒤처지지 않으려 노력한 평범한 노동자 모두가 다양한 형태로 물질주의에 묶여 살아왔다. 니느웨에 임할 심판을 경고하기 전에, 요나는 물고기 뱃속에서 결정적인 깨달음을 얻었다.

거짓되고 헛된 것을 숭상하는 모든 자는 자기에게 베푸신 은혜를 버렸사오나
(욘 2:8)

1987년 8월 27일 자 〈예루살렘 포스트〉에 따르면, 그 당시 한 달에 1천 명의 유대인이 소련을 떠났다. 소련을 떠나는 세속적 유대인 중 10퍼센트만이 이스라엘로 간 반면에 토라에 기반을 둔 종교적 유

대인들은 거의 100퍼센트가 이스라엘로 향했다. 하지만 미국의 물질만능주의 신은 너무 강해서 심지어 토라에 기반을 둔 정통 유대인들과 메시아닉 유대인을 비롯한 다른 종교 유대인들도 그들을 이스라엘 땅으로 부르는 700개의 성경 구절을 따르지 못하게 한다(부록 A 참조). 700구절의 성경 말씀과 알리야를 한 러시아 유대인들이 좋은 자극이 되어 미국 유대인들도 토라를 따라 이스라엘로 알리야하기를 바란다.

기도를 통해 미국 교회와 유대인들에게서 맘몬 신이 떠나가지 않는다면, 하나님은 미국의 월가와 물질주의를 무너뜨리기 위해 움직이실 것이다. 그분은 질투하는 하나님이시며 주님 외에 다른 신들은 없기 때문이다. (이 결론은 '블랙 먼데이'가 많은 이들의 자신감을 무너뜨리기 전인 1987년 9월에 도출되었다.)

1857년 월가가 몰락하고 몇 주 지나지 않아 미국 역사상 최고의 기도 부흥이 제레마이어 랜피어를 통해 뉴욕에서부터 미국 전역으로 확산되었다. 뉴욕과 미국 전역에 있는 교회들은 매일 정오마다 기도하는 사람들로 가득 찼다. 몇몇 마을에서는 기도하기 위해 사업체들이 문을 닫기도 했다. 하나님께서는 우리 경제를 몰락시켜 사람들이 다시 한번 이스라엘의 하나님께 부르짖도록 하셨다.

더 늦기 전에 유대인들이 바빌론의 딸로부터 탈출해야 한다. 오늘이 바로 유대인들을 위한 구원의 날이다. 오늘 떠난다면 여러분의 재산을 모두 가지고 떠날 수 있다. 이사야 60장에서 말했듯이 나라들의 재물이 이스라엘로 향해야 한다. 이사야 60장이 오늘 누군가에게 말하고 있다면 그것은 소련의 유대인이 아니라 미국에 있는 유대인들이다. 미국은 디아스포라 유대인의 3분의 2가 사는 곳이고 대부분 돈이 있는 이곳에 있기 때문이다.

월가와 우리 경제가 완전히 몰락할 때 유대인들이 이스라엘로의 부름을 따르지 않는다면 역사상 여러 번 그랬던 것처럼 유대인들은 또다시 희생양이 될 수 있다. 이들은 역사상 최악의 역병이었던 유럽 흑사병의 원인으로 내몰려 비난을 받았다. 1894년 프랑스에서는 포병 대위였던 유대인 출신의 알프레드 드레퓌스 Alfred Dreyfus 가 독일에 군사기밀을 넘겼다는 누명을 쓰기도 했다. 유대인들은 혁명 이전인 1800년대 러시아의 흑인 학살 포그롬 의 표적이 되었다. 오늘날 유대인들은 많은 나라에서 누명을 쓰고 있다. 이스라엘 국가 또한 중동에서 발생하는 많은 문제의 희생양이다.

월가와 미국 경제가 무너지면 유대인은 다시 한번 잘못된 비난을 받을 수 있다. 지난 20년간 연방준비제도 의장이었고 유대인인 앨런 그린스펀 Alen Greenspan 은 경기 침체가 올 것이라고 분명하게 말했다. 월가의 몰락이나 경제 침체가 미국 전역에서 반유대주의를 고조시킬 수 있다는 사실은 1930년대 대공황 때 찰스 코플린 Charles Coughlin 신부에게 일어난 것처럼 미국 전역에서 반유대주의가 증가될 수 있다.

하나님은 유대인들이 이집트에서 나올 때 재물을 가지고 나왔던 것처럼 지금의 유대인들도 그렇게 하기를 원하신다. 하나님은 미국의 주식 시장과 경제가 붕괴되기 전에 그들이 미국에서 이룬 모든 부를 이스라엘로 가져가기를 원하신다. 오늘이 바로 유대인을 위한 구원의 날이다. 만약 그들이 지금 움직이지 않는다면, 미국에 임할 심판 때문에 아무것도 없이 빈손으로 돌아갈 수도 있다. 그것도 그들이 돌아갈 수 있다는 가정하에 말이다. 오늘날 예루살렘에 투자하는 것은 세계 최고의 투자가 될 수 있다.

1987년 11월 2일, 하나님은 예루살렘에서 베네수엘라 목사 제이미 푸에르타스에게 비전을 보여 주셨다. 미국이 자국에서 대량의 돈을 인출 금지하는 법을 준비하고 있다는 내용이었다. 이 예언을 믿는 유대인들은 이 법이 제정되기 전에 그들의 소유를 팔기 위해 서둘러야 할 것이다. 그리고 이사야 60장 5절처럼 이방 나라의 재물과 창세기 41장에 바로가 꿈에서 봤던 살진 암소들 같은 풍성한 복을 가지고 돌아갈 것이다. 그러나 예언을 믿지 않는다면, 그들의 불신 때문에 흉하고 파리한 소의 모습처럼 돈 없이 비어 버린 자루를 들고 슬퍼하며 돌아가게 될 것이다.

제이미 푸에르타스가 비전에서 본 법은 이미 라틴아메리카와 스페인에서 시행 중이고 다른 나라에서도 채택될 것이다. (푸에르타스 목사는 스페인어를 사용하는 국가에서 2천 명 규모의 사역을 시작했다. 그가 이 비전을 받은 것은 '시온의 사로잡힌 자들이 이스라엘로 돌아오도록' 120명의 성도와 함께 40일 금식 기도를 막 끝낼 때였다.)

미국 유대인들은 유대 국가가 겪은 역사의 비극을 되풀이하지 않아야 한다. 과거 알리야한 사람들의 약 90퍼센트는 최후의 순간까지 머뭇거리다가 결국은 피난민처럼, 빈곤자, 불구자, 절름발이, 소경으로 열방에서 쫓겨나다시피 나온 사람들이었다. 월가가 하나님의 백성을 가게 하기를! 하나님께서 물질만능주의의 가짜 신에게 그분의 심판을 내리시기를! 유대인들이 미국의 물질만능주의에서 벗어나 더 늦기 전에 이스라엘로 돌아오기를!

이사야 60장 5절은 바다의 부와 이방 나라들의 재물이 이스라엘로 인도될 것이라고 말씀한다. 유대인들과 그들의 재물이 이스라엘로 가는 것은 당연하고, 이방 나라의 재물들도 이스라엘로 인도된다는 것이다. 하나님께서 이집트에서 하셨던 것처럼 미국에서도 유대인들에게 은혜를 베푸셔서 미국인들이 이스라엘을 축복할 돈을 유대인들에게 주기를 바란다.

> 여호와께서 모세에게 이르시기를 내가 이제 한 가지 재앙을 바로와 애굽에 내린 후에야 그가 너희를 여기서 내보내리라 그가 너희를 내보낼 때에는 여기서 반드시 다 쫓아내리니 백성에게 말하여 사람들에게 각기 이웃들에게 은금 패물을 구하게 하라 하시더니(출 11:1-2)

하나님께서 기독교인들의 눈에서 수건을 거두어 주셔서, 그들의 돈을 이스라엘에 투자하기를 바란다. 또 그들이 다른 이들을 격려하여 이 일에 동참함으로 유대인들이 성경 말씀을 성취할 수 있도록 이끄시기를 바란다.

사랑하는 유대인 형제자매들이여, 이제는 "나는 미국 유대인이다"라고 말하는 것을 멈출 시간이다. 미국에서 물질만능주의 신을 숭배하는 것을 멈추고 여러분이 마지막 때에 이루어야 할 사명을 성취해야 한다. 아브라함과 이삭과 야곱의 하나님을 온 마음 다해 경배하기 위해 선조들의 땅으로 돌아가라!

8장

유대교와 기독교 시온주의

Let My People Go!

여호와께서 아브람에게 이르시되 너는 너의 고향과 친척과 아버지의 집을 떠나 내가 네게 보여 줄 땅으로 가라 내가 너로 큰 민족을 이루고 네게 복을 주어 네 이름을 창대하게 하리니 너는 복이 될지라 너를 축복하는 자에게는 내가 복을 내리고 너를 저주하는 자에게는 내가 저주하리니 땅의 모든 족속이 너로 말미암아 복을 얻을 것이라 하신지라 (창 12:1-3)

여호와께서 야곱을 긍휼히 여기시며 이스라엘을 다시 택하여 그들의 땅에 두시리니 나그네 된 자가 야곱 족속과 연합하여 그들에게 예속될 것이며 민족들이 그들을 데리고 그들의 본토에 돌아오리니 이스라엘 족속이 여호와의 땅에서 그들을 얻어 노비로 삼겠고 전에 자기를 사로잡던 자들을 사로잡고 자기를 압제하던 자들을 주관하리라 (사 14:1-2)

또 여호와와 연합하여 그를 섬기며 여호와의 이름을 사랑하며 그의 종이 되며 안식일을 지켜 더럽히지 아니하며 나의 언약을 굳게 지키는 이방인마다 내가 곧 그들을 나의 성산으로 인도하여 기도하는 내 집에서 그들을 기쁘게 할 것이며 그들의 번제와 희생을 나의 제단에서 기꺼이 받게 되리니 이는 내 집은 만민이 기도하는 집이라 일컬음이 될 것임이라 이스라엘의 쫓겨난 자를 모으시는 주 여호와가 말하노니 내가 이미 모은 백성 외에 또 모아 그에게 속하게 하리라 하셨느니라 (사 56:6-8)

하나님께서는 약 400년 동안 이스라엘의 부활과 회복을 위해, 그리고 유대인들이 약속한 땅으로 세 번째 귀환하도록 유대인과 기독교인이 함께 일하고 기도하게 하셨다. 시온주의는 4천 년 전 처음으로 예루살렘에 이주했던 아브라함에게 그 뿌리가 있다. 아브라함은 유대인이냐, 기독교인이냐를 떠나 그저 하나님을 따랐던 사람이고 자신이 어디로 가는 지도 모른 채 그저 하나님을 따라나섰다. 하나님께서 아브라함에게 이 땅의 예루살렘을 발견하도록 인도하셨을 때, 아브라함은 하나님께서 만드신 '하늘의 예루살렘'을 찾고 있었다. 아브라함은 모든 유대인과 기독교 시온주의자들의 아버지가 되었다.

그 이후로 수백만 명의 물리적(실제적) 시온주의자들이 알리야했고 이스라엘 땅에서 실제 시온주의자로 살고 일했다. 그리고 멀리서 이들을 도운 수백만 명의 디아스포라도 있었다. 수억 명의 영적 시온주의자들도 있는데, 그들은 물리적 시온에 대한 하나님의 목적을 이해하지 못했다.

진정한 유대교 시온주의자 또는 기독교 시온주의자는 다윗왕이 그랬던 것처럼 물리적 시온과 영적 시온 모두 믿는다. 성경적으로 시온주의자는 우리 믿음의 아버지 아브라함처럼 하나님을 온 마음으로 찾고 따르는 사람이다. 그렇게 하는 사람은 결국 물리적·영적 시온 모두 이해하게 될 것이다.

성경에 시온은 여러 가지 의미가 있다. 먼저는 물리적 시온인 시온산이 있다. 바로 다윗왕이 언약궤를 가져온 곳이다. 또 예루살렘을 의미하기도 하고 이스라엘 땅 전체를 의미하기도 한다(시 48:2, 137). 구약과 신약에 등장하는 영적 시온은 하나님의 임재를 말한다.

다윗왕은 시온의 중심이 예루살렘과 이스라엘이라고 믿었지만, 언약궤가 그곳에 도착하기 전까지는 그렇지 못했다. 언약궤가 드디어 하나님의 임재와 함께 도착하자, 물리적 차원의 시온과 영적 차원의 시온이 하나가 되었다. 성경에 많은 유대교 시온주의자들이 있다. 그들 중에는 이스라엘 민족의 1차 귀환을 이끌었던 여호수아와 갈렙, 2차 귀환을 이끌었던 에스라, 느헤미야, 스룹바벨 등이 있다. 룻은 성경 시대부터 유대인이 아닌 시온주의자로 잘 알려져 있고 그 외에도 많은 이들이 있다.

'현대 시온주의'라는 용어는 1890년에 처음 등장했다. 현대 시온주의의 아버지라 불리는 테오도어 헤르츨은 《유대 국가 The Jewish State》를 집필하고, 1897년 스위스 바젤에서 열린 최초 시온주의 회의를 개최하였다. 그러나 그 이전에 헤르츨보다 앞서 일한 많은 유대인과 기독교 시온주의자들이 있었다. 그들은 서로 동역하였고, 헤르츨이 본격적으로 일할 수 있도록 길을 닦아 놓았다.

다음은 유대인과 기독교 시온주의자들이 이스라엘 회복과 유대 민족의 3차 귀환을 위해 함께 협력한 예이다.

1200년: 십자군 전쟁에 참전하려던 아시시의 성 프란치스코는 하나님께 비전을 받았다. 하나님은 그에게 십자군을 떠나 그가 가진 모든 소유를 사람들에게 나누어 주고 참된 그리스도인으로서 예슈아를 따르라고 말씀하셨다. 그는 13세기 초 예루살렘 성지 순례를 이끌었고 새로운 수도회를 설립했다. 프란치스코회는 성지의 유일한 수호자들이었으며 그중에서도 오컴의 윌리엄과 던스 스코터스와 같은 사람들은 일찍이 13세기 기독교 시온주의의 선구자로 알려져 있다.

1609년: 프란치스코회라는 좋은 예시가 있음에도 불구하고 1609년

이 될 때까지 기독교 시온주의의 시대는 시작되지 않았다. 유대인의 회복에 대한 교리를 정립한 영국 기독교 신학자 토마스 브라이트만은 《비전은 거기에 있었다 The Vision Was There》에서 이같이 말했다. "유대인들은 팔레스타인으로 가 그들의 왕국을 회복할 것이다. 이보다 더 확실한 것은 없다. 이미 모든 선지자도 확증한 사실이다."

1649년: 영국 청교도(기독교인)인 조안나와 에베네커 카트라이트는 유대인들을 그들의 고토로 보낼 최초의 국가가 영국이 되기를 원한다며 영국 정부에 탄원서를 제출했다. 그들이 영국 정부에 제출한 청원서는 두 부분으로 이루어져 있었는데, 유대인들이 팔레스타인 땅으로 돌아갈 수 있도록 영국 당국이 도와야 한다는 것과 영국 내 350년 동안 존재하던 유대인 금지 조치를 해제하라는 내용이었다.

1650년: 암스테르담의 박식한 랍비였던 므낫세 벤 이스라엘은 1650년에 《이스라엘의 소망 The Hope of Israel》이라는 책을 출판했다. 므낫세는 유대인들에게 영국을 개방하여 유대인이 전 세계에 흩어지도록 하는 것을 염두에 두었다. 이것은 흩어진 유대인들 exiles 이 모이기 전에 꼭 필요한 과정이었다.

1655년: 므낫세 벤 이스라엘과 랍비 세 명은 올리버 크롬웰의 초청으로 암스테르담에서 런던으로 갔다. 그들은 영국 의회가 유대인들을 받아들일 수 있도록 설득하고 타협하였다. 이로 인해 크롬웰이 므낫세 벤 이스라엘에 관하여 특별한 관심을 갖게 되었는데, 이는 훗날 유대인과 기독교 시온주의자들이 이스라엘 회복을 위해 일하는 데 큰 디딤돌 역할을 하였다. 결국 1660년 유대인들은 영국으로 다시 들어갈 수 있게 되었다.

1727년: 진젠도르프 백작과 체코의 모라비안들은 이사야 62장 6-7절을 근거로 예루살렘과 이스라엘의 회복을 위한 24시간 기도 모임과 공동체를 시작했고, 이는 독일 헤른후트에서 120년 동안 이어졌다.

1840년: 샤프츠베리경은 웨스트민스터 지역에서 가장 순수한 사람으로 알려진 인물이다. 그는 공직자 중 가난한 사람들을 위해 가장 많은 일을 했다. 찰스 디킨스는 그의 '10시간짜리 법안'을 당시 영국에서 제정된 법률 중 가장 훌륭한 법안이라고 했다. 샤프츠베리경과 대각성 운동에 참여했던 많은 사람은 200년 전 청교도인들이 그랬던 것처럼 이스라엘의 회복을 지지했다.

1840년 〈런던 타임스〉는 선조들의 땅에 유대인들을 다시 심겠다는 샤프츠베리경의 계획을 책으로 출판했다. 바바라 투크만의 《성경과 검 The Bible and the Sword》에 따르면, 그는 예루살렘과 팔레스타인에 성공회 교구와 교회를 세우는 데 성공했다고 한다.

샤프츠베리경의 정통 유대인 친구인 모세 몬테피오레경도 이스라엘 국가의 회복을 믿었고 이를 위해 샤프츠베리와 함께 일했다. 이 둘은 이스라엘이 부활하기 전 유대인과 기독교 시온주의자가 함께 동역한 한 대표적인 예이다. 이때는 유대인들도 유대 국가에 대한 개념을 아직 믿지 못하던 때이다. 헤르츨이 그의 책 《유대 국가》를 쓰기 55년 전

이야기이다.

1845년: 모데카이 마누엘 노아는 미국에서 유대인 회복에 대한 담론을 출간했다. 므낫세 벤 이스라엘 이후 유대교 개념에 부합하는 회복 교리를 최초로 시도한 것이다. 노아는 미국이 시온의 회복을 위한 길을 닦을 것이라고 선언했다. 그는 "기독교인과 유대인이 시온산에서 함께 외쳐 열방의 복의 근원이신 하나님을 찬양하게 될 것"이라고 말했다.

노아는 기독교인과 유대인의 연합을 지지하는 데 조금도 주저함이 없었다. 그는 이렇게 선포했다. "국가 회복이라는 이슈를 새롭게 환기하는 것 외에는 잊혀져 가는 이 나라를 살릴 수 있는 것이 아무것도 없다. 우리는 '유대인들의 회복', '이스라엘에 정의를', '히브리인의 독립과 권리', '유대인을 그들의 나라로 회복시켜라', '그들을 포로에서 해방하라'는 말들을 전 세계에 전해야 한다. 그리고 기독교인들은 그들을 돕기 위해 이 대의에 참여해야 한다."

모데카이 마누엘 노아는 예언적 목소리 역할을 감당했다. 그는 오늘날 우리 세대에게 말하고 있었다. 오늘날 그의 외침대로 유대교 시온주의자와 기독교 시온주의자들이 협력해 유대인의 귀환을 돕고 시온산에서 함께 찬양하고 있다.

1860년: 모세 헤스는 독일 쾰른의 유대인 지도자였고 쾰른 신문의 편집자였다. 모세 헤스 이후에 카를 마르크스가 이 신문의 편집자였다. 유대인이었던 카를 마르크스가 쾰른에서 런던으로 건너가 《자본론Das Kapital》을 집필하는 동안 모세 헤스는 시온주의자가 되어 테오도어 헤르츨의 《유대 국가》의 전신인 《로마에서 예루살렘까지 From Rome to Jerusalem》라는 책을 집필했다.

헤르츨이 모세 헤스의 책을 읽었을 때, 그는 모세 헤스가 최초의 시온주의자였지만 유대 국가를 위해 정해진 때보다 한 세대 앞섰다고 말했다. 베를린에 살던 유대 지도자들은 아프리카나 남미에 유대인 국가를 세우고자 했지만, 쾰른에 있었던 모세 헤스나 다른 유대 지도자들은 예루살렘과 이스라엘에 유대 국가가 세워져야 한다고 생각했다. 모세 헤스가 여러모로 헤르츨보다 한 세대 앞서 이스라엘 국가의 구상과 재탄생을 위한 길을 준비했다고 할 수 있다.

1896년: 현대 시온주의 창시자 테오도어 헤르츨은 1896년에 기독교 시온주의자이자 오스트리아 빈 주재 영국 대사관의 목사였던 윌리엄 헤츨러를 만났다. 헤르츨이 신문 기자로서 드레퓌스 사건을 취재하던 중 그와의 만남이 성사되었다. 헤츨러는 헤르츨과 시온주의 지도자들에게 그들이 하고 있는 일이 '하나님께서 하시는 일'이라고 격려했다. 헤츨러는 무려 50년이 넘도록 그들을 응원했다.

헤르츨과 헤츨러는 《유대 국가》라는 책이 완성된 지 한 달 후에 다시 만났다. 헤츨러는 1897년이 바로 이스라엘 국가 회복에 대한 여명의 해가 될 것이라 추측했다. 헤츨러는 이것을 정치가, 왕자, 기독교 고위 인사들에게 발표하고 많은 고위 관계자에게 헤르츨을 소개했다. 헤르츨은 1896년 시온주의 운동 주간 신문인 〈디 벨트 Die Welt〉를 발행하였다.

1897년 8월 바젤에서 200명의 대표자가 모여 제1차 시온주의 의회를 열었고 세계 시온주의 기구를 설립했다. 헤르츨은 5년에서 50년 사이에 시온주의 국가가 다시 설립될 것이라고 예측했는데, 그 일은 정확히 50년 만에 일어났다. 훗날 이스라엘 초대 대통령이 된 하임 바이츠만은 영국 정부의 기독교 시온주의자였던 밸푸어경과 긴밀히 협력해 1917년 밸푸어 선언을 이끌어 냈고 이는 30년 뒤 이스라엘 국가의 재탄생을 위한 길을 닦는 역할을 했다(부록 B 참조).

1938년: 리즈 하월즈는 웨일스의 성경학교를 이끌었던 기독교 시온주의자이자 중보자이다. 그는 오랫동안 학생들에게 유대인을 위해 기도하도록 가르쳤는데, 특별히 1938년 9월에 그는 주님으로부터 특별한 소명을 받았다. 그는 이탈리아의 모든 유대인이 6개월 안에 이탈리아를 떠나야 한다는 소식과 독일에서 반유대주의가 급격히 고조되고 있다는 소식을 듣고, 단순히 유대인을 위해 기도하기보다 유대인들이 고토로 돌아갈 수 있도록 기도하기로 했다. 하월즈와 그의 제자들은 몇 시간 또는 며칠씩 유대 국가의 탄생을 위해 기도했다. 하나님께서 우리 시대에 하월즈와 같은 사람들을 일으키셔서 지난 세기에 일어났던 것보다 훨씬 더 큰 알리야 운동과 성령 세례가 일어나기를 기도한다.

1985년 스위스 바젤에서 제1회 기독교 시온주의 의회가 열려 세계 각국에서 500여 명이 참석했다. 1988년에는 이스라엘 재탄생 40주년을 맞아 제2차 기독교 시온주의 의회가 예루살렘에서 열렸다. 기독교 시온주의자들의 활동은 전 세계적인 시온주의에 큰 격려가 되었다. 나라들은 갈수록 이스라엘에 대해 적대감을 갖지만 기독교인들은 이스라엘을 향해 "혼자가 아니다"라고 외치고 있다.

유대교 시온주의자와 기독교 시온주의자들은 모두 시편 122편 6절을 따라 하나님의 샬롬이 예루살렘 위에 임하도록 기도해야 한다. 예루살렘의 평화를 위해 기도하는 것은 전 세계 하나님의 모든 자녀가 수행해야 할 책임이며 세계 구원과 화해, 회복의 열쇠이다. 우리는 이 계명을 지키는 데 있어 하나님께 충성해야 할 것이다.

이사야 62장 6절은 "예루살렘이여 내가 너의 성벽 위에 파수꾼을 세우고 그들로 하여금 주야로 계속 잠잠하지 않게 하였느니라"고 말씀한다. 주님께 부르짖는 여러분이여, 주님께서 이 두 가지 일을 하실 때까지 쉬지 말기를 바란다. 첫째, 예루살렘을 세우는 것. 이것은 1967년에 이미 일어났지만 열방의 알리야를 통해 계속 회복되고 있으며 시온의 자연적인 회복도 계속되고 있다. 둘째, 예루살렘이 온 땅의 찬송이 되는 것이다. 이것은 시온의 영적 회복이기도 하다.

모든 유대인, 특히 성령 충만하고 하나님을 사랑하는 '토라를 믿는 유대인'들이 이 땅으로 돌아와야 한다. 그들이 돌아올 때 비로소 예루살렘의 수건이 걷히고 하나님의 영광이 예루살렘 위에 임하기 때문이다. 하나님의 임재가 있는 언약궤가 전례 없는 방법으로 예루살렘을 향해 돌아갈 때이다. 이 일은 구원받은 백성이 성경적 찬양과 예배로 나아가 모든 수건을 벗을 때 일어날 것이다. 그때 하나님의 기름 부으심이 임하고 예루살렘의 모든 멍에와 묶인 것이 끊어지며 물이 바다를 덮음 같이 주님의 영광이 온 땅을 덮을 것이다.

1990년대와 20세기 초에 랍비 예히엘 에크슈타인, 랍비 파스와 같은 유대 지도자들이 일어났는데, 이들은 기독교인들과 함께 일했다(올 네이션스 컨버케이션의 탐 헤스나, 국제 기독교 대사관, 출애굽 작전과 같이 알리야와 이스라엘을 돕는 기독교인들이 그 예다). 영국의 구스타프 쉘러와 같은 이방인들도 구소련의 유대인 공동체와 함께 알리야를 위해 주목할 만한 활동을 했다. 시온주의자로서 유대인과 기독교인이 믿음의 선진들의 좋은 선례를 따라 함께 일하며 하나님 안에서 우리의 사명을 함께 찾길 바란다. 또 미국과 다른 이방 국가들에 심각한 심판이 임하기 전에 마지막이자 가장 큰 알리야의 물결이 임하도록 우리가 함께 기도하고 경고하고 돕고 참여하기를 바란다.

이사야 2장 3절은 "율법이 시온에서부터 나올 것이요 여호와의 말씀이 예루살렘에서부터 나올 것"이라고 말씀한다. 하나님께서 유대교 시온주의자와 기독교 시온주의자들에게 용기를 주셔서 시온에서부터 나팔을 불고 미국에서 경고를 외칠 수 있게 하시기를 바란다.

유대 민족이여, 예루살렘으로 돌아와 온 땅의 가장 높으신 하나님께 찬양하고 경배하라! 그리하여 하나님께서 예루살렘을 온 땅의 찬송이 되게 하시기를 간절히 기도하라.

9장

오 바빌론의 딸과
함께 거하는 시온아
이제 너는 피할지니라

오 바빌론의 딸과 함께 거하는 시온아, 네 자신을 건질지어다(슥 2:7, KJV)

처녀 이스라엘아 너의 이정표를 세우며 너의 푯말을 만들고 큰 길 곧 네가 전에 가던 길을 마음에 두라 돌아오라 네 성읍들로 돌아오라(렘 31:21)

여호와의 말씀이니라 그러나 보라 날이 이르리니 다시는 이스라엘 자손을 애굽 땅에서 인도하여 내신 여호와께서 살아 계심을 두고 맹세하지 아니하고 이스라엘 자손을 북방 땅과 그 쫓겨 났던 모든 나라에서 인도하여 내신 여호와께서 살아 계심을 두고 맹세하리라 내가 그들을 그들의 조상들에게 준 그들의 땅으로 인도하여 들이리라 여호와의 말씀이니라 보라 내가 많은 어부를 불러다가 그들을 낚게 하며 그 후에 많은 포수를 불러다가 그들을 모든 산과 모든 언덕과 바위 틈에서 사냥하게 하리니(렘 16:14-16)

누구든지 여호와의 이름을 부르는 자는 구원을 얻으리니 이는 나 여호와의 말대로 시온 산과 예루살렘에서 피할 자가 있을 것임이요 남은 자 중에 나 여호와의 부름을 받을 자가 있을 것임이니라(욜 2:32)

인류 역사에 존재했던 88개의 문명은 모두 멸망했다. 외부의 공격 또는 내부의 부패로 붕괴하였다. 미국은 세계 강대국으로서 200년(1776~2004년) 이상 지속한 최초의 주요 문명 중 하나이다.

미국은 유대인과 많은 나라에 여러 면에서 큰 축복이 되었다. 그러나 내부에서 시작된 부패는 미국의 힘을 갉아먹기 시작했고 그 부패는 세대에 걸쳐 점차 심해지고 있다. 죄와 타락이 계속해서 증가되는 이

상황 속에서 미국이 이렇게 오랫동안 세계 권력을 유지해 온 것은 오직 하나님의 긍휼 때문이다.

레스터 섬랄 Lester Sumrall 은 그의 책 《예루살렘: 제국이 죽는 곳 Jerusalem: Where Empires Die(1984)》에서 이렇게 말했다.

> 1956년 이래로 미국이 어떻게 변해 왔는지 주의 깊게 살펴보기 바란다. 미국은 한국 전쟁과 베트남 전쟁에서 패배했고, 미국 사회는 빠르게 타락하기 시작했다. 미국의 여러 대학 캠퍼스에서 폭력 시위가 일어났다. 마약 문제와 성적인 죄, 이혼이 폭발적으로 증가했다. 미국 경제는 더욱 불안해졌고 대외 경쟁력은 훨씬 취약해졌다.
>
> 이 모든 것은 표면적으로는 관련이 없어 보이지만, 그렇지 않다. 1956년 미국이 이스라엘을 떠난 이후에 이러한 문제가 발생한 것은 우연이 아니다. 미국이 산유국(아랍 국가)들의 마음에 들려고 노력하면서 최근 몇 년 동안 점진적으로 이스라엘과 멀어져 왔다. 그러면서 바빌론, 페르시아, 로마 그리고 다른 나라들처럼 미국도 예루살렘의 황금 그릇에 손을 넣었고 지금은 하나님에 의해 잠시 보류되었지만, 미국은 여전히 일촉즉발의 위기에 처해 있다.

2004년은 미국이 이스라엘에게 등을 돌리기 시작한 지 한 세대(40년)가 넘은 시점이다. 미국은 수백 년간 이스라엘에 대한 축복을 멈추고 영국과 같은 실수를 반복하면 안 된다. 하나님께서 미국이 꼬리가 아닌 머리가 되게 하셔서 이스라엘을 계속 지지할 수 있는 은혜를 주시기를 기도한다.

섬랄은 계속해서 말한다.

이스라엘을 향한 새로운 헌신과 회복이 없다면, 우리 시대의 도덕적 타락은 더욱 심화되고 확산될 것이며 과거 로마를 비롯한 위대한 제국들이 그랬던 것처럼 미국도 내부부터 부패할 것이다. 그러면 다른 강대국들이 미국을 무릎 꿇게 할 것이다.

미국은 1956년부터 학교에서 기도와 성경 읽기가 사라지고 사회적으로 낙태가 합법화되었다. 불행하게도 오늘날 미국과 국제사회는 이스라엘에 등을 돌리고 있을 뿐만 아니라 상당수의 교회도 마찬가지이다. 1982년에 하나님께서는 내 눈에서 수건을 걷어 이스라엘을 향한 그분의 목적을 보게 하셨다. 과거에는 나도 눈이 멀어 있었기 때문에 오늘날 대체 신학을 고수하는 기독교인들에게 공감할 수 있다. 우리는 아직 제대로 보지 못하는 기독교인들을 사랑하는 마음으로 도와야 한다. 하나님께서 그들의 눈에서 수건을 벗기셔서 이스라엘과 유대인들을 위한 하나님의 목적과 진실을 발견할 수 있도록 그들을 도와야 한다.

교회는 하나님의 움직임을 이끌었던 지도자들을 거부하고 하나님의 목적을 위해 최전선에 있는 사람들을 박해할 때가 많았다. 가톨릭 신자들은 루터를 박해했고, 루터와 칼뱅은 재침례파를 박해하고 그들에게 죽음을 선고했다. 많은 전통 교회들은 예수 운동을 거부했고, 초창기 오순절 교회 계통 하나님의 성회는 카리스마 운동을 거부하였다. 대체 신학을 믿는 기독교인의 눈에서 수건이 제거되지 않으면 이스라엘 위에 곧 부어질 성령님의 은혜를 거부하고 유대인까지 박해할 수 있다.

가톨릭과 루터의 신학이 여러 면에서 종교 재판과 홀로코스트의 길을 열었다면, 하나님께서 무늬만 기독교인인 이들의 눈에서 수건을 벗기지 않으면 가까운 미래에 유대인들에게 어떤 박해가 닥칠지 생각조차 하기 싫다. 무늬만 기독교인인 이들과 심지어 거듭난 기독교인들조차도 대체 신학에 눈이 멀었다면 그들이 홀로코스트와 히틀러를 반대할지라도 예루살렘과 유대인들을 박해할 수 있다.

이스라엘에 관한 여호와의 경고의 말씀이라 여호와 곧 하늘을 펴시며 땅의 터를 세우시며 사람 안에 심령을 지으신 이가 이르시되 보라 내가 예루살렘으로 그 사면 모든 민족에게 취하는 잔이 되게 할 것이라 예루살렘이 에워싸일 때에 유다에까지 이르리라 그 날에는 내가 예루살렘을 모든 민족에게 무거운 돌이 되게 하리니 그것을 드는 모든 자는 크게 상할 것이라 천하 만국이 그것을 치려고 모이리라 여호와가 말하노라 그 날에 내가 모든 말을 쳐서 놀라게 하며 그 탄 자를 쳐서 미치게 하되 유다 족속은 내가 돌보고 모든 민족의 말을 쳐서 눈이 멀게 하리니(슥 12:1-4)

예루살렘을 친 모든 백성에게 여호와께서 내리실 재앙은 이러하니 곧 섰을 때에 그들의 살이 썩으며 그들의 눈동자가 눈구멍 속에서 썩으며 그들의 혀가 입 속에서 썩을 것이요(슥 14:12)

성경에 따르면, 이스라엘은 인류에게 다음 문명이자 중요한 마지막 문명이 될 것이다. 이스라엘 땅은 창세기 17장 8절의 약속대로 유대인들에게 영원한 소유로 주어졌다. 창세기의 족장들은 이스라엘 밖에서 죽어도 그 유골은 반드시 이스라엘 땅에 장사할 정도였다. 지금은 다시 시온의 편에 설 때이며 영적 언약궤를 다시 한번 예루살렘으로 가져올 때이다. 하나님은 곧 미국을 비롯한 이방 국가에 큰 심판을 내리시고 이스라엘에는 큰 영적 각성을 일으키실 것이다.

사람들은 "하나님께서 왜 홀로코스트를 허용하셨는가"라는 질문을 많이 한다. 사랑이신 하나님께서는 오랜 시간 시온주의 예언자들의 입을 통해 그 땅을 떠나라고 유대인들에게 경고하셨지만, 그들 중 90퍼센트가 떠나기를 거부했다. 만약 미국에 심판이 임하기 전에 유대인 중 10퍼센트 이상이 그 땅을 떠난다면 역사상 처음으로 많은 수가 떠난 사례가 될 것이다. 스가랴 12장 8절은 전 세계 유대인의 3분의 2가 죽임을 당할 것이라고 말씀한다. 그들 중 3분의 1인 6백만 명은 이미 홀로코스트로 죽었다. 나는 미국 유대인들이 곧 돌아오지 않으면 그들 중 6백만 명이 또다시 죽을 수 있다는 사실이 매우 걱정스럽다.

하나님은 예레미야 16장 16절에서 많은 어부를 일으켜 유대인들이 이스라엘로 돌아갈 수 있도록 경고하고 도울 것이라 말씀하신다. 유럽의 어부들은 시온주의자이고 사냥꾼들은 나치였다. 오늘날 미국에서의 어부들은 기독교 시온주의자와 유대인 예언자들이다. 오늘날 유대인들이 어부에게 반응하지 않으면 사냥꾼들이 곧 올 것이다. 미국의 경우 사냥꾼은 KKK단이나 이슬람 테러리스트 또는 다른 형태의 모습일 것이다.

이 책은 유대인들에게 깊은 사랑을 담아 바빌론의 딸(미국)이 멸망하기 전에 탈출하라는 경고의 메시지를 담았다. 소중한 유대인 형제자매들이여, 당장 떠나지 않으면 한 푼도 없이 돌아갈 수도 있고, 그 땅에서 죽게 되어 아예 돌아가지 못할 수도 있다.

산타야나 Santayana 의 말을 다시 인용하면, "역사가 주는 교훈을 배우지 않으면 반복할 수밖에 없다." 유대인들이 역사가 주는 교훈을 배우기를, 곧 이스라엘로 돌아와 미국에 임박한 심판과 멸망에서 벗어나기를 간절히 바란다.

속히 알리야하면 좋은 점

1. 이스라엘 땅으로 돌아가라는 하나님의 부르심에 순종함으로 이스라엘의 하나님께 영광을 돌리고 그분의 축복을 받을 수 있다.
2. 자녀와 후손이 약속의 땅에서 살아갈 수 있도록 준비할 수 있다. 많은 이들이 메시아의 재림 전 인류의 다음 문명이자 마지막 중요 문명이 이스라엘이라고 믿고 있다.
3. 몰락하는 미국 문명에 임할 심판과 고난을 피할 수 있다.
4. 미국 경제가 붕괴되기 전에 어떤 재산이든 챙겨 떠날 수 있다. 열방의 부를 이스라엘로 가져감으로 당신의 가족뿐만 아니라 이스라엘 국가에 축복이 된다. 선조들의 땅에서 번영할 수 있는 준비를 하는 것이다.
5. 앞으로 러시아와 미국에서 수백만 명의 유대인이 돌아올 것에 대비해 이스라엘 땅이 번영할 수 있도록 도울 수 있고 돌아오는 형제자매들을 예루살렘에서 맞이할 수 있다.
6. 이스라엘 민족 고유의 문화적·종교적 환경에서 살 수 있고 이방인의 문화에 동화되지 않는 축복을 경험할 수 있다.

7. 에스겔 37장에 언급된 것처럼 이스라엘 땅에 임할 대부흥에 참여하고 다시 오실 메시아를 환영할 수 있다.

알리야를 위해 즉시 해야 할 일

미국의 모든 유대인(그리고 열방에 흩어져 있는 모든 유대인)은 다음의 내용을 지혜롭게 따라야 한다.

1. **귀환법을 이해하라**: 모든 유대인에게는 이스라엘로 귀환해 시민이 될 수 있는 '귀환법'이 적용된다. 미국 유대인들은 귀환법에 따르더라도 미국 시민권을 잃지 않는다. 또한 여행 비자나 취업 비자로 장기간 체류할 수도 있다. 여러분은 신중하게 계획을 세워 여러분의 교회 사람들이나 단체에 연락해 알리야에 관하여 상담하기 바란다.

2. **마음가짐을 바꾸어라**: 전능하신 하나님께서 유대인들을 다시 모으셔서 절대로 이스라엘을 떠나지 않게 할 것을 계획하고 선포하셨다는 것을 기억하라.

내가 내 백성 이스라엘이 사로잡힌 것을 돌이키니 그들이 황폐한 성읍을 건축하여 거주하며 포도원들을 가꾸고 그 포도주를 마시며 과원들을 만들고 그 열매를 먹으리라 내가 그들을 그들의 땅에 심으리니 그들이 내가 준 땅에서 다시 뽑히지 아니하리라 네 하나님 여호와의 말씀이니라 (암 9:14-15)

이스라엘 땅에 사는 것은 토라의 모든 계명처럼 중요하다. 시프리 레에 12:29 미쉬나

3. 빚에서 벗어나라: 신용카드를 포함하여 모든 빚을 갚아라.

4. 여권을 만들어라.

5. 이스라엘을 방문하라: 이스라엘을 방문해서 고용과 주거 상황이 어떤지 확인해 보는 것도 좋다. 이스라엘을 방문하기에 재정이 넉넉하지 않다면 소책자를 보내 달라고 요청하라. 여러분이 질문할 수 있는 곳을 찾는 것도 방법이다. 또한 이스라엘에서도 알리야를 신청할 수 있다.

6. 히브리어를 배워라: 디아스포라 상태에 있는 동안 히브리어를 배우기 시작하라. 조금씩 배우는 것도 도움이 될 것이다. 그러나 가능하다면 언어 구조와 문법에 대한 개요를 배울 수 있는 수업을 수강하는 것이 좋다. 왜냐하면, 이스라엘의 울파님 Ulpanim, 이스라엘의 히브리어 훈련 프로그램 에서는 그렇게 배울 수 없기 때문이다. 대부분 미국인들은 영어만이 세계에서 유일한 '진짜' 언어라고 믿는 경향이 있고, 이스라엘에서 적응하는 데 언어가 가장 큰 장벽이 되기도 한다. 히브리어 배우기를 우선순위로 삼기 바란다.

7. 결혼과 자녀: 당신이 미혼이든, 결혼해서 가족이 있든 지금이 이

스라엘로 이민 갈 적기이다. 모든 상황에는 장점이 있다. 변화를 기다리지 말고 여러분의 지금 모습 그대로 가라.

8. **일**: 가능하다면 직업을 가지고 가는 것이 좋다. 이스라엘에서 여러분의 기술이 수요가 있는지, 보수는 어느 정도인지, 히브리어를 못해도 일할 수 있는지, 디아스포라 상태보다 이스라엘에서 직업 훈련을 받는 것이 더 유리한지 등을 미리 확인하라.

9. **미국에서의 생활을 정리하라**: 미국에서 소유한 부동산을 정리하라. 그리고 이스라엘에서 살 집이나 아파트를 구입하기 바란다. 중요한 물건만 가져가고 필요한 물건은 이스라엘에서 구입하는 것도 좋다.

10. **주택**: 이스라엘에서 부동산을 매입하기 위해 저축할 필요가 있다.

11. **재정**: 이사야 60장 말씀처럼 이스라엘을 복되게 하기 위해 여러분이 얻은 열방의 부와 재정을 되찾아 와야 한다. 그러기 위해 경제적 여유가 있다면 이스라엘에 투자하라.

12. **기도**: 알리야를 할 정확한 때와 장소를 위해 지혜를 구하고 구체적으로 기도하라. 예루살렘의 평화(시 122:6)와 유대인과 아랍인 사이에 하나님의 평화와 화해가 임하도록 기도하라.

이스라엘이여, 집으로 돌아와라!

그 후에 이스라엘 자손이 돌아와서 그들의 하나님 여호와와 그들의 왕 다윗을 찾고 마지막 날에는 여호와를 경외하므로 여호와와 그의 은총으로 나아가리라(호 3:5)

개척자가 되어 구름같이 허다한 믿음의 선진들(아브라함, 모세, 여호수아, 다윗 등)을 따르라. 아브라함의 자녀로서 마지막 때 여러분의 사명을 이루고 선조들의 땅 이스라엘에서 시온주의자로 살기 바란다.

유대 민족은 바빌론에서 크게 번성했다. 마치 지금의 유대인들이 미국에서 번성한 것처럼 말이다. 하나님은 예레미야를 통해 바빌론에 있던 유대 민족에게 약속을 주셨는데, 70년 포로 생활 후 그들이 하나님께 순종하여 이스라엘 땅으로 돌아가게 될 것이라고 말씀하셨다

여호와의 말씀이니라 너희를 향한 나의 생각을 내가 아나니 평안이요 재앙이 아니니라 너희에게 미래와 희망을 주는 것이니라(렘 29:11)

나는 이 말씀이 오늘날 미국 바빌론을 탈출하는 유대인들에게도 적용된다고 믿는다. 에스겔 37장 13-14절에서 하나님은 유대인들을 이스라엘 땅으로 다시 데려올 것이라고 말씀하신다.

내 백성들아 내가 너희 무덤을 열고 너희로 거기에서 나오게 한즉 너희는 내가 여호와인 줄을 알리라 내가 또 내 영을 너희 속에 두어 너희가 살아나게

하고 내가 또 너희를 너희 고국 땅에 두리니 나 여호와가 이 일을 말하고 이룬 줄을 너희가 알리라 여호와의 말씀이니라.

미국을 떠나는 것은 희생과 문화적 변화를 요구하는 것이지만, 문제는 떠날지 말지를 결정하는 것이 아니다. 미국을 떠나는 것은 당연하다. 떠나기 쉬운 지금 떠날 것인지, 떠나기 어려울 때 떠날 것인지를 결정해야 한다. 하나님은 마지막 때 이스라엘에 엄청난 영적 부흥을 주시겠다고 약속하셨다. 미국에 곧 닥칠 경제적·도덕적·군사적·영적 붕괴를 경험하는 것과는 비교할 수 없는, 훨씬 더 가치 있고 의미 있는 일이다. 하나님의 눈동자, 사랑하는 유대인 형제자매들이여, 시온에서의 여러분의 사명을 놓치지 말기 바란다. 물질만능주의의 거짓 신들아, 내 백성을 가게 하라!

세 번째 출애굽과 이스라엘로의 귀환은 역사상 가장 큰 출애굽이 될 것이다. 먼저 있었던 두 번의 출애굽이 준비하고 닦아 놓은 것을 이제 성취하게 될 것이다. 세 번째 귀환은 메시아가 영광 속에서 다시 오실 것과 예루살렘에 영원한 평안, 열방의 구원과 민족의 치유를 가져올 것이다. 이사야 51장 11절이 그대로 성취되는 것이다.

그러므로 주께 구속받은 자들이 돌아와 노래하며 시온으로 오리니 영존하는 기쁨이 그들의 머리 위에 있을 것이요, 그들이 즐거움과 기쁨을 얻을 터인즉 슬픔과 애곡이 달아나리이다 (KJV)

하나님은 스가랴 2장 7절로 외치신다.

바벨론 성에 거주하는 시온아 이제 너는 피할지니라

  소중한 유대인 형제자매들이여, 지체하지 말고 빨리 알리야하라. 모든 어려움에서 승리하여 오늘 이스라엘로 돌아가라. 기쁨으로 노래하고 춤추면서 시온으로 돌아와 곧 오실 메시아의 길을 준비하라!

10장

여러분 준비하십시오 기차와 비행기가 오고 있습니다
(1993년 업데이트)

1986년 10월, 우리 팀 38명은 크렘린 주변에서 여리고 기도 행진을 했다. 유대인을 묶고 있는 소련의 강력한 진을 하나님께서 파쇄하실 것을 믿으며 중보의 행진을 한 것이다. 이 해에는 소련에서 겨우 200명의 유대인이 알리야했다. 우리가 여리고 기도 행진을 한 지 며칠 후 소련은 1만 2천 명의 유대인을 놓아주기로 결정했다. 주님은 우리에게 7년 동안 매년 크렘린 주변을 돌며 여리고 기도 행진을 하게 하셨다. 1988년에는 1만 6천 명이 풀려났고, 1989년에는 그 수가 7만 명으로 늘어났다. 1990년에서 1993년까지 총 20만 명 이상이 모든 CIS Commonwealth of Independent States, 독립국가연합으로 회원국으로는 러시아, 우크라이나, 아르메니아, 아제르바이잔 등이다.-편집 주 국가에서 해방되었다. 예레미야가 3천 년 전 예언한 출애굽(렘 16:14-16)이 일어나고 있다.

1987년 기도 여행 중에, 어느 중보자 그룹이 상트페테르부르크에 있는 무신론자 박물관 주변에서 여리고 기도 행진을 했다. 하나님께서 공산주의의 벽을 허물어 주실 것을 믿으며 그 주변을 돌았다. 기도 응답으로 1990년에 공산주의자들이 이 박물관에서 '무신론'이라는 글자를 없애 버렸고 지금은 박물관을 폐쇄해 교회에 돌려주었다. (이곳은 1907년 볼셰비키 혁명 전에는 성당이었다.)

이스라엘이 재탄생한 지 40년이 되는 1988년, 우리는 모스크바 크렘린 주변에서 세 번째 여리고 기도 행진을 했고 사람들에게 옷과 러시아어로 번역된 이 책 1천 부를 나눠주었다.

1989년 유월절 기간에 우리 중 28명이 러시아에 가서 유대인들을 집으로 데려오기 위한 '어부'의 사명을 감당했다. 하나님께서는 내게 러시아로 갈 '어부'들을 동원하라고 말씀하셨다. 주님은 예레미야 16장

16절을 말씀하시며 내 안에 불타는 마음을 부어 주셨다. "보라, 내가 사람을 보내어 많은 어부를 데려다가 그들을 낚게 할 것이요.$_{KJV}$" 이 말씀은 이집트에서의 출애굽이나 바빌론에서의 부분적인 귀환에 적용되는 말씀이 아니라 바로 오늘날의 상황을 말하는 것이다.

하나님께서는 내게 소수의 어부들을 앞서 보내시고, 지금은 러시아와 유대인이 있는 열방으로 가서 그들에게 경고하고 집으로 돌아갈 수 있도록 돕는 많은 어부를 부르신다고 말씀하셨다. 수천 명의 어부는 물고기(유대인)가 핀란드로 오기만을 기다리고 있지만, 하나님께서는 "러시아로 가서 물고기들을 이스라엘로 데려오라"고 말씀하셨다.

1990년 우리는 모스크바에서 다섯 번째 사역을 진행했다. 주예루살렘 국제기독교대사관 소속 28명을 포함한 80명이 모스크바, 상트페테르부르크, 오데사, 키예프에 가서 알리야를 위해 기도하고 유대 백성을 위한 부르심의 콘서트 투어도 진행했다.

오데사에 갔을 때, 52명의 중보자와 함께 흑해 해안을 바라보며 기도했다. 우리는 하나님께서 오데사로 배를 가져와 러시아 전역의 유대인들을 이스라엘로 태워 가시도록 중보했다. 하나님은 구스타프 쉘러가 설립한 기독교 단체 '에벤에셀 비상 기금'을 통해 우리의 기도에 응답하셨다. 이 기금은 지금까지 오데사에 있는 10만 명의 유대인을 배를 이용해 이스라엘로 데려오는 데 사용되었다.

1991년, 우리는 여섯 번째 러시아 기도 여행을 떠났다. 공산주의의 벽이 무너질 것을 믿으며 크렘린 주변에서 여섯 번째 여리고 기도를 했다. 우리는 유대인들이 풀려나고 러시아에 축복이 임하도록 기도했다. 1991년 12월, 소련은 해체되고 미하일 고르바초프가 사임했다. 하나님이 우리의 기도에 응답하셔서 공산주의의 벽이 무너진 것이다.

1992년, 우리는 벽이 무너진 것을 축하하기 위해 일곱 명의 트럼펫 연주자와 함께 크렘린 주변에서 일곱 번째 여리고 기도 행진을 했다. 우리는 어부로서 유대인들이 완전히 풀려나 집으로 돌아올 수 있도록 기도했고 또 그렇게 하실 하나님을 믿었다(렘 16:16). 지난 몇 년간 50만 명이 넘는 유대인이 소련에서 풀려나 이스라엘로 돌아왔지만, 러시아와 우크라이나 등 소련에 속했던 다른 나라들에 여전히 수백만 명의 유대인이 살고 있다.

우리는 러시아 유대인의 알리야를 독려하기 위해서 이 책의 러시아어 번역본 3만 부를 가져갔다. 우리는 러시아에 살고 있는 모든 유대인이 배와 비행기를 타고 돌아오게 하실 하나님을 신뢰한다.

우리는 전쟁이 발발하기 두 달 전에 구유고슬라비아 _{보스니아, 자그레브,} _{베오그라드, 사라예보}에서 탈출할 것을 경고하는 기도 선교를 했지만, 그들은 그들의 문화를 재건하며 남아 있고 싶다고 했다. 불과 몇 달 후, 그들은 목숨 걸고 그 땅을 탈출해야 했다.

지난 몇 년 동안, 이 책의 영어 번역본보다도 러시아어 번역본이 더 많이 배부되었다. 러시아의 유대인 지도자들은 최근 5만 부를 추가 요청했다(3쇄). 1994년에 우크라이나에서 5만 부가 추가로 인쇄되었고 구소련 전역에 배포되고 있다. 유대인 지도자들은 많은 이들이 이 책을 읽고 이스라엘로 돌아가기로 했다고 말했다.

이 지도자 중 한 명은 최근 구소련에서 파시즘이 시작되었는데, 이는 20세기 초 러시아 75개 도시에서 포그롬 _{학살}이 일어나 2백만 명의 유대인이 미국으로 피신했을 당시의 분위기와 비슷하다고 말했다. 그리고 러시아 민족주의가 계속 고조되면 독일과 폴란드의 나치 통치 때와 비슷해질 수 있다고 덧붙였다. 러시아 민족주의 팜얏트 pamyat 는 러시아의 대표적인 반유대주의 운동이다.

구소련뿐만 아니라 미국에서도 지난 6년간 반유대주의는 꾸준히 증가하고 있다. 우리는 사냥꾼들 반유대주의자이 러시아뿐만 아니라 서구에서도 발생하고 있다는 것을 깨달아야 한다. 지금은 어부들(시온주의자들, 유대인의 귀환을 돕고 격려하는 사람들)의 시대이지만, 곧 사냥꾼의 시대가 올 것이다. 유대 백성이 러시아와 그 밖의 열방에서 도피할 수 있는 귀중한 시간이 이제 얼마 남지 않았다. 어부들은 이방 국가들에 심판이 임하기 전에, 이 은혜의 계절에 가능한 한 많은 유대인이 이스라엘로 돌아올 수 있도록 기도하고 도와야 한다.

1987년 12월 첫판으로 출간된 《내 백성을 가게 하라》는 러시아뿐만 아니라 서구에서도 하나님의 백성을 집으로 불러들이고 있다. 사람들이 '미국에서는 절대 일어나지 않을 거라' 생각했던 많은 경제 문제가 일어나 반유대주의를 촉발할 수 있다. 미국에 곧 일어날지도 모르는 핵 홀로코스트에 갇히거나 난민의 신분으로 돌아오고 싶지 않으면 유대인들은 하루빨리 이스라엘로 돌아가야 한다.

루마니아 지하교회의 예언자였던 디미트리 두디만은 뉴욕과 LA, 마이애미가 핵미사일 공격으로 파괴되는 비전을 보았다. 만약 이 일이 일어난다면, 4백만 명의 유대인이 핵 홀로코스트에 휘말릴 수 있다. 그 이유는 그들이 이스라엘 땅으로 돌아오라 외치는 700구절의 구약 말씀에 순종하지 않았기 때문이다.

지금은 우리가 생각한 것보다 시간이 많이 흐른 상태이다. 1987년 뉴욕에서 운전하는 중에 성령님께서 비전을 보여 주셨다. 많은 유대인이 이 도시에서 도망치는 가운데 수많은 '도피성'이 있었다. 이 도피성들은 지금 준비되고 있다. 하나님은 내게 이 일을 속히 이루실 것이라는 이사야 60장 22절을 주목하게 하셨다. 동유럽과 구소련에서 일어나는 빠른 변화는 서구에서도 이 같은 빠른 변화가 일어날 수 있다는 것을 예표한다.

어느 날 기도 중에 기차가 역을 떠나는 비전을 보았다. 그 기차는 '북방 땅'(렘 16:15)에서 출애굽을 이끄는 주님을 의미하고, 기차에 부착된 기차 칸들은 각 국가와 도시에서 온 유대인들을 의미한다. 유대인들은 러시아와 우크라이나에서 나오는 기차를 타야 할 때이다. 또한 뉴욕, LA, 마이애미, 시카고를 비롯한 많은 미국의 도시와 파리, 부에노스아이레스, 런던, 케이프타운, 토론토, 몬트리올, 부다페스트, 시드니 등에서 나오기 위해 속히 차에 올라타야 한다. 기차와 자동차, 비행기가 그분의 백성을 이스라엘로 데려가고 있다. 이스라엘은 앞으로 몇 가지 문제를 겪게 될 것이다. 이때마다 다음의 성경 말씀을 깊이 묵상해야 한다.

여호와의 말씀이니라 그러므로 나의 종 야곱아 너는 두려워하지 말라 이스라엘아 놀라지 말라 내가 너를 먼 곳으로부터 구원하고 네 자손을 잡혀가 있는 땅에서 구원하리니 야곱이 돌아와서 태평과 안락을 누릴 것이며 두렵게 할 자가 없으리라 이는 여호와의 말씀이니라 내가 너와 함께 있어 너를 구원할 것이라 너를 흩었던 그 모든 이방을 내가 멸망시키리라 그럴지라도 너만은 멸망시키지 아니하리라 그러나 내가 법에 따라 너를 징계할 것이요 결코 무죄한 자로만 여기지는 아니하리라 (렘 30:10-11)

모스크바에서 한 러시아 유대인과 이야기할 때, 하나님은 내게 한 가지 비유를 말씀하셨다. 미국은 이미 활짝 피어서 검게 시들어가는 장미와 같고, 이스라엘은 이제 막 피기 시작한 장미와 같다는 것이다. 1993년 《내 백성을 가게 하라》 증보판을 집필하기 며칠 전에 알바니아에서 유대인들이 막 풀려나기 시작했고, 36시간 전에는 95퍼센트의 에티오피아 유대인이 풀려났다.

나는 미국으로 가는 비행기 안에서 뉴욕에서 온 정통 랍비와 이야기를 나누었다. 그에게 알리야 계획이 있느냐고 물었더니 그는 뉴욕의 정통 유대인들은 앞으로 몇 년 안에 대규모 알리야를 할 계획이라고 말했다. 성경을 믿는 많은 유대인이 이제 예루살렘을 향해 눈을 돌리고 알리야를 계획하고 있다. 하나님께서 이제 그들을 동서남북에서 집으로 데려오고 계신다.

1987년 이스라엘 건국 40주년이 다가오던 날 '기도의 집' 사역이 예루살렘에서 시작되었다. 200여 개국의 워치맨들이 '예루살렘 열방 기도의 집'을 방문했는데, 그들은 이사야 56장 6-8절을 바탕으로 기도하였다.

또 여호와와 연합하여 그를 섬기며 여호와의 이름을 사랑하며 그의 종이 되며 안식일을 지켜 더럽히지 아니하며 나의 언약을 굳게 지키는 이방인마다 내가 곧 그들을 나의 성산으로 인도하여 기도하는 내 집에서 그들을 기쁘게 할 것이며 그들의 번제와 희생을 나의 제단에서 기꺼이 받게 되리니 이는 내 집은 만민이 기도하는 집이라 일컬음이 될 것임이라 이스라엘의 쫓겨난 자를 모으시는 주 여호와가 말하노니 내가 이미 모은 백성 외에 또 모아 그에게 속하게 하리라 하셨느니라.

알리야를 위해 기도하기 원하는 모든 워치맨은 우리와 함께 예루살렘에서 기도하기를 소망한다. 지난 몇 년간 이스라엘 내외에 있는 성도들은 하나님께서 강한 진을 파쇄하시고 그분의 백성을 집으로 데려오실 것을 굳게 믿으며 24시간 금식을 이어오고 있다. 하나님은 우리의 기도를 들으시고 응답하신다.

유대인들의 미래는 이스라엘에 있다. 하나님의 진리는 시온을 향해 나아가고 있다. 모든 길이 예루살렘으로 이어진다. 준비하라. 기차가 곧 온다! 그 기차는 해안에서 해안으로, 대륙에서 대륙으로 다니며 승객들을 태울 것이다. 이 마지막 귀환이 메시아의 다시 오심과 축복과 평안을 예루살렘에 가져다줄 것이다. 기차와 비행기를 놓치지 말고 빨리 탑승하라!

11장

쇼파르가 울리고 있다

(1996년 업데이트)

이 책의 다섯 번째 증보판 집필은 우리가 1986년에 소련 크렘린에서 첫 여리고 기도를 마친 지 10년이 지났을 때 하였다. 여리고 기도는 하나님께서 이 책의 초판을 쓰게 된 비전을 주시기 직전에 시작했다. 1986년에는 고작 200명의 유대인만이 북쪽(러시아와 구소련)에서 이스라엘로 돌아왔다. 그러나 그로부터 10년 동안 1백만 명이 넘는 유대인이 이스라엘로 돌아왔고, 앞으로는 점점 더 많이 돌아올 것이다.

11장의 원고를 쓴 1993년부터 우리는 기도팀을 이끌고 여리고 기도를 했고 세계 각지에 흩어져 있는 유대인들이 집으로 돌아오도록 독려했다. 또한 우리는 매년 유월절이 오면 예루살렘에서 '돌파 금식'을 하고 있다. 돌파 금식 행사는 '예루살렘 열방 기도의 집'이 후원하고 100개국 이상의 단체가 참여하고 있다.

미국의 구원적 심판

우리는 지금껏 유대인들이 남쪽(에티오피아, 남아프리카공화국, 예멘 등)과 동쪽(인도, 중국 등)에서 돌아오는 것은 많이 보았지만, 서쪽에 대해서는 아직 많은 의문이 있다. 오늘날 이스라엘 밖에 사는 유대인의 80퍼센트가 서쪽에 살고 있기 때문에 하나님은 미국을 시작으로 서쪽을 흔들고 계신다.

1996년 10월, 188개국의 목회자와 기도 인도자들이 참석한 '올네이션스 컨버케이션 예루살렘'을 개최한 후 릭 조이너와 모닝스타 컨퍼런스에 참석하기 위해 노스캐롤라이나주 샬럿으로 날아갔다. 컨퍼런스의 주요 주제는 이스라엘이었고 최근 석방된 짐 베커 Jim Bakker 가 설교

자로 참여한다는 소식을 듣고 나는 매우 놀랐다. 그리고 컨퍼런스 장소가 짐 베커가 진행하는 TV 프로그램 '헤리티지 USA'_{사우스캐롤라이나주 포트밀에 있는 기독교 테마 워터파크, 테마파크 및 주거 단지로, 짐 베커와 그의 아내 타미 페이 메스너가 건설하였다.-편집 주}의 촬영지라는 것도 적잖은 놀라움이었다. 짐의 메시지는 내가 이제껏 들었던 설교 중 가장 예언적이었다. 그는 교도소에 있을 때 하루 8시간에서 16시간씩 성경을 읽으며 하나님께서 굉장히 급진적인 방법으로 자신을 다루셨다고 간증하였고, 우리에게 진정한 복음과 진정한 메시아께로 돌아가라고 촉구했다.

다음날 아침, 나는 산책하다가 갑자기 울음이 터졌고 하나님께서 말씀하기 시작하셨다. 1987년 3월 19일, 짐 베커와 제시카 한의 사건이 폭로된 뒤 얼마 후의 그 순간이 하나님께서 내게 미국 교회의 심판이 바로 문 앞에 와 있다고 말씀하신 그 순간이었다는 것을 상기시켜 주셨다. 이 일이 있은 지 5일 후, 1987년 3월 24일에 나는 이 책 1장에서 언급한 그 비전을 보았다. 미국에 심각한 심판이 임하기 전에 유대인들이 이스라엘로 돌아가야 한다는 절박한 비전이었다. 나는 옛 '헤리티지 USA'가 제작되던 곳에서 주님이 10년 전에 내게 말씀하신 것을 생각하며 울고 또 울었다. 1987년에 이미 그 심판이 교회 위에 임하기 시작한 것을 보았기 때문이다.

심판이 문 앞에 와 있다. 나는 짐 베커가 경험했던 것들, 그리고 하나님께서 그를 다루셨던 것이 곧 미국이 흔들릴 때 교회가 겪어야 할 일들 중 첫 번째 열매였다는 것을 느꼈다. 그러나 하나님의 목적은 미국 교회를 정결하게 하고 유대인들을 이스라엘로 데려오는 것이라는 것을 기억해야 한다.

최근에 하나님은 내게 디트리히 본회퍼가 감옥에서 쓴 두 책,《성도의 공동생활》과《중국 공산주의의 예수 가족 The Jesus Family in Communist China 》을 읽게 하셨다. 이 책들은 우리 시대의 강력한 메시지이다. 하나님은 믿는 자들이 곧 다가올 심판과 주님의 다시 오심에 대해 준비하기 원하신다. 하나님은 미국에 있는 수천만의 선데이 기독교인이 진짜 복음으로 거듭나 수확의 충만함에 동참하기를 원하신다.

하나님께서 이 목적을 성취하시기 위해 미국을 흔드시는 것은 미국에 긍휼을 베푸시기 위함이다. 앞으로 다가올 흔들림(심판)과 미국 맘몬 신이 무너지는 것으로 인해 유대인들이 이스라엘로 돌아가게 될 것이다. 유대인들이 희생양이 되면서 반유대주의가 크게 증가할 것이고 경제적 흔들림과 테러가 증가하고 지진과 전쟁이 곧 닥쳐올 것이다.

1996년 10월에 샬럿 컨퍼런스 직후 우리는 옷을 사러 갔다. 'USA'라는 빨간색 글자가 크게 쓰인 스웨터를 보자마자 나는 미국에 심판이 임박했다는 것을 느끼고 또 울음이 터졌다. 결국 나는 그 스웨터를 샀다. 이유는 미국 유대인들의 알리야를 위해 기도해야 한다는 것을 상기시키기 위해서이다. 이스라엘보다 미국에 더 많은 유대인이 있기 때문에 이스라엘을 향한 부담감은 미국을 향한 부담감이기도 하고, 나는 이에 대해 책임감이 들었기 때문이다.

나는 라디오를 들으며 샬럿을 떠나 노스캐롤라이나에 있는 모라비안 폭포 Moravian Falls 로 향했다. 그때 흘러나온 첫 곡은 버즈 The Byrds, 1964년 미국 캘리포니아주 로스앤젤레스에서 결성된 록 밴드-편집 주 의 오래된 노래 'Turn, Turn, Turn'이었다. 전도서 3장을 바탕으로 한 이 노래에는 하늘 아래 모든 것이 평화할 때가 있고 전쟁할 때가 있다는 메시지를 담고 있다. 나는 또다시 울었다. 몇 초 뒤 나는 고개를 돌려 왼쪽을 바라봤는데 거기에 '예레미야'라고 쓰인 큰 간판이 있었고 그걸 본 순간 나는 더욱 많은 눈물을 흘렸다. 모라비안 폭포가 있는 산에 다다랐을 때, 하나님은 이사야 60장과 61장이 성취될 때가 이르렀다고 말씀하셨다. 이사야 60장 22절은 다음과 같이 말씀한다.

그 작은 자가 천 명을 이루겠고 그 약한 자가 강국을 이룰 것이라 때가 되면 나 여호와가 속히 이루리라

이사야 61장 첫 절은 희년에 대해 말씀한다. 깊은 어둠이 드리워지지만 큰 영광도 있다. 주님께서는 당신의 백성을 서쪽에서 이스라엘로 데려오실 것이다. 유다의 사자가 이스라엘에서 곧 포효할 것이다.

그들은 사자처럼 소리를 내시는 여호와를 따를 것이라 여호와께서 소리를 내시면 자손들이 서쪽에서부터 떨며 오되 그들은 애굽에서부터 새 같이, 앗수르에서부터 비둘기 같이 떨며 오리니 내가 그들을 그들의 집에 머물게 하리라 나 여호와의 말이니라 (호 11:10-11)

먹구름

이스라엘이 재탄생한 지 50년인 희년의 해를 시작하면서, 하나님은 당신의 백성을 집으로 부르기 위해 온갖 흔들림을 허락하셨다. 주님은

내게 이사야 5장 26-30절을 보여 주셨다.

> 또 그가 기치를 세우시고 먼 나라들을 불러 땅 끝에서부터 자기에게로 오게 하실 것이라 보라 그들이 빨리 달려올 것이로되 그 중에 곤핍하여 넘어지는 자도 없을 것이며 조는 자나 자는 자도 없을 것이며 그들의 허리띠는 풀리지 아니하며 그들의 들메끈은 끊어지지 아니하며 그들의 화살은 날카롭고 모든 활은 당겨졌으며 그들의 말굽은 부싯돌 같고 병거 바퀴는 회오리바람 같을 것이며 그들의 부르짖음은 암사자 같을 것이요 그들의 소리지름은 어린 사자들과 같을 것이라 그들이 부르짖으며 먹이를 움켜 가져가 버려도 건질 자가 없으리로다 그 날에 그들이 바다 물결 소리 같이 백성을 향하여 부르짖으리니 사람과 그 땅을 바라보면 흑암과 고난이 있고 빛은 구름에 가려서 어두우리라

하나님은 우리가 유대인들을 휘파람 소리로 불러 집으로 이끌 것이라고 말씀하셨다. 나는 유대인의 귀환 길을 준비하는 데 전투 예배가 도움이 될 것이라는 생각이 들었다. 모라비아 폭포에서 나는 '희년의 해', '공화국의 전투 찬송가', '시온에서 트럼펫을 불어라'라는 노래를 휘파람으로 불었다. 그때 독수리 두 마리가 내 머리 위로 날아갔다. 첫 번째 독수리가 지나간 후에 쇼파르 소리가, 두 번째 독수리가 지나간 후에 또 다른 쇼파르 소리가 들렸다. 이 소리들은 마치 천사들이 쇼파르를 분 것 같았고 그곳에 함께 있던 사람들도 이 소리를 들었다.

이제는 행동할 시간

만약 당신이 유대인이라면, 지금은 빨리 집으로 돌아올 시간이다. 만약 당신이 기독교인이라면, 지금은 서쪽의 교회들이 파수하며 기도할 시간이다. 다가올 흔들림에 대비하고 거룩함을 지켜라. 다가오는 위기의 전후에 유대인들에게 경고하고 그들이 이스라엘로 돌아오는 것을 도와야 한다.

하나님의 선택받은 백성이 그들의 땅과 메시아께로 돌아올 것을 외치는 구약의 700구절 말씀에 순종하여, 마침내 그들의 사명을 감당할 수 있도록 힘껏 돕고 축복해야 한다. 이것이 당신의 사명을 감당하는 길이다.

너를 축복하는 자에게는 내가 복을 내리고 너를 저주하는 자에게는 내가 저주하리니(창 12:3)

유대인들은 속히 떠날 준비를 하고, 기독교인들은 그들이 떠나는 것을 도울 준비를 해야 한다!

때가 되면 나 여호와가 속히 이루리라(사 60:22)

여호와께서 시온을 건설하시고 그의 영광중에 나타내셨음이라(시 102:16)

시편 97편 2절에 언급된 '흑암'은 전쟁을 상징한다.

구름과 흑암이 그를 둘렀고 공의와 정의가 그의 보좌의 기초로다(시 97:2)

보라 어둠이 땅을 덮을 것이며 캄캄함이 만민을 가리려니와 오직 여호와께서 네 위에 임하실 것이며 그의 영광이 네 위에 나타나리니(사 60:2)

여호와의 은혜의 해와 우리 하나님의 보복의 날을 선포하여 모든 슬픈 자를 위로하되(사 61:2)

그 날에 그들이 바다 물결 소리같이 백성을 향하여 부르짖으리니 사람이 그 땅을 바라보면 흑암과 고난이 있고 빛은 구름에 가려서 어두우리라(사 5:30)

곧 어둡고 캄캄한 날이요 짙은 구름이 덮인 날이라(욜 2:2)

워싱턴의 경고

'제3의 위험'에 관하여 조지 워싱턴이 본 비전은 다음과 같다.

나는 '공화국의 아들아, 보고 배워라'라는 신비한 목소리를 들었다. 이때 어두운 그림자를 드리운 천사가 쇼파르를 입에 대고 세 번 뚜렷하게 불었다. 그는 바다에서 물을 가져와 유럽과 아시아, 아프리카에 끼얹었다. 그리고 나는 무서운 장면을 목도했다. 이 대륙들 각각에서 곧 하나로 합쳐진 짙은 검은 구름들이 생겨났다. 이 구름들 사이로 짙은 붉은빛이 새어 나왔는데, 그 빛 속에서 무장한 사람들 무리가 보였다.

이 사람들은 구름에 둘러싸인 채 바다와 육로를 통해 미국으로 향했다. 그리고 이 거대한 군대가 나라 전체를 황폐화시키는 것이 어렴풋이 보였다. 그들은 마을과 도시들도 불태웠다. 천둥 같은 대포 소리와 칼이 부딪치는 소리, 수백만 명의 함성과 울음소리가 들려올 때 또 한 번 '공화국의 아들아, 보고 배워라'라는 목소리가 들려왔다. 그 목소리가 멈췄을 때, 천사가 쇼파르를 한 번 더 길게 불었다.

순식간에 내 위에서 마치 천 개의 태양이 있는 것 같은 강한 빛이 비쳐서 미국을 둘러싸고 있는 구름을 뚫었다. 한 손에는 성조기를, 다른 손에는 검을 든 천사의 머리 위에 '연합'이라는 단어가 비취고 있었는데, 그 천사는 백색 영의 군대와 함께 하늘에서 내려왔다. 이 군대는 곧바로 미국 시민들과 합류했다. 시민들은 다시 용기를 내서 정렬하고 새롭게 전투에 임했다. 공포스러운 싸움 소리 속에서 또다시 '공화국의 아들아, 보고 배워라'라는 목소리가 들려왔다. 그 목소리가 멈추자 그림자를 드리운 천사가 마지막으로 바다에서 물을 떠와 미국에 뿌렸다. 곧 먹구름이 군대와 함께 다시 흘러들어 와서 미국 시민들을 승리로 이끌었다.

앤서니 셔먼은 워싱턴의 말을 회상하면서, "여러분, 제가 워싱턴에게 들은 말은 미국에 많은 도움을 줄 것입니다"라고 말했다.

토머스 제퍼슨은 미국의 첫 대통령에 관하여 이렇게 말했다. "그는 가장 순수한 청렴함과 가장 유연한 정의감을 가진 사람이었다. 그는 모든 면에서 현명하고 선하며 위대한 사람이었다."

비전 해석

조지 워싱턴이 본 끔찍한 비전 '제3의 위험'은 필멸의 전투를 위해 무장한 유럽, 아시아, 아프리카의 적군을 분명히 예언하고 있다. 이 침략자들은 붉은빛과 함께 왔는데, 이것은 의심의 여지없이 그들이 무슬림이나 공산주의자임을 나타낸다. 그들은 항공(구름)을 통해, 육지(캐나다 경유)를 통해, 바다를 통해 미국으로 온다. 그들은 도시와 마을을 파괴하고 미국 전역을 황폐화하고 수백만 명이 이 끔찍한 전투에 연루될 것이다.

요엘 3장 9-11절은 바로 이때를 위한 것이다. "너희는 모든 민족에게 이렇게 널리 선포할지어다 너희는 전쟁을 준비하고 용사를 격려하고 병사로 다 가까이 나아와서 올라오게 할지어다 너희는 보습을 쳐서 칼을 만들지어다 낫을 쳐서 창을 만들지어다 약한 자도 이르기를 나는 강하다 할지어다…여호와여 주의 용사들로 그리로 내려오게 하옵소서"

이 말씀은 미국뿐만 아니라 이스라엘에도 적용된다. 미국에 있었던 21일 동안 나는 거의 넋이 나간 상태였다. 여러 번, 특히 혼자 있을 때는 우는 시간이 더욱 많았다. 내 인생에 있어서 그 어느 때보다도 이 21일 동안 정말 많이 울었다.

1996년 11월 5일 밤, 선거가 끝나자마자 주님은 내게 이스라엘로 돌아가라고 말씀하셨다. 나는 몇 달 전에 뉴욕에 추락한 TWA_{Trans World Airlines} 항공기와 같은 경로로 비행했는데 이때 정말 놀라운 일이 일어났다. 우리가 탑승 수속을 밟고 있을 때, 누군가 쇼파르 소리를 냈다. 나는 천 번 이상 비행기를 탔지만 이 소리는 어느 공항에서도 들어본 적이 없었다. 그리고 우리는 비행기 문제로 거의 1시간 반 동안 비행기 안에 앉아 있었는데, 그 시점에 클린턴이 선거에서 승리했다는 발표가 났다. 그 후 비행기는 뉴욕에서 이스라엘로 출발하는데 그때 비행기 안에서 누군가 또다시 쇼파르를 불었다.

나는 사람들에게 쇼파르 소리를 들었냐고 물었고, 그들도 듣긴 했지만 누가 불었는지는 아무도 몰랐다. 마치 12일 전 노스캐롤라이나 산에서 천사가 쇼파르를 두 번 불었던 것과 같은 상황이었다. 그리고 그 소리는 조지 워싱턴이 비전에서 들었던 두 번의 쇼파르 소리를 기억나게 했다. 주님께서 천사가 쇼파르를 분 세 번의 일을 통해 그분의 말씀을 확증하시는 것이었다. '제3의 위험'에 대한 조지 워싱턴의 비전 속 두 번의 쇼파르(2장 참조)와 내가 모라비안 폭포에서 들었던 두 번의 쇼파르 소리 그리고 뉴욕발 이스라엘행 비행기 안에서 들었던 두 번의 쇼파르 소리가 바로 그것이다.

진정으로 미국 유대인들이 이스라엘로 돌아갈 때이다. 희년의 해이자 우리 하나님의 보복(사 61:2)의 해이다. 주님께서 위험과 심판, 전쟁의 가능성을 경고하시며 쇼파르를 부셨다. 미국이 크게 흔들리기 전에 그분의 백성을 집으로 부르시는 것이다. 유대인들이 하나님의 축복을 받으며 이스라엘로 돌아갈 수 있는 시간은 얼마 남지 않았다. 이들이 미국에 더 오래 남아 있으면 미국에 임박한 심판에 휘말릴 수도 있고, 1948년 이후 이스라엘로 귀국한 90퍼센트의 사람들처럼 난민으로 돌아올 수도 있다.

1987년 4월, 우리는 모스크바에서 천사장 미가엘이 일어나 소련의 유대인들을 이스라엘로 데려오도록 기도했다. 그 후 그곳에서 돌파가 시작되었고 그때부터 1백만 명이 넘는 유대인이 이스라엘로 돌아왔다.

1997년 4월은 매우 중요한 달이었다. 도미니카 공화국에 있을 때 주님은 내게 '505'와 '50'에 대해 말씀하셨다. 그때로부터 505년 전인 1492년 콜럼버스가 아메리카 대륙, 즉 도미니카 공화국을 발견하고 이주해 왔다. 콜럼버스와 그와 함께한 사람들은 유대인 혈통이었고, 이때가 아메리카 대륙에 유대인들이 흩어지기 시작한 시초라고 하나님께서 말씀하셨다. 하나님께서 콜럼버스가 묻힌 이 땅에서 쇼파르를 부시며 '50'이라고 말씀하셨는데, 그것은 희년, 즉 돌아올 시간을 의미하며 곧 서쪽에서의 알리야가 자연스럽게 시작될 것이라고 하셨다. 주님은 사로잡힌 유대인들을 자유롭게 하셔서 이스라엘로 데려오고 계신다.

나는 그날 오후 5시 5분에 영화「이집트 왕자」를 보았고, 오후 5시 50분에는 뉴욕에서 모스크바로 가는 비행기에 올라 새벽 5시 50분에 텔아비브에 도착했다. 모스크바에 있을 때 나는 하늘이 열린 것을 느낄 수 있었다. 나는 러시아에서 일어났던 알리야와 부흥의 물결이 서쪽, 즉 미국에서도 일어날 것을 믿는다. 미가엘이 미국에서 일어나 약속된 시간에(겔 17:1-10 참조) 유대인들을 미국에서 이스라엘로 데려오기를 기도한다.

이스라엘로 돌아온 다음날 새벽 3시에 주님은 나를 깨우시면서 "네 새 차에 부착된 번호판을 보라"고 말씀하셨다. 이 음성을 듣고 차를 봤을 때 나는 너무 놀랐다. '505-50-19'였다. 주님은 그때부터 '505'와 '550'이라는 숫자를 여러 번 보여 주셨다.

1997년 11월, 마이애미에서 개최된 미국 컨버케이션 All Americas convocation 에 아메리카 40개국을 대표하는 대표단이 참석했다. 그 자리에는 도미니카 공화국에서 온 기도 파수자들도 함께하여 유대인들의 귀환을 위해 쇼파르를 불었다. 우리는 모든 문이 열려 마이애미와 모든 아메리카 대륙에 있는 유대인들이 이스라엘로 돌아갈 수 있도록 함께 기도했다.

그때로부터 7년이 지난 2004년 우리가 이 책을 인쇄하기로 한 날, 예루살렘에서 77년 만에 최악의 지진이 발생했다. 그날은 우리가 유대인 가정들에 보낼 55만 권의 책값을 받은 날이었다. 동시에 이 사건은 이스라엘이 재탄생한 지 55년째 되는 해이자 내가 태어난 지 55년이 되는 해에 일어난 일이었다.

주님께서는 러시아(북쪽)뿐만 아니라 남쪽, 동쪽 그리고 특별히 서쪽에 있는 포로들을 자유롭게 하기를 원하신다. 더 늦기 전에 주님께서 미국(서쪽)에서 유대인들을 해방하시도록 함께 기도하고 동역하자!

12장

2001년 9·11 테러 이후, 또 다른 경고

(2004년 업데이트)

Let My People Go!

▲ 2001년 9월 11일 월가 (L.A.타임즈)

**너는 티끌을 털어 버릴지어다 예루살렘이여 일어나 앉을지어다
사로잡힌 딸 시온이여 네 목의 줄을 스스로 풀지어다**
(사 52:2)

새로운 천 년이 시작된 2001년, 이스라엘에서는 아리엘 샤론(Ariel Sharon)이 새로운 총리가 되었다. 그의 이름 '아리엘'은 '하나님의 사자'라는 뜻이다. 유다의 사자이신 이스라엘의 하나님은 새천년을 향해 포효하기 시작하셨다. 우리는 세계에서 유대인 인구가 가장 많은 뉴욕이 크게 흔들리고 예루살렘과 이스라엘 전역이 흔들리는 것을 보았다. 세계무역센터가 붕괴되고, 이스라엘은 이슬람으로 흔들리는 때에 이스라엘 정부와 아리엘 샤론 총리는 1백만 미국 유대인의 알리야를 준비하고 있다고 밝혔다.

새천년(21세기)의 첫 유대 새해(로쉬 하샤나)를 닷새 앞둔 2001년 9월 11일, 바빌론(미국)의 딸인 뉴욕이 250년 역사상 타의 추종을 불허할 정도로 흔들렸다. 앞으로도 다시는 없을 최악의 사건이었다. 두 대의 비행기가 이슬람 테러리스트들에게 납치되어 매우 강력한 무기로 사용되었다. 세계에서 가장 큰 유대인 도시 뉴욕, 그 위대한 뉴욕의 상징인 '세계무역센터' 쌍둥이 빌딩이 하나씩 무너졌다. 건물은 완전히 파괴되었고 3천 명 이상의 희생자가 발생하였다. 같은 시간, 또 다른 두 대의 비행기가 납치되었다. 그중 한 대는 펜타곤에 충돌하여 건물 한 부분을 파괴하고 189명이 사망하였다. 마지막 네 번째 비행기는 백악관이나 펜실베니아주에 있는 스리마일섬으로 향하고 있던 것으로 추정되는데, 목표물을 들이받기 전에 추락했다.

이것은 분명히 사자의 함성이자 미국 전체와 교회 그리고 유대인들을 향한 경종과 경고이다. 또한 요한계시록 18장 10절에 "한 시간에 네 심판이 이르렀다"는 구절처럼 바빌론 멸망이 임박했음을 알리는 마지막 경고이다. 이는 또 다른 재앙이 닥치기 전에 미국을 비롯한 각국의 유대인들이 이스라엘로 돌아올 수 있도록 울리는 마지막 외침이다.

이스라엘은 유대인들에게 지구상에서 가장 안전한 곳이자 마지막 운명의 장소이다. 이스라엘보다 미국이나 다른 나라가 더 안전하다는 유대인들의 생각은 착각이다. 유대인들에게 미국이 더 안전하다는 생각은 큰 거짓말을 믿는 것과 같다. 9·11 테러 당시 이스라엘에서 연대 미션에 참여한 유대인들이 이스라엘로 돌아오지 않고 쌍둥이 빌딩에 있었다면 그들은 사망했을 것이다. 9·11 테러로 인해 한 시간 만에 발생한 사망자 수가 지난 7년간 이스라엘에서 테러 공격으로 사망한 사람의 수를 모두 합친 것보다 더 많다.

9월 11일 뉴욕 자유전국교회협의회는 대체 신학을 전파하고 무슬림에게 땅을 내주지 않은 이스라엘을 질책하기 위해 3일 동안 컨퍼런스를 개최할 예정이었지만, 테러 공격으로 시작도 못했다. 하나님은 무감각한 교회를 깨우고 회개하라고 부르신다.

예루살렘에서 거주한 지 15년이 되던 2001년, 우리는 2주 동안 1천 3백 명의 대표단이 참석한 집회를 열었는데, 9·11 테러가 일어난 지 불과 5일밖에 지나지 않은 때였다. 여행 여건이 어려웠지만, 각국에서 온 대표단들은 마치 여호수아와 갈렙 같았다. 이들은 이스라엘이 "젖과 꿀이 흐르는 좋은 땅"이라는 것과 "우리는 충분히 그 땅을 차지할 수 있다"고 하시는 주님의 말씀을 믿었다. 집회에 참석한 대표단들은 각 도시와 지역을 방문해 하나님의 개입하심과 축복을 빌었다. 그들이 다시 본국으로 돌아갔을 때, 각자의 국가에서 돌파를 경험했다.

1987년 워싱턴 DC에서 예루살렘으로 이사할 때, 많은 이들이 내게 "제정신입니까? 이스라엘의 예루살렘이 위험하다는 것을 모르세요?"라고 했다. 그래서 나는 객관적인 증명을 위해 통계 분석을 했다. 놀랍게도 워싱턴 DC와 예루살렘을 비교했을 때 워싱턴에서 사망한 사람이 예루살렘에서 사망한 사람의 열 배 이상이라는 사실을 발견했다. 나는 워싱턴에 사는 내 친구들이 안전하게 살고 싶다면 이스라엘로 이주해야 한다고 생각한다.

1939년 이후 이스라엘 밖에서 홀로코스트와 테러로 죽은 유대인들은 7백만 명이 넘고, 이스라엘 땅에서 전쟁과 테러로 죽은 유대인은 2만 명이 채 되지 않는다. 지난 62년 동안 이스라엘에 사는 것이 이스라엘 밖에서 사는 것보다 3백배 더 안전하다는 것이다. 전 세계 유대인의 45퍼센트가 이스라엘에 살고 있다는 사실을 기억할 때, 이제껏 유대인이 살해된 비율을 살펴보면, 전체 유대인의 0.3퍼센트가 이스라엘 안에서, 99.7퍼센트는 이스라엘 밖에서 살해되었다.

1987년 3월 24일에 하나님께서 보여 주신 것과 관련해 나의 의견을 말하면, 2001년 9월 11일의 사건은 '경종' 그 이상의 것이었다(눅 21장). "미국에 엄중한 심판이 곧 임할 것이지만 내가 그 심판을 잠시 보류하는 이유는 유대인들이 이스라엘로 돌아오라는 경고를 아직 제대로 듣지 못했기 때문이다"라고 주님은 말씀하셨다.

2001년 9월 11일 사건은 훨씬 더 큰 흔들림과 심판이 다가오고 있다는 신호였지만, 유대인들이 제대로 경고를 듣지 못했기 때문에 하나님께서 그 심판을 아주 잠시 보류하셨다. 이제는 유대인들이 마지막 경고를 들어야 할 때이고, 하나님의 어부들이 유대인들에게 집으로 돌아오라고 경고해야 할 때이다. 하나님께서는 이같이 말씀하신다. "보라 이제 나는 유대인들을 이스라엘로 데려오기 위해 많은 어부를 (미국으로) 보낸다"(렘 16:16).

하나님께서 '이방인의 시대'가 곧 끝날 것이라고 말씀하신 지 며칠 후에 새천년의 첫 유대인 새해가 시작되었고, 9월 11일 사건은 하늘과 땅에서 일어난 중대한 패러다임 전환의 신호탄이 되었다. 예레미야 30장 11절에서 하나님은 말씀하신다. "이는 여호와의 말씀이니라 내가 너와 함께 있어 너를 구원할 것이라 너를 흩었던 그 모든 이방을 내가 멸망시키리라 그럴지라도 너만은 멸망시키지 아니하리라" 하나님은 이스라엘을 완전히 멸망시키지 않을 것을 선포하셨다.

마지막 때 야곱에게 닥칠 큰일들이 예레미야 30장 전체에 나온다. 이 일은 유럽의 홀로코스트로 인해 6백만 명의 유대인이 살해되면서부터 시작되었다. 예레미야 30장에서 하나님은 마지막 때 먼 땅(미국)을 비롯한 여러 나라에 닥친 곤경에서 그분의 백성을 구원하고자 하신다는 것을 보여 주고 있다. 하나님은 그분의 백성이 원할 때, 바빌론 물질주의에 매인 멍에와 노예 신분을 끊고 이스라엘을 집으로 데려오고 싶어 하신다. 시편 110편 3절은 주의 권능의 날에 주의 백성이 즐거이 헌신한다고 말씀한다.

스가랴 13장 8-9절은 전 세계 유대인의 3분의 2가 죽고, 3분의 1만 집으로 돌아오며 불 가운데에서 살아남을 것이라고 말씀한다. 3분의 1인 6백만 명이 히틀러에 의해 죽었고, 낙태로 6백만 명의 아기들이 죽었으며 또 다른 6백만 명과 그 이상의 사람들이 디아스포라 상태에서 죽을 수도 있다. 오늘날 이스라엘 밖에 사는 유대인의 80퍼센트가 미국에 살고 있다. 이 숫자는 단연코 이스라엘 밖에 있는 주요 유대 공동체 중 가장 크다. 나는 미국이 여러 공격을 받는 이유 중 하나가 이스라엘보다 훨씬 더 많은 유대인이 그곳에 살기 때문이라는 것을 깨달았다. 그들은 정말 큰 위협을 받고 있기 때문에 속히 집으로 돌아와야 한다.

예레미야 30장 11절은 이같이 말씀한다.

이는 여호와의 말씀이라 내가 너와 함께 있어 너를 구원할 것이라 너를 흩었던 그 모든 이방을 내가 멸망시키리라 그럴지라도 너만은 멸망시키지 아니하리라

쥬이시 에이전시나 AACI, 테힐라, 네피쉬 브네피쉬 Nefesh B'Nefesh 같은 이스라엘 단체들은 알리야한 사람에게 첫 3년 동안 5천 달러에서 2만 5천 달러 정도의 지원금을 제공한다. 에스겔 36장 8절은 "너희 이스라엘 산들아 너희는 가지를 내고 내 백성 이스라엘을 위하여 열매를 맺으리니 그들이 올 때가 가까이 이르렀음이라"고 말씀한다. 2002년 여름에 천 명이 넘는 북미 유대인들이 이스라엘로 알리야했다. 2002년에는 미국 유대인이 알리야한 그룹 중 가장 큰 규모의 그룹이 도착한 해이다. 이 역사는 네피쉬 브네피쉬를 통해 일어났다. 그 수는 더 증가해서 2003년에는 더 많은 수가 미국에서 도착했고, 그쯤 구소련에서의 알리야 수는 계속 감소해 2002년 여름부터 패러다임의 전환을 기록하고 있다. 이스라엘의 중심부인 유대와 사마리아, 즉 하나님이 언약하신 서안 지구는 곧 유대인으로 가득 찰 것이다. 서안 지구

는 아브라함과 이삭, 야곱과 함께 세운 이스라엘 집의 기둥이자 토대이다.

미가 5장 3-5절은 이렇게 말씀한다.

그러므로 여인이 해산하기까지 그들을 붙여 두시겠고 그 후에는 그의 형제 가운데에 남은 자가 이스라엘 자손에게로 돌아오리니 그가 여호와의 능력과 그의 하나님 여호와의 이름의 위엄을 의지하고 서서 목축하니 그들이 거주할 것이라 이제 그가 창대하여 땅 끝까지 미치리라 이 사람은 평강이 될 것이라 앗수르 사람이 우리 땅에 들어와서 우리 궁들을 밟을 때에는 우리가 일곱 목자와 여덟 군왕을 일으켜 그를 치리니

성경이 말씀한 것처럼 미국과 온 열방이 이스라엘을 버릴 때가 머지 않았다.

그 날에 내가 유다 지도자들을 나무 가운데에 화로 같게 하며 곡식단 사이에 횃불 같게 하리니 그들이 그 좌우에 에워싼 모든 민족들을 불사를 것이요 예루살렘 사람들은 다시 그 본 곳 예루살렘에 살게 되리라 여호와가 먼저 유다 장막을 구원하리니 이는 다윗의 집의 영광과 예루살렘 주민의 영광이 유다보다 더하지 못하게 하려 함이니라 그 날에 여호와가 예루살렘 주민을 보호하리니 그 중에 약한 자가 그 날에는 다윗 같겠고 다윗의 족속은 하나님 같고 무리 앞에 있는 여호와의 사자 같을 것이라 예루살렘을 치러 오는 이방 나라들을 그 날에 내가 멸하기를 힘쓰리라 (슥 12:6-9)

여호와의 말씀이니라 너희를 향한 나의 생각을 내가 아나니 평안이요 재앙이 아니니라 너희에게 미래와 희망을 주는 것이니라 너희가 내게 부르짖으며 내게 와서 기도하면 내가 너희들의 기도를 들을 것이요 너희가 온 마음으로 나를 구하면 나를 찾을 것이요 나를 만나리라 이것은 여호와의 말씀이니라 나는 너희들을 만날 것이며 너희를 포로된 중에서 다시 돌아오게 하되 내가 쫓아 보내었던 나라들과 모든 곳에서 모아 사로잡혀 떠났던 그 곳으로 돌아오게 하리라 이것은 여호와의 말씀이니라(렘 29:11-14)

칼을 피한 자들이여 멈추지 말고 걸어가라 먼 곳에서 여호와를 생각하며 예루살렘을 너희 마음에 두라(렘 51:50)

계피와 향료와 향과 향유와 유향과 포도주와 감람유와 고운 밀가루와 밀이요 소와 양과 말과 수레와 종들과 사람의 영혼들이라 바벨론아 네 영혼이 탐하던 과일이 네게서 떠났으며 맛있는 것들과 빛난 것들이 다 없어졌으니 사람들이 결코 이것들을 다시 보지 못하리로다 바벨론으로 말미암아 치부한 이 상품의 상인들이 그의 고통을 무서워하여 멀리 서서 울고 애통하여 이르되 화 있도다 화 있도다 큰 성이여 세마포 옷과 자주 옷과 붉은 옷을 입고 금과 보석과 진주로 꾸민 것인데 그러한 부가 한 시간에 망하였도다 모든 선장과 각처를 다니는 선객들과 선원들과 바다에서 일하는 자들이 멀리 서서 (계 18:13-17)

에스겔서는 이집트에서 나온 이후에 쓰였다. 이 말씀을 통해 우리는 세상의 모든 유대인이 이스라엘에서 살게 될 날이 오고 있음을 알 수 있다. 지구상에서 유대인들이 살아 있을 곳은 이스라엘뿐이라는 뜻이다. 이스라엘은 유대인들이 살기에 가장 안전한 곳이고, 그들이 살 유일한 땅이 될 것이다.

> 전에는 내가 그들이 사로잡혀 여러 나라에 이르게 하였거니와 후에는 내가 그들을 모아 고국 땅으로 돌아오게 하고 그 한 사람도 이방에 남기지 아니하리니 그들이 내가 여호와 자기들의 하나님인 줄을 알리라 내가 다시는 내 얼굴을 그들에게 가리지 아니하리니 이는 내가 내 영을 이스라엘 족속에게 쏟았음이라 주 여호와의 말씀이니라(겔 39:28-29)

1940년대 유대인 승객 9백여 명을 태운 함선 세인트루이스호가 플로리다주 3곳의 카운티에서 입항을 거부당하고 유럽으로 돌아갔다. 그들은 그곳에서 홀로코스트로 사망했다. 2000년 11월 미국 대통령 선거에서 투표 논란으로 선거가 지연된 3개의 카운티가 있는데 바로 세인트루이스호를 거부한 그 카운티들이다. 하나님께서 이 세 카운티가 주목받게 하신 것은 이들이 세인트루이스호를 거부해 홀로코스트로 내몰았던 죄의 뿌리를 회개할 필요가 있었기 때문이다.

2001년 6월 우리는 교회와 아메리카 대륙의 회개를 위한 미국 컨버케이션 All Americas Convocation 을 개최했다. 이 집회에는 세인트루이스호 승선자 중 홀로코스트에서 살아남은 생존자 62명이 참석했다. 아메리카 대륙 국가의 지도자들은 세인트루이스호가 들어오지 못하도록 거절한 것에 관하여 용서를 구했다. 이 자리에서 많은 눈물의 회개와 함께 유대인과 기독교인 간의 주권적 연합이 일어났고, 이는 서쪽에서의 알리야를 위한 길을 준비하는 데 꼭 필요한 연합이었다. 우리는 이

집회에서 이 책을 보내 달라는 주문과 10만 달러의 헌금을 받았다. 2002년 3월, 우리는 세인트루이스호의 생존자 12명을 이스라엘로 데려와 야드 바쉠 홀로코스트 기념관의 영원한 불꽃에서 회개했다.

하나님께서 9·11 비극을 허락하신 것은 미국의 6백만 유대인들을 위한 경고의 메시지였다. 이들이 이스라엘로 돌아갈 수 있도록 경고해 홀로코스트 같은 비극이 또다시 일어나지 않도록 하기 위함이다. 알리야는 영광의 왕이신 주님이 오실 길을 준비함으로써 완성될 수 있다(시 102:16).

조지 워싱턴이 비전 속에서 들었던 두 번의 쇼파르 소리처럼, 나도 1996년 미국 노스캐롤라이나 모리비안 폭포에서 두 번의 쇼파르 소리를 들었다. 그 주에 뉴욕에서 이스라엘로 돌아가고 있을 때 예루살렘의 정보기관이 쌍둥이 빌딩 파괴 계획이 시작되었다는 소식을 보도했고 나는 또다시 두 번의 쇼파르 소리를 비행기와 공항에서 들었다.

호세아 11장 10절은 말씀한다.

그들은 사자처럼 소리를 내시는 여호와를 따를 것이라 여호와께서 소리를 내시면 자손들이 서쪽에서부터 떨며 오되

새천년의 첫 달이었던 2001년 1월, 조지 W. 부시는 시정 연설에서 독립 전쟁 당시에 쓰인 토머스 제퍼슨의 말을 인용했다. "우리는 이 경주가 속도나 강함의 문제가 아니라는 것을 알고 있습니다. 천사가 회오리바람을 타고 이 폭풍을 지휘하고 있다고 생각하지 않나요? 천사들의 일은 지금까지도 계속되고 있습니다."

바로 그때, 부시 대통령의 취임식에서 두 번의 쇼파르 소리가 들렸는데 정작 쇼파르를 분 사람은 없었다. 과연 이것이 부시가 8개월 뒤에 직면하게 될 폭풍을 하나님께서 미리 알려 주신 것일까? 아마 미국의 유대인들이 더 늦기 전에 집으로 돌아와야 한다는 마지막 경고였을지도 모른다.

뉴욕 롱아일랜드 소재 〈파이브 쥬이시Five Jewish〉 신문 기사는 하나님이 주권적인 방법으로 몇몇 유대인을 세계무역센터 건물에서 대피시키신 것을 보여 주었다. 그들은 99층에서 기도하고 있었는데, 매번 쇼파르를 불던 사람이 그날따라 쇼파르를 깜박 잊고 들고 오지 않았다. 기도가 끝나고 그는 그곳에 있는 사람들에게 15층에 있는 그의 사무실로 내려가자고 했다. 15층에서 쇼파르를 불고 몇 분 지나지 않아 첫 번째 비행기가 세계무역센터 건물 윗부분에 충돌했다. 이들은 쇼파르를 분 후에 대피했는데, 이 쇼파르 소리는 유대인들에게 이스라엘과 하나님께로 돌아오라고 외치는 또 하나의 마지막 구원의 소리였다.

2001년 10월, 나는 시온산과 예루살렘 올리브산에서 천사들이 부는 듯한 쇼파르 소리를 또 한 번 들었다. 시편 102편 16절은 다음과 같이 말씀한다.

여호와께서 시온을 건설하시고 그의 영광 중에 (올리브산에) 나타나셨음이라

알리야는 호세아 11장 10-11절 말씀처럼 주님의 다시 오심과 연결되어 있다.

그들은 사자처럼 소리를 내시는 여호와를 따를 것이라 여호와께서 소리를 내시면 자손들이 서쪽에서부터 떨며 오되 그들은 애굽에서부터 새 같이, 앗수르에서부터 비둘기 같이 떨며 오리니 내가 그들을 그들의 집에 머물게 하리라 나 여호와의 말이니라

2001년 6월, 하나님께서는 알리야에 대한 메시지를 미국과 서구 세계에 선포해야 할 때가 임박했다고 말씀하셨다. 세계 곳곳에서 많은 기도 파수꾼(어부)과 유대인들이 쇼파르 소리를 듣고 있다. 쇼파르는 그들의 땅인 이스라엘과 하나님께로 돌아오라고 외치는 소리이자, 너무 늦기 전에 그들의 재산을 모두 가지고 집으로 돌아오라는 경고의 소리이다.

지금 아르헨티나는 큰 경제 위기와 심화된 반유대주의로 인해 흔들리고 있다. 덕분에 많은 이들이 이스라엘로 돌아오고 있다. 파리, 리옹, 스트라스부르, 마르세유 등에서 폭발이 발생하면서 프랑스도 흔들리고 있다. 이스라엘 국가가 탄생한 지 56년째 되는 지금, 뉴욕도 흔들렸고 앞으로도 그럴 것이다. 1987년 3월 24일, 이 책 1장에서 언급했듯이 하나님께서는 "미국에 심각한 심판이 다가오고 있지만, 그들이 제대로 경고를 듣지 못했기 때문에 잠시 보류한다"고 말씀하셨다. 이것은 마지막 경고이다.

2002년은 역사상 처음으로 구소련이나 세계 각지에서 알리야한 유대인보다 서구에서 알리야한 유대인의 수가 더 많은 해였다. 뉴욕 알리야 지사는 이전보다 더 많은 수의 유대인이 알리야를 신청하고 있다고 밝혔다. 드디어 뭔가 일어나고 있다. 서구 세계와 온 열방의 유대인들이 이스라엘로 돌아갈 하나님의 때가 찬 것이다.

2002년 12월 26일, 나는 하나님으로부터 온 경고의 메시지를 부시 대통령과 아리엘 샤론 총리에게 전하는 비전을 보았다. 만일 미국이 팔레스타인 국가 수립을 위해 이스라엘 땅을 나누겠다는 사전 계약을 체결하여 이라크에 대항한다면, 그들은 이라크에서 많은 문제와 당면하게 될 것이고, 선지자 요엘이 요엘 3장 1-2절에 예언한 심판이 미국에 임할 것이다.

보라 그 날 곧 내가 유다와 예루살렘 가운데에서 사로잡힌 자를 돌아오게 할 그 때에 내가 만국을 모아 데리고 여호사밧 골짜기에 내려가서 내 백성 곧 내 기업인 이스라엘을 위하여 거기에서 그들을 심문하리니 이는 그들이 이스라엘을 나라들 가운데서 흩어 버리고 나의 땅을 나누었음이여

2003년 2월 1일, 미국의 우주왕복선이 부시의 집에서 불과 몇 마일 떨어진 텍사스주의 팔레스타인 도시에 전복되었다. 그 안에는 이라크 폭격에 참여했던 이스라엘 방위군 출신 우주비행사 한 명과 미국 우주비행사들이 타고 있었다. 이 사건을 보면서 나는 또 다른 비전을 보았다. 이것은 하나님의 두 번째 경고라고 생각한다. 만약 미국과 이스라엘이 오슬로 협정처럼 팔레스타인 국가를 세우려고 시도한다면, 이는 하나님의 말씀에 어긋나는 것이므로 미국과 이스라엘에 심각한 재앙이 될 것이라는 내용이었다. 심지어 부시 대통령이 하나님 말씀을 거역한 것 때문에 대통령직에서 해임될 수도 있다. 하나님은 이스라엘과 중동을 향한 실패 없는 평화 계획안을 갖고 계신다. 하나님의 평화 계획안은 이사야 19장 23-25절과 시편 87편에

나와 있다. 하나님께서 이스라엘과 맺은 아브라함 언약을 이해하고 싶다면, 내가 쓴 성령님이 탄생시킨 화해의 로드맵,《이스라엘과 아브라함 언약 Abrahamic Covenants with Israel》을 읽어 보기 바란다.

2003년 8월 15일에 미국 역사상 최악의 정전 사태가 발생해 뉴욕시와 다수의 유대인이 사는 미국 북동부 지역이 이틀 동안 완전히 정전이 되었다. 사람들은 어둠이 임한 뉴욕의 모습에 매우 섬뜩한 느낌을 받았다고 했다. 요한계시록 18장 23절은 이렇게 말씀한다.

등불 빛이 결코 다시 네 안에서 비치지 아니하고 신랑과 신부의 음성이 결코 다시 네 안에서 들리지 아니하리로다 너의 상인들은 땅의 왕족들이라 네 복술로 말미암아 만국이 미혹되었도다

이 정전이 미국 유대인들에게 집으로 돌아갈 시간이 되었다는 것을 알리는 마지막 경고였을까? 내가 이 글을 마지막으로 수정한 2004년 2월 14일 밤, 부시 대통령은 생화학 무기가 여전히 미국에 위협이 되고 있다고 말했다.

지금은 이스라엘에 투자할 시간이다. 이스라엘에서 집을 사고 부동산에 투자해야 할 때이다. 고국 이스라엘에서 당신 자신과 가족들의 미래와 운명을 준비해야 한다.

두 번째 인티파다 팔레스타인 사람들의 반이스라엘 저항 운동가 발발한 날로부터 정확히 3년이 지난 2003년 9월 29일, 200개국 이상에서 모인 1천 5백 명의 지도자가 이스라엘 라맛 라헬 호텔에 모여 함께 기도했다. 그날 밤 나는 알리야에 대해 설교했고 알리야를 위한 5만 5천 달러의 헌금을 받

았다. 같은 날 밤 예루살렘 전 시장이자 현 국무총리인 에후드 올메르트 Ehud Olmert 도 '월드 와이드 워치 컨버케이션 2003'에서 연설을 했다.

2003년 10월 31일, 세계에서 두 번째로 큰 유대인 공동체가 있는 LA에서 끔찍한 화재가 발생해 많은 사람이 숨졌다. 이 최악의 화재는 LA에 사는 유대인들에게 신호일 것이다. "불이 발밑에서 타오르고 있다"고 말한 막스 노르다우의 말과 "디아스포라를 청산하지 않으면 디아스포라가 당신을 청산할 것이다"라고 경고한 자보틴스키의 말을 기억하기 바란다.

쇼파르 소리가 그 어느 때보다도 크고 선명하게 들리고 있다. 유다의 사자 또한 그 어느 때보다도 더 크게 포효하고 있다. 사자가 포효하면 그분의 백성이 서쪽에서부터 떨며 올 것이다(호 11:10-11). 이것은 뉴욕과 미국에 있는 모든 유대인을 향한 마지막 경고이다.

미가 2장 13절은 알리야와 관련하여 이렇게 말씀한다.

길을 여는 자가 그들 앞에 올라가고 그들은 길을 열어 성문에 이르러서는 그리로 나갈 것이며 그들의 왕이 앞서 가며 여호와께서는 선두로 가시리라

하나님은 흔들릴 수 있는 모든 것을 흔들고 계신다. 지금이 바로 유대인들이 이스라엘로 돌아올 때이고 그 길은 이미 준비되고 있다.

13장

2008년 월가 붕괴 이후, 마지막 경고

(2009년 업데이트)

Crisis on Wall Street as Lehman Totters, Merrill Is Sold, AIG Seeks to Raise Cash

AIG, Lehman Shock Hits World Markets

U.S. to Take Over AIG in $85 Billion Bailout; Central Banks Inject Cash as Credit Dries Up

Mounting Fears Shake World Markets As Banking Giants Rush to Raise Capital

U.S. Drafts Sweeping Plan to Fight Crisis As Turmoil Worsens in Credit Markets

이스라엘이여, 집으로 돌아온 것을 환영합니다

이사야 43장에서 하나님께서는 유대인들을 동서남북 사방에서 집으로 데려오시겠다고 말씀하신다. 세계 곳곳에 사는 대부분의 유대인은 거의 이스라엘로 돌아왔지만, 이스라엘 밖에 살고 있는 85~90퍼센트의 유대인들이 서쪽과 미국에 살고 있다. 나는 마지막 때 하나님께서 유대인들을 먼 곳에서 데려오시는 것을 말씀하는 예레미야 30장 10절이 미국으로부터의 알리야를 의미한다고 믿는다. 이스라엘 밖에 사는 유대인들의 3분의 2가 그곳에 살고 있으니 말이다. 유럽과 러시아는 이스라엘까지 비행기로 3~4시간 걸리지만, 미국은 11시간에서 15시간까지 걸리는 정말 먼 곳이다.

쌍둥이 빌딩이 무너지다

2001년 9월 11일, 유다의 사자가 테러와 관련하여 미국을 향해 포효하셨다. 쌍둥이 빌딩이 무너지고 미국에 큰 흔들림이 발생했을 때 나는 CNN을 통해 이 상황을 보고 있었다. 이 끔찍한 사건으로 인해 세계무역센터가 무너졌을 뿐만 아니라 세계에서 유대인 인구가 가장 많은 뉴욕에서 수천 명이 사망했다. 유대인들의 집이 미국이 아니라 이스라엘이라는 또 다른 신호였다. 유다의 사자는 그분의 백성을 이스라엘과 하나님께 데려올 목적으로 계속 포효하신다.

알리야는 그때 이후로 계속해서 증가하고 있다. 9·11 테러 직후, 미국에서 이스라엘로 알리야하는 첫 비행기가 도착했다. 그 이후로 수십 대의 비행기가 이스라엘로 돌아왔다. 2000년이라는 시간이 흐른 이후 처음으로 2008년에 이스라엘에 사는 유대인 인구가 미국 내 유대인 인구를 넘어섰다. 이것은 오늘날 유대인의 집이 더는 미국이 아니라 이스라엘임을 분명히 보여 준다.

21세기의 시작인 2001년은 서구에서 알리야에 대한 새로운 패러다임의 전환이 시작된 해이다. 120년 전 러시아에서 시작된 이 변화는 미국에서 전례 없는 방식으로 계속 이어지고 있다.

월가의 붕괴

2008년 9월과 10월에 유다의 사자가 월가와 미국 경제 위에서 다시 한번 포효하셨다. 1987년 디자인된 이 책의 표지는 월가에서 벗어나려는 한 남자의 그림이다. 이것이 오늘날 미국 유대인들이 마주한 정확한 현실이다. 유대인들이 유다의 사자가 포효하는 소리를 듣고 이스라엘로 속히 탈출하기를 소망한다.

증시가 폭락하기 시작한 지 2주도 되지 않은 그날은 2008년 10월 10일, 욤 키푸르 다음날이었다. 나는 나사렛에서 매해 개최되는 컨버케이션과 워치맨 투어 중이었고 때마침 CNN을 보고 있었다. 증시는 1시간 반 만에 2천 포인트 하락했고, 3주 동안 대략 7천 포인트 하락해 사상 최악의 하락으로 기록되었다.

유다의 사자는 1929년 대공황 이후 80년 넘게 보이지 않는 모습으로 경제를 향해 포효하고 있다. 전문가들은 앞으로의 상황이 1929년 대공황 때보다 훨씬 더 나빠질 수 있다고 예측한다. 미국인 중 수천만 명의 집이 은행에 저당 잡힌 상태인데, 그들이 수입보다 훨씬 비싼 집을 샀기 때문이다. 이것은 주택과 부동산에 큰 영향을 미쳤다. 첨단 기술과 자동차 산업이 심각한 타격을 입어 제너럴 모터스, 크라이슬러가 파산했고 많은 은행이 줄도산하였다. 대부분의 미국인은 대략 1만 5천 달러의 신용카드 부채를 갖고 있는데, 이는 아직 현재의 위기가 반영되지 않았고 표면화되지 않은 수치이다. 지난 2008년 한 달 동안 미국에서만 350만 명이 일자리를 잃었고 실업률은 8.5퍼센트 증가했다. 2009년 7월까지 650만 명의 미국인이 일자리를 잃었고, 실업률은 9.5퍼센트까지 상승했다. 2009년 11월에는 실업률이 10.2퍼센트까지 치솟았다.

니잔 코헨은 〈예루살렘 포스트〉에서 "1930년대가 돌아왔다. 미국은 실업률 25퍼센트 궤도에 오를 수도 있다"고 지적했고 "2009년 7월 10일, 월가는 4개월의 반등 끝에 암울한 분위기로 다시 돌아왔다. 바닥을 쳤으니 올라올 것이라는 낙관적인 보도 이후에 오히려 주가는 더 떨어졌다. 6월 일자리 보고서에 따르면, 6월에만 46만 명의 미국인이 일자리를 잃었다. 이 실업률 지수는 U-6이라 불리는 사람들, 즉 구직 의사가 없거나 풀타임 직장을 찾을 수 없는 사람들을 제외한 좁은 개념의 지표이다. 경제가 이전에 가정했던 것보다 훨씬 더 나쁜 상태에 있는 것 같다는 인식이 마침내 미국 지도부의 시선을 끌기 시작했다. 조 바이든 부통령은 2009년 7월, 오바마 행정부가 2009년 1월까지만 해도 경제를 잘못 읽어서 경제 위기의 깊이를 완벽히 이해하지 못했다고 인정했다. 오바마의 경제 자문 폴 크루그먼 교수는 불과 4개월 전 (2009년 3월)에 8천억 달러 규모의 예산안 승인을 요구했는데, 또다시 대대적인 긴급 구제책을 요구했다. 그가 현 경제 상황을 비관적으로 읽은 것은 옳게 본 것이다. 11월 일자리 보고서를 통해 알 수 있듯이 우리는 1930년대에 봤던 그 무서운 수치에 매우 가깝게 도달하고 있다"라고 말했다.

국가 부채는 부시 행정부 때부터 12조 달러 이상으로 지난 6년 동안 두 배가 되었다. 가히 천문학적인 수치이다. 빈곤층을 돕기 위한 미국의 건강 보험 계획은 국가 부채를 수조 달러까지 만들어낼 수 있다. 미국에 더 큰 경제적 흔들림과 심판이 오기 전에, 미국 유대인들은 하루 빨리 알리야해서 이스라엘에 투자해야 한다.

연방준비제도 이사회의 벤 버냉키 의장은 12조 달러의 빚을 만들어낸 공로로 2009년 올해의 인물상을 받았다. 오바마 대통령은 수조 달러의 부채가 있는데도 평화를 바라는 공로를 인정받아 노벨 평화상을 수상했다.

뉴욕시의 목사인 데이비드 윌커슨은 1998년에 《미국의 마지막 경고: 금융 홀로코스트 직전 America's Last Call: On the Brink of a Financial Holocaust》을 출간했다. 아무개 대통령의 재임 마지막 해인 10월 10일, 하나님은 미국 경제와 라이프 스타일을 포위하셨다. "하나님은 심판에 있어서 얼마나 정확한 분이신지 모른다." 조지 부시 대통령의 재임 마지막 해인 10월 10일, 주가는 1시간 반 만에 2천 포인트 가까이 하락했고, 몇 주 안에 7천 포인트가 하락하면서 월가는 붕괴되었다. 윌커슨은 미국이 큰 추락을 경험하고 장기적으로는 제3세계 국가가 될 것이라고 예언했는데, 이 모든 것이 데이비드 윌커슨의 예언대로였다.

당신의 미래를 위해 이스라엘에 투자하고 축복받으세요

2009년 9월 1일, 이스라엘 경제와 세켈의 가치는 세계에서도 높은 편에 속한다. 세계 경제 위기에도 불구하고 부동산 가격이 계속 오르고 있다. 지난 10년 동안 이스라엘 부동산에 투자한 것은 현명한 투자인 것으로 입증되었고 앞으로도 그럴 것으로 보인다. 이스라엘로 돌아올 많은 디아스포라 유대인은 자신의 미래를 위해 지금 이스라엘에 투자하는 것을 추천한다. 이스라엘에 집을 사는 것은 투자의 가치뿐만 아니라 당신의 미래를 준비하는 방법으로 진지하게 고려할 필요가 있다. 서구 세계에서 시작되는 알리야의 패러다임 전환에 대비해야 한다.

서구에서의 알리야가 증가하고 있다. 이 패러다임의 전환에 동참하라

2008년 10월의 주식 시장 폭락 이후 미국을 중심으로 약 1만 5천 명의 유대인이 이스라엘로 돌아간 것으로 추정된다. 미국을 중심으로 이루어진 알리야이다. 정통 유대인을 포함한 유대인들의 알리야는 미국에서 계속 증가하고 있다. 미국 알리야를 촉진하기 위해 헌신하고 있는 네피쉬 브네피쉬와 이 단체의 설립자이자 상임이사인 영국 랍비 예호슈아 파스는 "알리야가 다른 지역에서는 감소하고 있지만 미국과 서구 세계에서는 증가하고 있다"고 말했다. 이들의 교육과 지원을 위해 올림이스라엘 땅에 이주한 유대인의 98퍼센트가 7년이 지난 지금도 이 땅에 거주하고 있는데 이는 매우 놀라운 성공률이다.

랍비 파스는 "알리야가 이제 북미에서 일어나고 있다. 한때는 북미에서 알리야가 이상하고 비현실적인 일이었지만 지금은 매우 현실적이고 이상적인 일"이라고 말했다. 네피쉬 브네피쉬와 쥬이시 에이전시의 연합된 노력을 통해 알리야에 대한 이미지가 달라졌다. 나탄 샤란스키 러시아에서 알리야한 유대인이며 쥬이시 에이전시의 새 의장와 랍비 파스의 동역으로 향후 10년간 미국과 서방에서 알리야의 중대한 돌파구가 있을 것으로 예상된다. 랍비 파스는 지난 8년간 네피쉬 브네피쉬를 통해 알리야하는 수십 회의 비행 편에 모두 탑승했다. 그는 미국과 서구에서 수만 명의 유대인이 이스라엘로 알리야하는 것을 보고 큰 영감을 받았다. 미국에서의 알리야는 2009년에 17퍼센트의 큰 폭으로 증가했다.

이스라엘 에프랏의 수석 랍비인 랍비 리스킨에 따르면, 2009년 9월 1일 기준 뉴욕에서 이스라엘로 알리야하는 정통 유대인 가정이 늘고 있다고 한다. 미국 경제가 몰락하면서 그들은 더는 자녀들을 사립 유대인 학교에 보낼 수 없었고, 이스라엘은 무상 교육 혜택을 제공하기 때문에 알리야가 증가한 것이다. 미국의 보수 유대인 운동 Conservative Jewish Movement은 이제 알리야를 적극 홍보하고 있다. 즈비 그레츠는 보수 유대인 운동 활동을 통해 앞으로 2~3년 내에 북미 지역에서의 알리야를 두 배로 늘리기를 희망하고 있다. 프랑스에서의 알리야는 반유대주의의 증가로 2002년부터 2008년까지 크게 증가했다. 하지만 지금까지는 북미 유대인보다 중남미 유대인들의 반응이 더 뜨거운 상황이다.

미국과 서구의 세속 유대인들에게 이스라엘의 하나님에 대한 계시가 열리도록, 그들이 이스라엘 땅을 향한 하나님의 의로우시고 영원하신 언약(창 15)을 깨닫도록 기도하자. 이스라엘을 향한 하나님의 마음이 증거된 700구절의 말씀을 통해 저들이 하나님의 마음을 따르도록 기도하자. 토라를 믿고 순종해야 하는 정통 유대인과 성경을 믿는 미국 유대인들 가운데 왜 아직도 대규모 알리야가 없었던 것일까? 랍비 오르 하카임은

"이스라엘 땅에 사는 것 외에 다른 기쁨은 없기 때문이라"고 지적했다.

여호수아 18장 3절에서 여호수아가 3천 년 전 이집트 사막에서 이스라엘 백성에게 했던 말은 지금 이 순간에도 여전히 이스라엘을 향하고 있다.

여호수아가 이스라엘 자손에게 이르되 너희가 너희 조상의 하나님 여호와께서 너희에게 주신 땅을 점령하러 가기를 어느 때까지 지체하겠느냐

마이클 프로이트는 〈예루살렘 포스트〉에 이런 기사를 썼다. "정통 유대인들이 무엇을 먹어야 하는지에 대한 지침을 성경에서 구했듯이(예를 들면, 어떤 종류의 건포도를 먹어야 하는지 등), 그들은 적어도 알리야에 대한 구절에도 신경을 써야 한다. 예를 들면, 이스라엘에 발을 들여놓아야 한다는 등의 내용이 담긴 알리야 관련 구절 말이다.

하나님께서 베냐민 네타냐후 총리를 비롯한 미래의 총리들을 강하게 하셔서 그들이 분열되지 않은 예루살렘과 이스라엘을 강력히 고수하도록 기도하자. 또 서구와 모든 국가에서 알리야를 크게 일으키고 수월하게 진행되도록 기도하자. 유대인과 아랍인이 공존할 수 있도록 기도하자. 열방의 축복이 되어 이집트와 이스라엘과 아시리아가 하나님께 함께 예배하는 것을 보는 그날까지 기도를 멈추지 말자(사 19:23-25).

새로 선출된 오바마 대통령과 미국 법원이 낙태와 동성애자의 권리 및 동성 결혼을 옹호하고, 예루살렘을 분열시키고 이스라엘 땅을 나누고, 유대와 사마리아 지역에서 유대인들을 내쫓고 그곳에 팔레스타인 국가를 세우려고 노력한다면(욜 3:2) 우리는 미국에 대한 심판이 더욱

가중되는 것을 보게 될 것이다. 증가하는 반유대주의에 미국 경제 붕괴가 더해지면서 향후 몇십 년 동안 수십만, 심지어 수백만 명의 북미 유대인이 이스라엘로 돌아오는 알리야 운동이 증가할 것이다.

알리야는 이스라엘로 돌아오는 것, 예루살렘으로 올라가는 것, 시온을 쌓는 것을 의미한다. 이스라엘에 가장 필요하고 중요한 것은 새로운 이민자들(특히 서구에서)이 돌아오는 것도 있지만, 이스라엘 백성이 다시 이스라엘로 돌아오는 '제2의 알리야'를 이루는 것이다. 해외에는 약 1백만 명의 이스라엘 국민이 살고 있으며, 이들 중에는 고학력자와 다양한 재능을 겸비한 전문인들이 많다.

현재 이스라엘의 교육 시스템은 최저 수준이다. 이스라엘 인구는 1973년 이후 두 배로 늘었지만 대학 진학률은 20퍼센트나 감소했다. 2019년까지 2천 5백 명의 교수와 교사가 후임을 구할 시간이 없는 상태에서 퇴직한다. 긴급 조치가 취해지지 않으면 이스라엘 학계는 나라를 앞으로 나아가게 하는 동력 역할을 할 수 없을 것이다. 이스라엘은 해외에 있는 수천 명의 학자와 수만 명의 전문가를 다시 이스라엘 땅으로 돌아오게 하기 위해 네피쉬 브네피쉬와 같이 서구 알리야를 성공시킨 단체에게 배워야 한다. 고학력에 전문 지식을 갖춘 이스라엘 국민이 고국으로 돌아와 이스라엘을 다음 단계로 이끌어야 한다. 그들은 이미 히브리어와 이스라엘 문화를 알고 있으며, 새로운 이민자들이 새로 배우려면 수십 년이 걸릴 수 있음을 경험했다. 서구 세계가 크게 흔들리는 지금, 이스라엘은 제2의 알리야를 촉진시키기 위해 무엇이든지 해야 할 때이다. 하나님께서 이스라엘에게 지혜를 주셔서 그 방법을 찾게 하시고, 수십만 명의 이스라엘 국민이 고국으로 돌아와 시온을 세우고 다시 오실 메시아의 길을 마련하기를 기도한다.

나는 예루살렘에서 22년간의 섬김 끝에 2008년에 드디어 이스라엘 영주권을 취득했다. 하나님께서는 그분의 민족과 백성을 위해 주님과 함께 서게 하시려고 나를 이곳에 오게 하셨다. 나는 해외에 있는 모든 이스라엘 국민이 그들의 사명과 부르심을 성취하기 위해 다시 고국으로 돌아오기를 바란다. 만약 이스라엘인들이 그들의 삶에 투자된 것들과 그들이 받은 유산에 감사한다면, 이제 하나님과 조국을 위해 우선순위를 바로 해야 할 때이다. 열방의 빛이라는 이스라엘의 사명과 부르심을 성취하도록 고토로 돌아가야 할 시간이 바로 지금이다.

〈예루살렘 포스트〉에 따르면, 35세 미만의 미국 유대인들은 이스라엘에 대해 매우 무관심하다고 한다. 그중 57퍼센트는 이스라엘이 멸망해도 개인적으로 큰 비극이 되지 않을 것이라고 했다. 하나님께서 이스라엘과 맺으신 영원한 언약인 알리야, 그리고 그에 대한 기도는 250만 명이 넘는 35세 미만의 미국 유대인들에게 더욱 투자해야 한다. 35세 미만의 유대인 다음 세대는 전 세계 유대인 인구의 40퍼센트를 차지한다. 이들이 이스라엘 땅과 하나님께로 돌아올 수 있도록 투자하는 것은 이스라엘의 미래를 위해 할 수 있는 가장 중요한 투자 중 하나이다.

로널드 레이건 자유상 수상자인 나탄 샤란스키는 쥬이시 에이전시의 대표가 된 이후 다음 세대가 알리야하는 것이 얼마나 중요한지 깨달았다. 그래서 미국 전역에서 유대인 유학생 인구가 많은 20개 주요 대학 캠퍼스에 알리야 펠로우십을 개설했다. 플로리다 애틀랜타 대학의 학생이자 알리야 펠로우십의 일환으로 예루살렘 히브리 대학에서 한 학기를 보내고 있는 마리 프로이거는 플로리다로 돌아가면 알리야 캠퍼스 대표로 활동할 예정이다. 그녀는 이번 펠로우십이 사람들을 돕고 자극하는 동시에 자신이 알리야하는 데에도 도움이 될 것 같아 지원했다고 했다.

리브란 아비사르는 "유대인 학생들이 대학 졸업 후 이스라엘로 옮길 생각을 하고 있지만 정보와 지원이 부족하고 의지할 사람이 없다. 알리야 캠퍼스 펠로우십이 학생들에게 필요한 정보와 지원을 제공하고 이주를 고려하는 사람들을 만날 기회를 제공할 것"이라고 말했다. 2010년 겨울, 알리야를 진지하게 고려하는 학생들이 이스라엘로 건너가 전문가들을 만나고 새로운 이주자들과 네트워크를 맺는 활동을 할 예정이다.

나는 이스라엘 정부가 이스라엘 땅을 한 번도 밟은 적 없는 미국 유대인들에게 보조금을 주거나 무료로 '이스라엘 투어'를 제공해야 한다고 생각한다. 앞으로 5년 안에 1백만 명의 미국 유대인들이 이스라엘을 방문한다면 관광객이 15퍼센트나 증가하는 것이다. 이 중 2퍼센트가 알리야하기로 결정한다면, 매년 알리야하는 사람들이 두 배 이상 늘 것이고 이스라엘 경제와 인구는 크게 증가할 것이다.

데이비드 윌커슨은 미국 경제가 바닥으로 떨어질 것이라고 했다. 이 일이 2009년에 일어나든, 10년 안에 일어나든 어쨌든 두고 볼 일이다. 우리는 지금 120년 전에 시작된 유대인 세계의 패러다임이 변화하는 시기 한가운데 있다. 그 당시 예루살렘에는 고작 2만 명 정도의 유대인이 살고 있었지만, 지금은 40만이 넘는 유대인이 살고 있으며 유대민족 중 45퍼센트인 535만 명이 이스라엘에 살고 있다. 에스겔 39장

27-28절은 이렇게 말씀한다.

> 내가 그들을 만민 중에서 돌아오게 하고 적국 중에서 모아 내어 많은 민족이 보는 데에서 그들로 말미암아 나의 거룩함을 나타낼 때라 전에는 내가 그들이 사로잡혀 여러 나라에 이르게 하였거니와 후에는 내가 그들을 모아 고국 땅으로 돌아오게 하고 그 한 사람도 이방에 남기지 아니하리니 그들이 내가 여호와 자기들의 하나님인 줄을 알리라

세계 모든 유대인이 이스라엘 국가에 살게 되기 전까지 알리야는 끝나지 않을 것이다. 1948년부터 2008년까지 이스라엘 내 유대인 인구는 60만에서 535만 명으로 거의 열 배 가까이 증가했다. 누군가 말하길, "당신의 인생을 최선을 다해 살고 싶다면, 하나님께서 당신 세대 가운데 무엇을 하고 계신지 알아내 하나님께서 하시는 일에 몰두하라"고 했다. 들을 귀 있는 자들은 듣기를 바란다. 하나님께서 이제껏 해오셨고, 하고 계시며, 앞으로도 하실 주된 일은 하나님의 백성을 그들의 고토로 데려와 열방의 빛이 되게 하시는 것이다.

이 세대 가운데 하나님의 선택받은 유대인들이 역사에서 교훈을 얻어 이스라엘로 돌아오기를, 예언자들이 속히 떠나라고 했음에도 귀 기울이지 않고 유럽에 머물렀던 6백만 유대인이 저질렀던 실수를 다시 반복하지 않기를 바란다. 하나님께서 이 마지막 때에 유대인과 기독교인들 가운데 진정한 예언자, 진정한 목자, 진정한 랍비를 일으키시기를 기도한다.

1980년에 북쪽에 있는 유대인들을 집으로 데려오기 위해 구소련을

흔드셨던 하나님께서, 비슷한 방식으로 미국을 흔들고 계시고 서쪽에서부터 유대인들이 집으로 돌아올 때까지 계속 흔드실 것이다.

하나님 말씀, 곧 유대인 성경에 분명히 기록되어 있듯이 마지막 때 축복의 언약이 있는 약속의 땅은 미국이 아니라 이스라엘이다. 유대인들은 두 가지 경고에 주의해야 한다.

첫째, 뉴욕 9·11 테러와 2001년의 미국
둘째, 2008~2009년 미국 경제 붕괴

미국은 다시는 예전과 같지 않을 것이다. 훨씬 더 큰 흔들림과 심판이 미국에 임할 것이다.

예레미야 30장 11절은 이렇게 말씀한다. "이는 여호와의 말씀이라 내가 너와 함께 있어 너를 구원할 것이라 너를 흩었던 그 모든 이방을 내가 멸망시키리라 그럴지라도 너만은 멸망시키지 아니하리라 그러나 내가 법에 따라 너를 징계할 것이요 결코 무죄한 자로만 여기지는 아니하리라"

이것은 경제 파괴이거나 핵 파괴이거나 둘 다일 수도 있다.

나의 백성아 너희는 그 중에서 나와 각기 여호와의 진노를 피하라(렘 51:45)

거짓되고 헛된 것을 숭상하는 모든 자는 자기에게 베푸신 은혜를 버렸사오나 (욘 2:8)

유대인들은 언제쯤 이 포효를 듣고 서쪽에서부터 떨며 오게 될 것인가?

하나님의 선택한 언약 백성이 서쪽에서부터 떨며 그들의 언약의 고향인 이스라엘로 올 때까지 큰 흔들림은 계속될 것이다. 유다의 사자는 그분의 백성이 서쪽에서 이스라엘로 떨며 올 때까지 점점 더 크게 포효할 것이다. 유대인들은 언제쯤 이 포효를 들을 것인가? 그들은 언제쯤 이 포효에 귀를 기울일 것인가? 성경 말씀에 따르면 모든 유대인은 이스라엘로 돌아오도록 부름받았다. 우리는 앞으로 수십 년 안에 수십만, 수백만의 유대인이 돌아오도록 기도하고 있다. 결국에는 살아 있는 모든 유대인이 이스라엘로 모이게 될 것이다(겔 39:28).

미국의 붕괴로 상황이 악화되어 더 많은 것을 잃기 전에 서쪽을 떠나 하나님 나라의 약속의 땅에 투자하라. 더 늦기 전에 이스라엘로의 진보적 패러다임의 전환에 동참하라. 세계 역사상 가장 축복받은 땅인 이스라엘로 돌아오라. 아브라함과 이삭과 야곱과 다윗의 땅, 다윗의 후손이 다윗의 왕좌에서 의와 정의로 영원히 다스리실 이스라엘 땅으로 돌아오라(사 9:7). 이스라엘 왕국을 위한 길을 예비하라. 다윗과 솔로몬 왕국보다도 더욱 크고 영광스러운, 유다의 사자가 양들과 함께 살게 될 이스라엘 왕국을 예비하라. 사자의 포효에 귀 기울이며 미국의 바빌론에서 탈출하여 예루살렘 성문으로 나아가라(사 62:10). 영광의 왕이 오실 길을 예비하라(시 24).

14장

서쪽에서부터 알리야를 준비할 시간이 왔다

(2015년~2019년 업데이트)

반유대주의가 심각하게 증가하다

서쪽에서의 알리야를 위한 '약속된 시간'이 이르렀다. 미국, 프랑스, 벨기에, 영국, 독일, 우크라이나, 러시아, 헝가리, 캐나다, 아르헨티나, 브라질, 멕시코 등지에서 반유대주의가 증가하고 있다. 서구 세계의 많은 곳이 흔들리고 있다. 최근 4년간 반유대주의가 심각하게 증가하면서 유다의 사자가 서쪽을 향해 포효하고 있다.

나는 1987년 3월 (9·11 테러 전) 미국에 반유대주의와 많은 심판이 오고 있다는 환상을 처음 봤다. 그 이후 유대인들이 요엘의 군대와 에스겔의 부흥, 다윗의 장막 회복, 이스라엘의 왕이신 다시 오실 다윗의 자손을 위해 그들의 집인 이스라엘로 돌아가도록 경고해야 한다는 필요성을 느꼈다.

주께서 일어나사 시온을 긍휼히 여기시리니 지금은 그에게 은혜를 베푸실 때라 정한 기한이 다가옴이니이다 주의 종들이 시온의 돌들을 즐거워하며 그의 티끌도 은혜를 받나이다 이에 뭇 나라가 여호와의 이름을 경외하며 이 땅의 모든 왕들이 주의 영광을 경외하리니 여호와께서 시온을 건설하시고 그의 영광 중에 나타나셨음이라 여호와께서 빈궁한 자의 기도를 돌아보시며 그들의 기도를 멸시하지 아니하셨도다(시 102:13-17)

범사에 기한이 있고 천하 만사가 다 때가 있나니 날 때가 있고 죽을 때가 있으며 심을 때가 있고 심은 것을 뽑을 때가 있으며…돌을 던져 버릴 때가 있고 돌을 거둘 때가 있으며(전 3:1, 2, 5)

지금은 특별히 미국, 캐나다, 아르헨티나 그리고 서유럽에 있는 유대인들이 이스라엘로 다시 심어질 때이다.

두려워하지 말라 내가 너와 함께 하여 네 자손을 동쪽에서부터 오게 하며 서쪽에서부터 너를 모을 것이며(사 43:5)

땅과 거기에 충만한 것과 세계와 그 가운데 사는 자들은 다 여호와의 것이로다 여호와께서 그 터를 바다 위에 세우심이여 강들 위에 건설하셨도다 여호와의 산에 오를 자가 누구며 그의 거룩한 곳에 설 자가 누구인가 곧 손이 깨끗하며 마음이 청결하며 뜻을 허탄한 데에 두지 아니하며 거짓 맹세하지 아니하는 자로다 그는 여호와께 복을 받고 구원의 하나님께 의를 얻으리니 이는 여호와를 찾는 족속이요 야곱의 하나님의 얼굴을 구하는 자로다 문들아 너희 머리를 들지어다 영원한 문들아 들릴지어다 영광의 왕이 들어가시리로다 영광의 왕이 누구시냐 강하고 능한 여호와시요 전쟁에 능한 여호와시로다 문들아 너희 머리를 들지어다 영원한 문들아 들릴지어다 영광의 왕이 들어가시리로다 영광의 왕이 누구시냐 만군의 여호와께서 곧 영광의 왕이시로다(시 24:1-10)

우리는《내 백성을 가게 하라》10쇄 증보판을 통해 하나님의 백성에게 경고의 메시지를 전하고 열방 가운데 흩어진 그들을 집으로 부르는 사역을 하고 있다. 이 책은 35개 언어로 약 150만 부가 인쇄되었다. 1986년까지는 북쪽에서의 알리야가 주를 이루었고, 1986년부터 1995년까지 130만 명의 유대인이 구소련에서 이스라엘로 돌아왔다.

이 책이 집필된 이후 총 2백만 명이 넘는 유대인들이 알리야했고, 이스라엘 인구는 3백만 명에서 7백만 명으로 증가했다.

미국에서 수많은 유대인이 알리야하기 시작한 것은 9 · 11 테러 이후인 2001년이고, 2008년 월가 붕괴 사건은 서쪽에서의 알리야에 또 다른 주원인이 되었다. 2014년에 처음으로 프랑스와 우크라이나, 서유럽 국가들에서 알리야가 시작되었고, 주를 이루면서 알리야의 새 흐름이 되었다. 2019년 12월 현재, 이스라엘 밖에 사는 유대인의 95퍼센트 이상이 미국과 서구 세계에 살고 있다.

하나님께서는 그들을 북방, 남방, 동방, 서방에서 데리고 오신다고 하셨다. 반유대주의가 극적으로 증가하는 지금이 서구 세계에 약속된 그 시간이다. 하나님께서 유대인들을 이스라엘로 데려오기 위해 구소련을 흔들고 풀어내신 것처럼, 이제는 유럽과 미국을 비롯한 서방 국가들을 흔들고 계신다. "여호와께서 시온을 건설하시고 그의 영광 중에 나타나셨음이라"(시 102:16)는 주님의 말씀처럼, 서방 세계에서 그분의 백성을 집으로 데려오려는 목적을 세우셨다.

2015년 미국에서 반유대주의가 전년 대비 21퍼센트 증가했다. 같은 시기(2014년)에 미국에서의 알리야는 15퍼센트 증가했다. 유럽에서 알리야와 반유대주의가 함께 상승한 것처럼 미국에서의 반유대주의도 증가했다. 오바마 대통령 때는 반유대주의가 특히 증가했는데, 그는 이스라엘에는 적대적이었고 이스라엘을 멸망시키고 싶어 하는 이란과 협상을 맺었던 대통령이었다.

베들레헴 에브라다야 너는 유다 족속 중에 작을지라도 이스라엘을 다스릴 자가 네게서 내게로 나올 것이라 그의 근본은 상고에, 영원에 있느니라 그러므로 여인이 해산하기까지 그들을 붙여 두시겠고 그 후에는 그의 형제 가운데에 남은 자가 이스라엘 자손에게로 돌아오리니 그가 여호와의 능력과 그의 하나님 여호와의 이름의 위엄을 의지하고 서서 목축하니 그들이 거주할 것이라 이제 그가 창대하여 땅 끝까지 미치리라(미 5:2-4)

일어나라 빛을 발하라 이는 네 빛이 이르렀고 여호와의 영광이 네 위에 임하였음이니라 보라 어둠이 땅을 덮을 것이며 캄캄함이 만민을 가리려니와 오직 여호와께서 네 위에 임하실 것이며 그의 영광이 네 위에 나타나리니 나라들은 네 빛으로, 왕들은 비치는 네 광명으로 나아오리라 네 눈을 들어 사방을 보라 무리가 다 모여 네게로 오느니라 네 아들들은 먼 곳에서 오겠고(미국) 네 딸들은 안기어 올 것이라 그 때에 네가 보고 기쁜 빛을 내며 네 마음이 놀라고 또 화창하리니 이는 바다의 부가 네게로 돌아오며 이방 나라들의 재물이 네게로 옴이라 허다한 낙타(버스), 미디안과 에바의 어린 낙타(버스와 다른 운송수단)가 네 가운데에 가득할 것이며 스바 사람들은 다 금과 유향을 가지고 와서 여호와의 찬송을 전파할 것이며 게달의 양 무리는 다 네게로 모일 것이요 느바욧의 숫양은 네게 공급되고 내 제단에 올라 기꺼이 받음이 되리니 내가 내 영광의 집을 영화롭게 하리라 저 구름 같이, 비둘기들이 그 보금자리로 날아가는 것 같이 날아오는 자들이 누구냐(비행기) 곧 섬들이 나를 앙망하고 다시스의 배들(배)이 먼저 이르되 먼 곳에서 네 자손과 그들의 은금을 아울러 싣고 와서 네 하나님 여호와의 이름에 드리려 하며 이스라엘의 거룩한 이에게 드리려 하는 자들이라 이는 내가 너를 영화롭게 하였음이라 내가 노하여 너를 쳤으나 이제는 나의 은혜로 너를 불쌍히 여겼은즉 이방인들이 네 성벽을 쌓을 것이요 그들의 왕들이 너를 섬길 것이며 네 성문이 항상 열려 주야로 닫히지 아니하리니 이는 사람들이 네게로 이방 나라들의 재물을 가져오며 그들의 왕들을 포로로 이끌어 옴이라 너를 섬기지 아니하는 백성과 나라는 파멸하리니 그 백성들은 반드시 진멸되리라 레바논의 영광 곧 잣나무와 소나무와 황양목이 함께 네게 이르러 내 거룩한 곳을 아름답게 할 것이며 내가 나의 발 둘 곳을 영화롭게 할 것이라 너를 괴롭히던 자의 자손이 몸을 굽혀 네게 나아오며 너를 멸시하던 모든 자가 네 발 아래에 엎드려 너를 일컬어 여호와의 성읍이라, 이스라엘의 거룩한 이의 시온이라 하리라 전에는 네가 버림을 당하며 미움을 당하였으므로 네게로 가는 자가 없었으나 이제는 내가 너를 영원한 아름다움과 대대의 기쁨이 되게 하리니 네가 이방 나라들의 젖을 빨며 뭇 왕의 젖을 빨고 나 여호와는 네 구원자, 네 구속자, 야곱의 전능자인 줄 알리라 내가 금을 가지고 놋을 대신하며 은을 가지고 철을 대신하며 놋으로 나무를 대신하며 철로 돌을 대신하며 화평을 세워 관원으로 삼으며 공의를 세워 감독으로 삼으리니 다시는 강포한 일이 네 땅에 들리지 않을 것이요 황폐와 파멸이 네 국경 안에 다시 없을 것이며 네가 네 성벽을 구원이라, 네 성문을 찬송이라 부를 것이라 다시는 낮에 해가 네 빛이 되지 아니하며 달도 네게 빛을 비추지 않을 것이요 오직 여호와가 네게 영원한 빛이 되며 네 하나님이 네 영광이 되리니 다시는 네 해가 지지 아니하며 네 달이 물러가지 아니할 것은 여호와가 네 영원한 빛이 되고 네 슬픔의 날이 끝날 것임이라 네 백성이 다 의롭게 되어 영원히 땅을 차지하리니 그들은 내가 심은 가지요 내가 손으로 만든 것으로서 나의 영광을 나타낼 것인즉 그 작은 자가 천 명을 이루겠고 그 약한 자가 강국을 이룰 것이라 때가 되면 나 여호와가 속히 이루리라(사 60:1-22).

참고: 다음은 반유대주의 및 알리야에 관한 다양한 기사이다. 여러 뉴스를 인용하거나 참고했다. 〈예루살렘 포스트〉에서 가져온 모든 기사는 저작권법에 따라 허락을 받았고, 나머지는 다양한 뉴스를 기반으로 작성되었다.

2015~2019년까지 발생한 심각한 반유대주의 공격

파리의 유대교 회당 공격

2014년 7월 13일 자 〈예루살렘 포스트〉에 따르면, 한 무리가 드라 로케트 de la Roquette 회당에 있는 200명의 회중을 잡으려고 모였다. 이 사건은 이스라엘이 7월 9일 가자 지구에 공세를 펼친 이후에 발생하였다.

프랑스계 유대인 언론인 알랭 아즈리아는 이 공격이 반이스라엘 시위에서 시작되었고 유대인 회당이 가득 차자 시위대가 진격했다고 언급했다. 시위대가 회당과 경비원들을 향해 반유대주의 구호를 외치고 물건을 던지자, 경찰 5명이 회중을 보호하기 위해 입구를 막아섰다. 회당을 지키기 위해 길거리에서 몸싸움을 벌인 남성은 "시위대가 살인을 저지를 수도 있었는데 때마침 그곳에 경찰이 있었다. 하나님의 보호하심에 감사드린다"라고 말했다.

이 사건은 이 시기에 프랑스에서 벌어진 여러 건의 공격 중 하나에 불과하다. 한 사건은 파리 북부에서 발생했는데, 유대교 회당에 화염병이 날아들어 경미한 피해가 발생했다. 어떤 남자가 무작위로 17세 소녀를 공격하고 얼굴에 후추 스프레이를 뿌리기도 했다.

유럽 유대인 의회의 의장 모쉐 칸터는 "성도들로 가득 찬 유대교 회당이 목표였다는 것은 시위대의 1차 혐오 대상이 유대인이고, 유대 국가인 이스라엘은 그 연장선에 있음을 보여 주는 것으로 중동에서 발생한 사건들이 폭력의 도구가 되는 것을 용납해서는 안 된다"고 말했다.

미국에서 '유행 중'인 반유대주의
2015년 2월 18일 〈타임스 오브 이스라엘〉

증오 범죄의 60퍼센트가 유대인을 향한 공격이다. 정부 기관들이 이를 위해 협력하고 있음에도 수년간 반유대주의와 증오 범죄는 꾸준히 증가하는 추세이다. 많은 매체에서 "언어적 폭력이든, 비언어적 폭력이든, 유대인을 향한 반유대주의 공격이 발생하지 않는 날은 거의 없다"고 보도할 정도로 상황은 심각하다.

저명한 랍비이자 뉴욕랍비협회 부회장인 조셉 포타스닉은 "반유대주의가 다시 유행하고 있다"고 한탄했다. 조셉 포타스닉의 이 같은 발언은 미국에서 벌어진 일련의 반유대주의 공격 사례로 인해 신빙성을 얻는다.

1. 2014년 4월, 캔자스시티 유대인 커뮤니티센터 밖에서 무장 강도의 총격으로 4명 숨졌다.
2. 2014년 8월, 뉴욕에서 팔레스타인 국기를 든 한 갱단이 유대인 남녀를 공격했다.
3. 2015년 1월, 친 팔레스타인 시위대가 아우슈비츠 해방 70주년을

위한 뉴욕 시의회 회의를 급습했다.
4. 캘리포니아 대학교 데이비스 캠퍼스에 있는 유대인협회 문에 두 개의 나치 문양이 낙서되었다.
5. 2015년 2월, 보이시에 살던 한 여성은 유대인 이웃이 예슈아를 거부했다는 이유로 목을 밟았다. 이 여성은 유대인 이웃이 예슈아를 믿겠다고 말할 때까지 멈추지 않았다.
6. 위스콘신의 매디슨에서는 누군가가 30채의 집에 나치 문양으로 페인트칠을 하였다.

2014년 4월, 캔자스시티의 유대인 커뮤니티센터 밖에서 4명이 총에 맞아 숨졌다. 같은 해 8월 말에는 뉴욕 어퍼 이스트 사이드에서는 유대인 커플이 팔레스타인 국기를 든 갱단의 공격을 받았다.

랍비 포타스닉은 "이제 유대인을 증오하는 것은 놀랄 만한 일도 아니다. 유대인들은 이제 첫 번째 공격 대상"이라고 말했다. 그는 "불행히도 이 문제는 너무 오랜 시간 동안 회자되지 않았고 적게 언급되었다"고 했다.

뉴욕 UJA United Jewish Appeal 연맹의 에릭 골드스타인 대표는 "세계가 반유대주의가 놀랍도록 증가하는 것을 보고 있으며, 우리는 이 위협에 대처하기 위해 할 수 있는 모든 일을 해야 한다. 역사는 우리에게 침묵의 결과가 무엇인지 보여 주었다"고 말했다.

반명예훼손연맹의 국제 이사 마이클 살버그는 "유대인의 삶과 미래를 위협하는 증오와 편견이 실제로 유대인뿐만 아니라 모든 소수자와 사회 전체의 안녕에 대한 공격이라는 사실을 명확하고 지속적으로 인식시키며 강화해야 한다"고 주장했다.

반명예훼손연맹 인권정책기획센터의 마이클 리버만 소장은 "60퍼센트에 달하는 종교 기반 범죄가 유대인들을 상대로 행해지고 있다"고 말했다.

2013년 미국 연방수사국 보고서에서 5,928건의 증오 범죄 사건 중 1,166건이 종교적 동기이며, 그중 56.7퍼센트가 반유대주의 사건이다. 이 통계는 리버만 소장의 말을 뒷받침한다.

시큐어 커뮤니티 네트워크의 폴 골든버그 이사는 "디아스포라 유대인들을 상대로 행해지는 범죄의 종류와 폭력의 정도는 전례가 없을 정도"라고 말했다.

리버만 소장은 "반유대주의와 싸우는 유대인들이 더 많아져야 한다"고 주장했다.

미국 유대인들이 반유대주의 사건을 신고하는 비율이 높은데, 당국이 이에 대해 어떤 조치라도 취할 것이라고 신뢰하기 때문에 그렇다. 반면 유럽의 경우 반유대주의를 신고하는 경우가 많지 않다. 유럽에서 반유대주의가 증가하고 있음에도 불구하고 신고 건수가 높지 않아서, 시큐어 커뮤니티 네트워크는 미국의 국토안보부와 유럽 당국과 공조해 "목격했다면 신고하세요"라는 신고 캠페인을 벌이고 있다. 반유대주의 위협에 맞닥뜨렸을 때 적절하게 반응하는 방법을 알려 주는 정보 캠페인도 함께 진행 중이다.

"여러분의 회당에 누군가 나치 문양 칠한 것을 발견한다면, 그냥 지우면 안 됩니다. 제일 먼저 경찰에게 신고하세요"라고 리버만 소장은 강조했다. 기독교인들이 이스라엘과 유대인들을 위해 강하게 일어나기를 소망한다.

피츠버그 총격 사건으로 11명 숨지다!
2018년 10월 30일 〈예루살렘 포스트〉

2018년 10월 27일 안식일 오전, 미국 역사상 최악의 반유대주의 사건이 발생했다. 세 교회가 함께 예배하던 피츠버그 스퀘어힐의 한 유대교 회당에서 신도 11명이 숨지고 6명이 부상을 입었다. 피의자 로버트 바우어스(46세)는 트리 오브 라이프, 뉴 라이트, 도 하다쉬 총 세 공동체가 예배하고 있던 회당을 습격했다. 첫 번째 희생자는 세실 로젠탈(54세), 데이비드 로젠탈(59세) 형제였고, 뒤이어 뉴 라이트의 예배를 인도하던 멜빈 왁스(88세)도 변을 당했다. 트리 오브 라이프의 랍비 제프리 미어스와 뉴 라이트의 베리 웨버가 911에 신고하였다.

뉴 라이트 소속 몇몇 신도는 총격을 피해 창고의 작은 방에 숨어들었다. 총격이 잠시 멈추자 그들 중 한 명이 기어나오다 피의자에게 발각되어 총격을 당해 숨졌고, 피의자는 위층에 올라가 7명의 추가 사상자를 냈다. 피의자는 경찰과 특수기동대와도 총격전을 벌였고 이 과정에서 경찰관 1명이 중상을 입었다. 피의자는 체포됐지만, 경찰과의 대치 중에도 유대인 혐오 발언을 쏟아냈다.

캘리포니아 포웨이 공격 **2019년 4월 29일 〈예루살렘 포스트〉**

2019년 4월 27일, 미국 캘리포니아의 한 유대교 회당에서 총격 사건이 발생해 여성 1명이 숨지고 영적 지도자 랍비를 포함해 3명이 부상을 입었다.

캘리포니아주 포웨이의 스티브 바우스 시장은 "10월 27일 펜실베이니아 피츠버그에서 발생한 유대교 회당 테러 이후 예방책을 논의하지 않았다면 아마 더 많은 사람이 사망했을 것"이라고 말했다.

바우스 시장은 "트리 오브 라이프의 피해자들을 추모한 뒤, 반유대주의 테러범들을 만나면 어떻게 대처해야 하는지에 대해 나누었다. 테러 대처 방법은 도망치거나 숨을 수 있으면 숨고, 그럴 수 없다면 테러범과 맞서는 것"이라고 말했다. 그는 이어서 "이 모든 경우가 포웨이 테러 때 발생했는데, 그때의 나눔이 생명을 구하는 데 기여했다"고 말했다.

사건 당시 피의자를 막아섰던 사람은 휴무 중이던 순찰관이자 그 회당의 성도였다. 피의자가 소지한 흉기를 먼저 발견해서 공동체 전체를 살릴 수 있었다. 바우스 시장은 "그의 용기가 추가 피해를 막았다"며 순찰관을 칭찬했다.

포웨이 공격의 가해자는 19세의 존 어니스트로 확인되었으며, 그는 반유대주의 증오 범죄로 간주되는 1급 살인과 3건의 살인미수 혐의로 기소되었다. (이 사건은 우리가 캘리포니아에서 알리야 투어를 하던 중에 발생했다.)

런던에서 칼을 든 남자가 유대인을 쫓으며 "네 머리를 참수하겠다"고 외치다! 2019년 7월 4일 〈예루살렘 포스트〉

한 유대인 남성이 런던 거리에서 쫓기면서 참수 협박을 받았다고 영국 잡지 〈이브닝 스탠더드〉가 보도했다. 경찰은 유대인을 향해 욕설을 퍼붓고 칼을 휘두른 남성을 체포했다. 용의자는 유대인 남성에게 또 다른 반유대주의 학대도 했다고 말했다. 경찰은 현장에서 칼을 회수했다.

독일 내 공격에 대한 세계의 반응은 유대인 역사 속 가장 어두웠던 시기와 같다! 2019년 10월 10일 〈예루살렘 포스트〉

욤 키푸르 날, 독일 작센안할트 할레 지역에서 총기를 소지한 남성이 유대교 회당과 인근 케밥 식당에서 2명을 살해하는 사건이 발생했다. 이 사건은 비디오 게임 플랫폼을 통해 온라인 생중계되었다. 용의자는 사건 직전 반유대주의 성명서를 낭독하는 모습을 생중계했다. 이 사건으로 여성 1명과 남성 1명이 사망했고 경찰은 해당 남성을 체포했다.

이 사건은 이스라엘과 전 세계 지도자에게 큰 충격이었다. 베냐민 네타냐후 총리는 "이 사건은 유럽에서 반유대주의가 증가하고 있음을 보여 주는 징후이며 독일 당국에 반유대주의에 대한 결의를 갖고 계속 노력해 달라"고 당부했다.

유대인 단체들과 세계 지도자들도 비슷한 심정을 표했다. 일간지 〈빌트〉는 이 사건 이후 유대인 공동묘지에 수류탄 투척 사건이 있었다고 보도했다.

대니 대넌 유엔 주재 이스라엘 대사 또한 유엔과 안보리 의장에게 "독일의 테러를 규탄하고 반유대주의 테러에 대한 행동에 나설 것"을 촉구했다. 그는 "유럽에서 반유대주의의 재앙이 퍼지고 있지만, 이는 전 세계를 위협하는 것이며 국제 사회가 반유대주의와의 전쟁을 선포하고 전 세계 유대인 혐오를 종식하기 위해 단호하게 나서야 한다"고 말했다. 이어서 그는 "유대인들이 회당에서 기도하는 동안 두려움과 불안해하는 일이 발생해서는 안 된다"고 덧붙였다.

마치 오브 더 리빙 March of the Living 의 회장 사무엘 로젠만은 이번 공격이 알람 같은 역할이 되어야 한다고 전했다. 그는 "전 유럽은 반유대주의 근절을 위한 노력이 아직도 부족하다는 것을 인식해야 한다"고 덧붙였다.

뉴욕 몬시에서 칼부림 공격 발생! 2019년 12월 30일 〈예루살렘 포스트〉

용의자 그래튼 토마스는 뉴욕 몬시에서 열린 하누카 축하 행사에서 흉기 난동을 부려 증오 범죄 혐의를 받았다. 그는 한 랍비의 집에 난입해 칼로 5명을 찔렀다.

줄리 브라운 연방수사국 FBI 요원이 제출한 고소장에서 용의자가 아돌프 히틀러와 나치 문화를 언급한 자필 일기와 나치 문양을 가지고 있었다고 밝혔다. 용의자의 휴대폰에서 '왜 히틀러는 유대인을 증오했는가'를 검색한 기록이 11월 9일, 12월 3일, 12월 7일, 12월 16일 자로 발견되었다.

이번 증오 범죄에 대한 대응으로 뉴욕시 경찰국은 유대인 동네에 대한 순찰을 대폭 강화했으며 뉴욕 청장은 2019년 반유대주의 범죄가 21퍼센트 증가했다고 밝혔다.

반명예훼손연맹의 대표인 조나단 그린블랏은 트위터에 "뉴욕에서 반유대주의 사건이 증가하고 있다. 최근 몬시에서 발생한 끔찍한 반유대주의 범죄는 우리 사회를 흔들어 놓았다. 유대인 공동체를 보호하기 위한 더 나은 조치가 절대적으로 필요하다"고 언급했다.

유대인들에게 알리야를 권하는 '경고' 또는 '초대'

2015년 3월, 랍비가 전하는 명령, "이곳을 떠나 이스라엘로 가라!"
2015년 3월 〈조 밀러〉

미국에서 내전이 일어났다. 이것이 프랑스 출신 랍비 리미노프 레베가 남미 이민자로 이루어진 플로리다 공동체에 떠나라는 명령을 내린 이유이다.

랍비는 공동체에게 이렇게 전했다. "여러분, 떠날 수 있을 때 떠나십시오. 상황이 더 악화되면 다른 주로 이동하는 것도 어려울 것입니다. 제2차 세계 대전이 끝난 뒤 생존자들은 이스라엘 지도자와 정통파 지도자들을 찾아와 '전쟁 전에 왜 유럽에 있는 유대인들에게 이스라엘이나 미국으로 떠나라는 명령을 내리지 않았느냐'고 물었습니다. 하지만 분명히 해야 할 것은 그들은 분명히 떠나라고 여러 차례 말했고 심지어 빌기까지 했지만, 그들은 듣지 않았습니다. 예언을 듣지 않은 유럽의 유대인들은 홀로코스트로 대부분 사망했습니다."

불행하게도 많은 역사 연구는 유럽의 랍비들이 유대인들에게 유럽에 머물도록 독려했다고 기록하고 있다. 이 사실이 랍비의 말에 더욱 긴급성을 부여한다.

"친애하는 유대인들이여, 오늘 제 말을 듣고 떠날 수 있을 때 빨리 이스라엘로 돌아가십시오. 남미뿐만 아니라 유럽도 마찬가지입니다. 미국은 전쟁이 일어나면 매우 위험한 곳이 됩니다. 미국 내 어떤 주가 안전하다고 단정할 수 없으며 많은 부분이 파괴되거나 화학 무기로 오

염될 것이고, 내전까지 발생하면 연방 정부와 단절될 것입니다. 미국은 피난처가 아닙니다. 이스라엘에서도 어려움은 있겠지만, 그래도 이스라엘이 가장 안전한 곳입니다."

(2020년 6월, 이 책의 최신판을 편집하는 시점에 미네소타에서 조지 플로이드 피살 사건이 발생해 인종 차별 폭동이 일어났다. 미국은 정치적·인종적으로 양극화되고 있다. 조지 워싱턴은 마지막 때 미국에서 제3차 세계 대전이 있을 것을 환상으로 보았다. 이 내용은 이 책의 2장을 참고하길 바란다.)

이스라엘 랍비가 프랑스 유대인들에게 "프랑스를 떠나 이스라엘로 오라"고 전하다! 2015년 5월 14일 〈예시바 월드 뉴스〉

〈예시바 월드 뉴스〉는 리숀 레지온의 랍비 이츠하크 요세프 슐리타가 프랑스에서 열린 유럽 라비온 만국평의회 회의에서 프랑스 유대인 공동체에 이스라엘로 돌아갈 것을 호소했다고 보도했다.

"나는 프랑스의 유대인들에게 알리야할 것을 촉구합니다. 이는 최근 프랑스에서 발생한 테러 공격과는 아무 연관이 없습니다. 여러분이 알리야하기 전까지 토라의 말씀을 잘 지켜야 합니다. 토라의 하나님께서 테러 공격에서 우리를 지키고 보호할 것입니다."

랍비는 프랑스 유대인들에게 알리야하라고 한 이유가 프랑스 내 급진 이슬람과는 아무 연관이 없고, 알리야는 율법을 지키는 것과 같고 유대인들이 반드시 해야 할 일이라고 말했다.

2013년 프랑스에서 알리야한 유대인 수가 1970년 이후 최대를 기록했다. 2014년에는 두 배 이상 증가했고, 2019년에도 큰 폭으로 증가했다.

미국 부통령(2021년 대통령) 조 바이든, 미국의 유대인들에게 떠나라고 말하다! 2015년 3월 31일 〈이스라엘 투데이〉

알리야를 위한 약속된 시간이 왔다는 또 다른 확증으로 〈이스라엘 투데이〉가 조 바이든 미국 부통령이 미국 유대인들에게 한 말을 보도했다. 바이든 부통령은 "여러분이 미국에 얼마나 깊이 뿌리내렸든 여러분은 이스라엘만이 믿을 수 있는 유일한 나라임을 뼛속 깊이 이해하고 있을 것입니다"라고 말했다.

반유대주의가 급증하던 2014년 9월에 바이든은 미국의 저명한 유대인 지도자들과 함께하는 로쉬 하샤나 파티에서 "유대인들에게 안전을 보장할 수 있는 것은 이스라엘로 돌아가는 것"이라고 말했다. 이 자리에서 바이든은 상원 의원 시절 만났던 골다 메이어 전 이스라엘 총리를 언급했다. 골다 메이어는 유대인들에게 전쟁에서 생존할 수 있는 비밀 무기는 바로 '그들이 더이상 갈 곳이 없다는 사실'이라고 했다.

이에 동의한 바이든은 미국조차도 유대인들에게 안전한 피난처가 아니라고 주장했다. 예레미야 30장과 에스겔 39장 25절에는 바이든이 언급한 부분이 나오는데, 바로 '미국 유대인들은 결국 이스라엘로 도망할 수밖에 없다'는 것이다.

바이든의 발언이 그의 정치 생명을 고려할 때 꽤 위험했던 이유는, 그가 속한 민주당이 유대인들의 압도적인 지지를 받고 있음에도 불구하고 그들에게 떠나라는 경고의 메시지를 전했기 때문이다. 반명예훼손연맹에 따르면, 2014년 미국에서 반유대주의는 21퍼센트 증가했다. 어떤 이들은 한 국가의 부통령이 유대인들에게 떠나라고 경고한 이유가 궁금할 것이다. 그는 곧 미국에서 일어날 사건의 심각성에 대해 그 누구도 알지 못하는 것을 알고 있기 때문이다.

반유대주의 때문에 이스라엘로 향하는 프랑스 유대인 학생들
2019년 12월 19일 〈예루살렘 포스트〉

프랑스에서 반유대주의가 지속해서 증가함에 따라 유대인 학생들은 이스라엘에서 공부할 것을 권유받는다. 이번 주에 1천 명의 프랑스 내 유대인 학교 학생들이 유대인 교육기관이 주관하는 이스라엘 체험 프로젝트 '박 블루 블랑Bac Bleu Blanc'에 참여하기 위해 이스라엘에 왔다. 이 프로그램은 이스라엘 대학을 방문해서 학문적 기회를 체험하고 알리야를 고려할 수 있도록 이스라엘 전국을 여행한다.

마르세유 야브네 학교의 총장 폴 피투시는 "모든 유대인은 이스라엘로 가야 한다"고 강조했다. 그는 "프랑스는 더이상 우리의 집이 아니다. 젊은 세대들은 반드시 이스라엘로 이주해야 한다. 내 첫째와 둘째 딸은 이스라엘로 이주해 브엘세바에서 공부하고 있고, 셋째 딸도 그렇게 하도록 독려하는 중이다"라고 말했다.

파리 13구역에 위치한 오트자르 토라 학교의 부국장 요니 엘리멜렉 또한 이 의견에 동의했다. 그는 "우리가 유대인 청년들에게 이스라엘로 이주를 격려하는 것은 당연하고 자연스러운 일이며 18세 이상의 프랑스 유대인 청년들은 이스라엘로 꼭 이주해야 한다"고 말했다.

학생들과 함께 투어에 나선 피투시와 엘리멜렉은 "최근 반유대주의 공격이 증가하고 있어서 학생들에게 학교 밖에서 식사나 체육 수업을 하지 못하게 했다"고 말했다. 또 그는 "학생들이 돌을 맞거나 험한 비방을 듣는 경우가 많다"고 했다. 심지어 지난주에도 반유대주의 공격을 견디지 못하고 전학 온 학생이 있었다고 덧붙였다.

이스라엘 체험 프로그램인 '이스라엘 익스피리언스'에 따르면, 프로그램 참가자 40퍼센트 이상이 이스라엘로 알리야했다고 설명했다. 안전상의 이유로 이름을 공개하지 않은 학생 중 일부는 그들이 프랑스에서 생활하면서 겪은 반유대주에 대해 증언했다.

오르트 마르세유 유대인 학교의 오드리 T는 지난 9월에 친구와 학교 앞 벤치에 앉아 있을 때 폭력배 3명이 그의 머리채를 잡아 올렸다. "처음에 그들은 조금씩 때리다가 나중에는 과격한 폭력을 가했다"고 당시 상황을 설명했다.

마르세유의 또 다른 학생 레나 S는 "밖에서는 다윗의 별과 같은 유대인의 상징이 들어간 목걸이를 숨기고 다닌다"고 말했다. 그녀는 항상 호신용 스프레이를 들고 다닌다고 덧붙였다.

아이탄 Z는 오직 샤밧(안식일)과 유대인 명절 때만 키파를 쓴다. "그때조차도 공격당할까 겁이 나서 빠르게 걷고, 평일과 주말 상관없이 항상 내가 유대인이라는 이유로 공격당할 수 있다는 두려움이 있다"고 말했다. 그는 파리에서 태어나고 자랐음에도 불구하고 오직 이스라엘에서만 '집에 있는 것 같은 안전함'을 느낀다고 했다.

스트라스부르에 있는 유대인 학교의 학생 요아브 Z는 몇 주 전 인근 마을의 묘지가 훼손된 사건을 보고 '키파를 쓰고 갈 수 없는 동네가 있다'는 사실을 알았다. 그는 "그 사건을 보고 이스라엘 말고는 갈 곳이 없다는 생각이 들었지만 이주하는 것이 간단한 일은 아니다"라고 했다.

이스라엘 체험 프로그램 주관자인 아모스 허몬 최고 경영자는 "최근 몇 년 동안 유럽 특히 프랑스에서 반유대주의가 증가했고, 이스라엘 체험 프로그램은 프랑스 유대인 청소년들에게 이스라엘을 알리고 알리야할 수 있도록 격려하는 것이 목적"이라고 말했다.

서쪽에서의 알리야를 위해 약속된 시간이 왔다

반유대주의가 계속 증가함에 따라, 우리는 《내 백성을 가게 하라》의 2020년 10쇄 증보판을 발행해 미국 유대인들이 더 늦기 전에 알리야 할 수 있도록 계속 경고하고 있다.

2010년: 알리야가 증가한 10년

알리야의 10년, 2010년에 150개국에서 25만 명의 이주자가 알리야하다! 2019년 12월 22일 〈예루살렘 포스트〉

쥬이시 에이전시는 2010년에 150여 나라에서 25만 명의 유대인이 이스라엘로 알리야했다고 발표했다. 2019년에는 34만 명이 이스라엘로 이주해 오면서 실로 기록적인 해가 됐다고 덧붙였다.

쥬이시 에이전시의 회장 아이작 헤르조그는 지난 수요일 이스라엘로 이주한 이들을 만났다. 그는 "여러분은 시오니스트의 꿈을 성취하고 이스라엘 국가를 굳건하게 하기 위해 세계 곳곳에서 왔습니다"라고 말했다. 그 자리에는 '메이드 인 이스라엘'이라는 문구가 적힌 티셔츠를 입은 아이들도 있었다. 헤르조그는 아이들을 보며 "다음 세대를 만나는 일은 언제나 신난다"라고 덧붙였다.

최근 10년 동안 알리야가 가장 많이 일어난 상위 5개국은 러시아(66,800명), 우크라이나(45,670명), 프랑스(38,000명), 미국(32,000명), 에티오피아(10,500명) 순이다. 구소련에서 13만 명 넘게 알리야했고, 유럽에서 5만 5천 명, 북미 지역에서 3만 6천 명이 알리야했다. 남미에서는 13,420명, 남아프리카 지역에서는 2천 5백명, 오세아니아(주로 호주)에서는 2천 명 정도가 알리야했다.

쥬이시 에이전시는 중동 지역에서 3천 명, 인도에서 1천 2백 명, 중국과 홍콩에서도 190명이 알리야했다고 전했다. 놀랍게도 이스라엘과 외교 관계가 없는 나라에서도 3천 명 넘게 알리야했다. 2010년부터 2014년 동안 연간 이민자 수가 2만 명을 넘지 못했지만, 2014년부터는 2만 6천 500명 이상이 알리야했고 2015년과 2018년, 2019년에는 이민자 수가 3만 명을 상회했다.

이스라엘 뉴스 사이트인 〈와이넷〉에 의하면, 1948년 이후 330만 명이 이스라엘로 알리야했으며, 이 중 44퍼센트가 1990년 이후 이주했다. (약 50퍼센트가 이 책이 쓰인 1987년 이후 이주했다.)

[작가의 코멘트]

우리는 지난 5년간 18~25세의 유대인 250여 명에게 항공비와 6개월 교육비를 지원하면서 그들의 알리야를 도왔다. 다음 세대 청년들이 에스겔의 군대(겔 37)가 되어 영광의 왕(시 24)이 오실 길을 준비할 수 있도록 그들의 알리야를 위해 80만 달러를 모금하고 있다.

2019년 우리는 로스앤젤레스에 있는 아주사 거리를 방문했다. 그곳은 7억 명의 사람들에게 하나님의 영이 강력하게 임했던 곳이다. 우리는 그곳에서 에스겔 37장의 말씀으로 성령이 사방에서 불어오도록 선포하며 기도했는데, 특별히 서쪽의 유대인들이 이스라엘 고토로 돌아가도록 기도했다.

할리우드에 있는 인사들과 만남에서는 에스겔 37장 12절 "내 백성들아 내가 너희 무덤을 열고 너희로 거기에서 나오게 하고 이스라엘 땅으로 들어가게 하리라"는 말씀을 선포했다. 그 자리에 있던 한 유대인 영화감독이 마침 이스라엘로 알리야하는 꿈을 최근에 꿨다며 6개월 전에 있었던 일을 나누었다. 6개월 전에 그의 아버지가 돌아가셨고 아버지 묘지 구덩이에 빠지는 바람에 사람들의 도움으로 빠져나왔다고 했다. 이 자리에서 선포된 에스겔 37장 12절 말씀과 6개월 전 그 사건이 그에게 알리야를 해야 한다는 확증이 되었다.

네피쉬 브네피쉬, 지난 10년간 3만 6천 명 이상의 이주자를 받아들이다! 2019년 12월 24일 〈예루살렘 포스트〉

2002년 설립된 네피쉬 브네피쉬는 이스라엘 정부의 알리야 통합부처와 유대인 국가기금, 미국 유대인 기금과 협력하여 6만 명 이상의 알리야 과정을 도왔다. 이는 지난 10년간 알리야한 36,196명과 올해 알리야한 3,570명을 포함한 숫자이다. 더불어 이주민들이 알리야한 이후에도 지속적인 지원을 하고 있다. 네피쉬 브네피쉬는 소속 이주민 90퍼센트가 이스라엘에서 살 집을 찾을 수 있도록 도움을 제공했다.

네피쉬 브네피쉬의 공동 창업자이자 상임 이사인 랍비 예호슈아 파스는 "이주민 한 사람 한 사람은 알리야로 인해 변화된 가정과 공동체, 다양한 삶의 경험을 대표합니다. 그리고 그 한 사람 한 사람은 수 세기 동안 고토로 돌아가길 갈망하고 꿈꿨던 시간의 성취와도 같습니다. 이주민들이 이스라엘에서 새로운 삶을 만들고 성장해 나가는 모습을 볼 때, 우리가 함께 이뤄낸 것들이 정말 자랑스럽고 앞으로도 북미 유대인들의 알리야에 더 많은 영향을 끼치기를 기대합니다"라고 말했다.

10년 동안 네피쉬 브네피쉬의 이주민들은 뉴욕, 토론토, LA, 몬트리올, 볼티모어, 필라델피아, 시카고, 피넥, 남부 플로리다, 애틀랜타와 보스턴 출신으로 이루어졌다. 자료에 의하면, 2010년부터 10,982가정과 미혼자 14,225명, 직장에서 퇴직한 5,517명이 미국에서 이스라엘로 알리야했다. 이 중에는 이스라엘을 위해 헌신하길 원하는 의사 431명과 기타 의료인 1,618명, 청년 5,678명이 포함되어 있다.

이스라엘 유대인 지도자들, "이스라엘로 돌아오는 것을 환영합니다!" 2019년 12월 29일 〈예루살렘 포스트〉

최근 뉴욕에서 발생한 반유대주의 테러로 5명의 부상자가 발생하자, 이스라엘 정부 지도자들은 "반유대주의의 끔찍한 결과가 반복적으로 발생하고 있다"고 말했다. 우리는 이 같은 현상에 대한 주된 해결책이 이스라엘로 알리야하는 것임을 알아야 한다.

토요일 밤, 뉴욕 몬시 포셰이 인근 유대교 회당에서 칼을 소지한 흉기 난동 사고가 있었다. 베냐민 네타냐후 총리는 이 사건에 대한 비판과 함께 희생자들의 쾌유를 기원했다. 총리는 "반유대주의 범죄가 근절될 수 있도록 현지 당국과 모든 방면에서 협력할 것"을 약속했다.

이에 대해 대니 대넌 유엔 대사는 "충분한 대화와 함께 증오 범죄를 저지할 조치를 취할 때"라고 말했다.

레우벤 리블린 대통령은 충격과 분노를 표현하면서 "반유대주의의 증가는 유대인만의, 이스라엘 국가만의 문제가 아니다. 전 세계에 진정한 위협이 되고 있는 이 악에 맞서기 위해 우리는 다시 고개를 들고 함께 노력해야 한다"고 강조했다.

아이작 헤르조그 쥬이시 에이전시 회장은 "미국의 사법기관들이 유대인 공동체를 보호하기 위해 엄청난 노력을 기울이고 있지만, 반유대주의 행위에 맞서서 엄격한 전투가 이뤄져야 한다"고 강조했다. 그는 이어서 "키파를 쓴 유대인들이 뉴욕의 길거리를 안전하게 걸을 수 없는 것은 용납될 수 없는 일이며 이는 유대인 사회만이 아닌 모두의 문제"라고 지적했다.

세계 시온주의 기구의 야코프 하고엘은 미국 정부에 유대인을 보호해 달라고 요구했다. 그는 "반유대주의에 맞서기 위해 엄격한 법을 통과시키고, 현존하는 반유대주의 법안을 강화하며, 모든 학교에서 반혐오 교육 프로그램을 시행"할 것을 미국 정부에 요청했다.

청백당의 야이르 라피드도 유대인 공동체의 빠른 회복과 연대를 기원했다. 그는 몬시에서 발생한 흉기 난동으로 피해를 본 모든 사람의 신속한 쾌유를 기원했다. 이어서 "우리의 정신은 반유대주의에 꺾이지 않을 것"이라고 전했다.

주미 이스라엘 대사인 마이클 오렌 또한 트위터에 "하누카 불빛은 결코 증오로 꺼지지 않으며 그 불빛은 오늘 밤 몬시의 유대인들과 함께 슬픔과 연대, 믿음으로 다시 밝혀질 것"이라고 했다.

증가하는 반유대주의

2019년 하누카부터 2020년 새해 첫날까지 10일 동안 뉴욕에서 총 10건의 반유대주의 사건이 발생했다. 하나님께서는 유대인의 사명이 뉴욕이 아니라 이스라엘의 예루살렘에 있다는 것을 알게 하시기 위해 뉴욕과 미국의 유대인 공동체에 말씀하고 계신다. 디아스포라 유대인들에게 더 큰 위험이 닥치기 전에 그들이 700구절의 말씀을 따라 이스라엘로 돌아오도록 기도해야 한다.

미국과 서방 나라에서 이스라엘로 돌아가야 할 시간이 이르렀다. 하나님께서 에스더를 부르셨듯이 이와 같은 때에 여러분을 하나님 나라로 부르신다!

2019년을 코로나19의 시작과 함께 마치면서 하나님은 계속해서 열방을 흔들고 계신다.

15장

서쪽에서부터 울부짖는 유다의 사자와 함께 2020년의 포효가 시작되다

(2020년 업데이트)

그들은 사자처럼 소리를 내시는
여호와를 따를 것이라

여호와께서 소리를 내시면
자손들이 서쪽에서부터 떨며 오되

(호 11:10)

그가 사자처럼 포효할 것이다.

그들은 사자처럼 소리를 내시는 여호와를 따를 것이라 여호와께서 소리를 내시면 자손들이 서쪽에서부터 떨며 오되 그들은 애굽에서부터 새 같이, 앗수르에서부터 비둘기 같이 떨며 오리니 내가 그들을 그들의 집에 머물게 하리라 나 여호와의 말이니라(호 11:10-11)

1987년 3월 24일 워싱턴 DC에 있는 기도의 집에서 기도할 때, 하나님께서는 9·11 테러와 더 엄중한 심판이 미국에 임할 것을 환상으로 보여 주셨다. 그러나 하나님은 유대인들이 이스라엘로 돌아가라는 충분한 경고를 아직 받지 못했기 때문에 그 심판을 잠시 보류하신다고 말씀하셨다.

그 후 얼마 지나지 않아 타임스퀘어 교회와 틴 챌린지의 데이비드 윌커슨 목사도 재정적인 흔들림과 전염병, 생물학 및 핵 공격에 대해 경고했다.

1987년 10월 1일, 이 환상을 토대로 《내 백성을 가게 하라》를 썼고, 같은 달 올리브산에서 예루살렘 열방 기도의 집 사역을 시작했다. 이때부터 우리는 33년째 유대인들이 이스라엘로 돌아오도록 쉬지 않고 기도하고 있다.

1988년, 미국에 있는 유대인들에게 경고하라는 하나님의 말씀을 따라 우리는 이 책의 초판 12,000권을 유대인 지도자들에게 보냈다. 그 후 15년이 지난 2003년 뉴욕의 쌍둥이 빌딩이 무너진 9·11 테러 이후 우리는 55만 권을 미국에 있는 유대인 지도자들에게 보냈다. 뉴욕

주식 시장이 붕괴했던 2008년 후에도 알리야를 위한 24/7 기도를 계속했다. 너무 늦기 전에 더 많은 유대인에게 경고의 메시지를 전하기 위해 내년에도 책을 보낼 수 있기를 기도한다.

우리는 7년 동안 러시아 크렘린과 붉은 광장 주변을 돌며 여리고 기도를 했다. 1986년부터 1995년 10년 동안 130만 명 이상의 유대인이 이스라엘로 돌아오는 것을 목격했다.

2013년부터 2019년에는 미국에서 매년 유월절 기간에 알리야 기도 투어를 했다. 미국 전역에 있는 열두 개 유대인 커뮤니티(로스앤젤레스, 시카고, 마이애미, 워싱턴 DC, 버지니아, 메릴랜드, 필라델피아, 뉴저지, 뉴욕, 보스턴)뿐만 아니라 캐나다의 토론토와 유럽 전역에서도 기도 투어를 진행했다. 유대인들이 이스라엘로 돌아오기를 기도하는 가운데 하나님께서는 돌파하고 선포해야 할 많은 것을 보여 주셨다.

2020년 유월절이 끝나고 초실절인 4월 12일에 뉴욕과 서방에서의 알리야 돌파를 위해 '임재의 언약궤'라는 이름으로 24/7 뉴욕 알리야 기도의 집을 시작했다. 그때는 뉴욕이 코로나19의 유행으로 인해 최악의 시기를 보내고 있었고, 우리가 알리야 투어를 시작한 지 8년째였고 회개와 새로운 시작을 맞이한 때이다.

나는 최근 뉴욕과 미국 전역 그리고 유럽의 가장 큰 유대인 도시와 국가들 가운데 수천 명의 유대인이 코로나19로 목숨을 잃은 이 상황이 하나님의 마지막 경고라고 믿는다. 미국과 뉴욕은 세계에서 가장 선진화된 곳인데 왜 이렇게 큰 타격을 입었을까? 지금이 하나님께서 유대인들을 이스라엘로 데려오기로 약속하신 시기이고, 1986년부터 1995년에 구소련에 행하셨던 것처럼 미국을 풀기 시작하신 것일까?

만약 지금이 하나님께서 약속하신 그때라면, 미국과 서방의 유대인들이 약속의 땅과 예루살렘으로 돌아가도록 코로나19를 사용하고 계신 것일지도 모른다.

하나님의 말씀은 헛되지 않고 그분이 목적하신 것은 성취하실 것이다. 700개의 성경 구절이 유대인들을 집으로 부르고 있으며 그분의 약속하신 시간이 이르렀다. 나는 지금이 더 큰 환난이 오기 전 마지막 시즌이며 유대인들이 그들의 재정을 가지고 안전하게 알리야할 수 있는 마지막 기회라고 생각한다. 하나님께서는 학개서를 통해 흔들릴 수 있는 모든 것을 흔들 것이라 말씀하셨다.

2020년: 알리야, 새로운 시즌으로의 패러다임 전환

2020년이 새 시즌으로 들어가는 패러다임의 전환인 이유는 다음과 같다.

첫째, 예루살렘과 이스라엘이 전 세계 유대인들에게 더 많은 주목을 받을 것이다.

둘째, 미국과 서양에서의 알리야가 크게 증가해 많은 유대인이 주님을 왕으로 영접할 것이다.

우리는 요즘 2백만 명 이상의 유대인이 사는 뉴욕이 흔들리는 놀라운 일을 목격하고 있다. 뉴욕에는 이스라엘의 주요 7개 도시보다도 더 많은 유대인이 살고 있다. 그런 뉴욕을 하나님께서 흔들고 계신다. 하나님은 프랑스, 벨기에, 영국, 독일, 이탈리아, 호주에 있는 주요 유대인 지역 또한 흔들고 계신다. 즉 전 세계 주요 유대인 지역들이 흔들리고 있다. 도대체 무슨 일이 벌어지고 있는 것인가? 디아스포라 유대인들은 이스라엘에 거주하는 유대인들이 안전한 환경 속에 있다는 것을 깨닫고 있다. 2020년 6월 당시 이스라엘에서는 코로나19로 사망한 사람이 300여 명에 그쳤지만, 전 세계 유대인의 절반이 사는 다른 나라들에서는 1만 명에 이르는 유대인들이 목숨을 잃었다. 타국에서 코로나19로 목숨을 잃은 유대인의 수는 이스라엘에서 코로나19 사망자 수의 30배에 달한다. 지금 전 세계의 유대인들이 이스라엘로 알리야하고 싶다고 말한다. 실제로 최근 몇 년간 10만 명의 디아스포라 유대인들이 그들의 고토인 이스라엘로 돌아오고 있다. 그들은 이스라엘이 그들의 고향인 것을 알고 집으로 돌아오는 것이다. 세속 유대인, 정통 유대인 할 것 없이 전 세계의 유대인들이 이스라엘로 알리야하기를 원한다. 쥬이시 에이전시는 내년에 최대 10만 명의 유대인들이 알리야할 것으로 예상한다.

코로나19 사태가 벌어지기 전인 2020년 1월에 이 책을 수정 증보할 때 주님이 내게 보여 주신 것이 있다. 2020년에는 1백만 명이 넘는 유대인들이 서쪽에서 돌아올 수 있다는 것이다. 그 수는 1백만이 넘을 수도 있다. 하나님께서는 동, 북, 남쪽에서 유대인들을 데려오셨지만, 이번 시즌에는 디아스포라 유대인의 90퍼센트가 있는 서쪽에서 알리야가 일어날 것이다. 호세아 11장 10-11절 말씀처럼 유대인들이 서쪽에서부터 떨며 올 것이다. 앞으로 10년 동안 우리는 서쪽에서 떨며 오는 그들을 목격하게 될 것이다. 앞으로 있을 모든 흔들림으로 인해 서쪽에서의 알리야가 매우 크게 증가할 것이다.

《내 백성을 가게 하라》는 35개의 언어로 번역되어 전 세계적으로 약 150만 부 이상 발행되었다. 우리는 뉴욕에 있는 24/7 기도의 집에서 유대인들이 집으로 돌아가도록 700구절을 밤낮으로 선포하며 기도하고 있다. 이 사역은 이스라엘에서도 동일하게 이루어지고 한국을 비롯해 다른 나라들도 이에 동참하고 있다. 우리는 지금이 하나님의 말씀을 영화롭게 할 때이며, 유대인들이 더 큰 환난과 심판이 임하기 전에 고토로 돌아가기를 바라는 마음으로 이 사역을 하고 있다. 이 말씀의 성취가 곧 이루어질 줄 믿는다. 에스겔 39장 28절은 말씀한다. "내가 그들을 모아 고국 땅으로 돌아오게 하고 그 한 사람도 이방에 남기지 아니하리니" 유대인들이 출애굽 때처럼 고토로 다시 돌아가게 될 것이며 아무도 이방에 남겨지지 않을 것이다. 에스겔서의 말씀에 근거하여 뉴욕과 서양에 사는 모든 유대인이 이스라엘로 돌아가게 될 것이다. 이 구절은 이집트에서 나온 이후에 쓰였기 때문에, 에스겔 선지자는 이집트에서 나오던 때를 이야기하는 것이 아니라는 것은 잘 알고 있다. (에스겔서는 오늘을 향해 말하고 있다.)

알리야에 대한 강력한 말씀이 미가 2장 12-13절에도 등장한다. "야곱아 내가 반드시 너희 무리를 다 모으며 내가 반드시 이스라엘의 남은 자를 모으고 그들을 한 처소에 두기를 보스라의 양 떼 같이 하며 초장의 양 떼 같이 하리니 사람들이 크게 떠들 것이며"(2:12) 이 구절은 이스라엘을 의미한다. 뒤이어 흥미로운 구절이 나온다. "길을 여는 자가 그들 앞에 올라가고"(2:13) 하나님께서는 주님과 함께 서서 뉴욕의 문과 길을 열 중보자들을 부르신다. 미국과 유럽에 있는 유대인 공동체의 문을 열고 열방 가운데서 유대인들이 이스라엘로 돌아갈 것을 볼 중보자들을 부르시는 것이다. "길을 여는 자가 그들 앞에 올라가고 그들은 길을 열어 성문에 이르러서는 그리로 나갈 것이며 그들의 왕이 앞서 가며 여호와께서는 선두로 가시리라"(2:13) 이 일이 일어날 수 있는 것은 중보자들의 기도와 하나님의 흔드심 때문이라고 생각한다. 유대인들이 이스라엘로 반드시 돌아갈 것이다.

오늘날 디아스포라 유대인의 95퍼센트가 사는 서방 세계에서 반유대주의가 증가하고 있다. 하나님께서는 어부 중보자와 외치는 자—역주들이 유대인들을 낚을 때 포수들이 일어난다고 말씀하셨는데 지금이 바로 그때이다. 코로나19가 발생하기 직전인 하누카부터 1월 초까지 뉴욕 전역에서 10건의 반유대주의 사건이 일어났고, 지금도 계속 증가하고 있다. 우리는 하나님께서 코로나바이러스를 통해서 뿐만 아니라 서방 세계에서 일어나고 있는 반유대주의 확산을 통해서도 말씀하고 계심을 느낀다.

미가 2장 13절 하반절에 "그들의 왕이 앞서 가며 여호와께서는 선두로 가시리라"고 말씀한다. 유대인의 왕이 그들 앞에 앞서 가실 것이다. 그분이 유대인들을 이스라엘로 이끄실 것이다. "그들의 왕이 앞서 가며 여호와께서 선두로 가시리라"는 말씀처럼 알리야는 하나님에 의해 시작된다. 자신의 백성이 그들의 땅과 그들의 메시아로 돌아오기를 너무나도 갈망하시며 다시 오실 영광의 왕을 위해 준비되기를 원하시는 하나님으로부터 알리야가 시작될 것이다. 우리는 이 흔들림을 통해 일하시는 하나님께 감사드린다. 나는 하나님께서 일으키시는 이 흔들림이 다음의 이유 때문이라고 생각한다.

첫째, 흔들림을 통해 구원이 충만하게 일어나도록 하기 위해서이다.

둘째, 회개하고 겸손히 그분의 얼굴을 구하며 악한 길에서 돌이키게 하려는 것이다.

셋째, 주님을 경외하며 거룩함 가운데서 행하게 하려는 것이다.

넷째, 이스라엘이 초점과 목적에 완전히 도달할 수 있게 하려는 것이다.

다섯째, 유대인들이 뉴욕, 프랑스, LA, 마이애미, 영국, 독일에서 눈을 돌려 예루살렘으로 향하게 하려는 것이다.

유대인들이 집으로 돌아올 시간이다. 700구절의 말씀이 유대인들을 집으로 부르고 있다. 그들을 앞서 행하시는 주님께서 선두가 되어 이스라엘 땅으로 돌아오고 계신다.

하나님의 말씀뿐만 아니라 통계 수치에 근거해서도 우리는 유대인들에게 가장 안전한 곳이 이스라엘임을 알 수 있다. 지난 80년 동안, 유대인 사망자 99퍼센트가 이스라엘 국가 밖에서 죽었다. 이스라엘의 전쟁에서 사망한 유대인은 2만 명에 불과하다. 지금도 이스라엘에 사는 유대인보다 이스라엘 밖에 사는 유대인들이 코로나바이러스로 더 많이 죽어가고 있다. 낙태 또한 이스라엘 밖에서는 약 6백만 건이 행해졌지만, 이스라엘에서는 그 수가 훨씬 적다. 이스라엘은 산업화한 국가 중에서도 평균 가족 수가 가장 많다. 가정마다 평균 3.5명의 자녀가 있다. 세속 유대인들의 출산율도 마찬가지로 전 세계 선진국들의 출산율보다 높다. 우리는 이스라엘이 전 세계 어느 곳보다 안정된 가정생활을 누릴 수 있는 곳이며 강한 가족 결속력을 자랑하는 것에 대해 하나님께 감사드린다. 최근 통계에서 발견된 흥미로운 사실은, 이스라엘이 주변 국가들과 어려운 관계 속에 있음에도 불구하고 국민은 세계에서 가장 낙천적이라는 것이다.

이스라엘의 의료 시스템은 훌륭하다. 나는 10일 동안 중환자실에 입원한 적이 있다. 그런데 이스라엘 국민으로서 1세켈도 지불하지 않았다. 내가 만약 미국에서 이런 일을 겪었다면 약 10만 달러 정도의 병원비가 나왔을 것이다. 서방 세계에 사는 유대인들도 이스라엘의 의료 시스템이 훌륭하다는 것을 알고 있고 이런 이유로 이스라엘로 돌아오고 싶어 한다.

미국을 비롯해 전 세계에서 행해지는 유대식 교육은 굉장히 비싼 편이다. 그러나 이스라엘에서는 교육을 위해 돈을 쓰지 않아도 된다. 우리는 이스라엘이 열방의 빛으로 부름받았다는 것을 안다. 또 지금 일어나고 있는 많은 흔들림을 통해 이스라엘의 의가 회복될 것임을 믿는다. 유대인들은 메시아를 받아들이고 구원받을 것이며 낙태와 음란, 사회의 모든 악에서 돌이킬 것이다.

스가랴 8장을 통해 하나님께서는 이스라엘을 거룩한 나라로 만들 것이라고 약속하셨다. 하나님께서는 이스라엘이 거룩한 나라가 될 때까지, 우리가 성경의 말씀을 믿고 돌이켜 이스라엘의 하나님을 바라볼 때까지, 악한 길에서 돌이킬 때까지 이스라엘을 흔드실 것이다. 하나님께서는 그분의 말씀을 따라 레위 자손을 정결하게 하실 것이다.

하나님은 모든 유대인이 집으로 돌아오길 원하시지만, 특별히 전 세계에 흩어진 40세 이하의 다음 세대가 돌아오기를 원하신다. 그들이 30년, 40년, 50년, 60년, 70년의 시간을 이스라엘을 위해 헌신하며 영광의 왕이신 메시아의 다시 오시는 길을 예비할 수 있기 때문이다.

만군의 여호와가 이같이 말하노라 예루살렘 길거리에 늙은 남자들과 늙은 여자들이 다시 앉을 것이라 다 나이가 많으므로 저마다 손에 지팡이를 잡을 것이요 그 성읍 거리에 소년과 소녀들이 가득하여 거기에서 뛰놀리라 (슥 8:4-5)

우리는 하나님께서 놀라운 방법으로 일하고 계심을 보고 있다. "여호와께서 시온을 건설하시고 그의 영광 중에 나타나셨다"(시 102:16) 그러므로 시온을 건설하고, 유대인들이 이스라엘과 그들의 하나님께로 돌아오는 것은 바로 영광의 왕이 오실 길을 예비하는 일이다.

알리야의 끝이 다가오고 있다! 2020년 4월 20일 〈아루츠 쉐바〉

제2차 세계 대전 이후 시대와 연관해 포스트 코로나 시대에 우리가 아는 단 한 가지 사실은 '앞으로 세상이 어떻게 될지 모른다'는 것이다. 누가 승자가 될지, 누가 패자가 될지 아무도 모른다. 어떤 산업이 살아남고 또 어떤 산업이 사라질지, 어느 경제가 부상하고 어느 경제가 무너질지 알 수 없다. 그러나 확실히 알 수 있는 한 가지는 알리야의 끝이 다가오고 있다는 사실이다.

많은 사람이 지적했듯이, 미국의 유대인들에게 '미국이 제1의 국가, 이스라엘은 제2의 국가라는 개념'은 더이상 존재할 수 없다. 뉴욕의 밤낮 없이 울려대는 참혹한 구급차 사이렌 소리 속에서, 마 니쉬타나 Ma Nishtana 를 평화롭게 부르는 이스라엘인들의 영상을 미국 유대인들은 절대 잊지 못할 것이다. 코로나19 사태 속에서 탁월한 관리를 받는 이스라엘과 달리, 미국 유대인들은 국가로부터 버림받은 듯했다. 지난 몇 달간 하루에도 수십 명이 코로나바이러스로 죽어가는 것을 본 브루클린, 록랜드의 정통 유대인들은 다시는 이스라엘을 무시할 수 없을 것이다.

이스라엘에서도 코로나바이러스로 인한 사망자가 있었지만 다른 나라에 비해 그 수가 현저히 적었다. 코로나바이러스에 대항하여 이스라엘은 신속하고 효과적인 조치를 취했다. 느리고 부적절한 조치를 취했던 미국과는 대조적으로 이스라엘은 자국민을 보호하는 데 있어 기술적·정치적·의료적으로 잘 대처하는 모습을 보였다. 이러한 이스라엘의 모습은 알리야를 고려하는 모든 사람에게 좋은 인상을 남겼다. 미국에 있는 유대인들뿐만 아니라 영국, 프랑스, 이탈리아, 스페인, 독일, 브라질, 헝가리, 벨기에, 아르헨티나, 호주에 있는 유대인들도 마찬가지이다.

유대인학생연합, 남아 있는 에티오피아 유대인들의 알리야를 이스라엘 정부에 요청하다! 2020년 1월 20일 〈예루살렘 포스트〉

세계유대인학생연합WUJS은 연합 연례 의회에서, 남아 있는 에티오피아 유대인들을 이스라엘로 데려올 것을 이스라엘 정부에 촉구했다. 이 회의는 40개국 이상의 국제유대인학생연합이 참석한 자리였다. 이 날 의회에는 최초로 에티오피아 유대인 공동체가 참석했고, 바이에 알레미에가 공동체를 대표해 참석했다. 바이에는 에티오피아 아디스아바바에 있는 티크바 시온 유대교 회당의 성가대 지휘자이며, 그의 공동체는 이스라엘로의 알리야를 기다리고 있다.

바이에는 세계보건기구의 보도 자료를 인용하면서 "이스라엘은 고향으로 돌아가고 싶어 하는 유대인에게 국경을 열어 주고 쉽게 알리야 할 수 있도록 도와준다. 하지만 이는 에티오피아 유대인에게는 해당하지 않는다"고 말했다.

세계유대인학생연합은 성명을 통해 "우리는 세계 유대인 청년으로서 불의에 맞서 강하게 단결해야 하며 에티오피아 유대인 공동체가 고토로 돌아가 그들의 가족을 만날 수 있도록 이들의 편에 서는 것이 우리의 의무"라고 전했다.

미국 유대인들은 이스라엘에 큰 변화를 만들 수 있는 세 번째 알리야 기회를 2020년에는 잡을 것인가?

2019년 12월 17일 〈예루살렘 포스트〉

이스라엘 작가 A. B. 예호슈아가 2006년 워싱턴 미국 유대인 위원회에서 한 연설이 큰 논란이 되었다. 그는 연설에서 "디아스포라 유대인들은 유대인인 척하는 것이며, 그들이 온전한 유대인으로 살 수 있는 유일한 곳은 이스라엘뿐"이라고 말했다. 그의 연설이 이스라엘과 미국에서 논란이 되고 많은 반감을 일으키자, 예호슈아는 몇 달 뒤 자신의 말을 설명하는 글을 썼다.

"팔레스타인이 영국에 점령된 뒤 1917년에 발표된 벨푸어 선언은 유대인에게 국가를 줄 것을 약속했었다. 국가의 문이 활짝 열렸던 1920년대에 돌아왔던 적은 수의 유대인 대신 50만 명의 유대인이 미국에서 돌아왔다면, 홀로코스트 이전에 이스라엘 땅에서 유대인 국가를 세우는 것은 가능했을 것이다. 그러면 적은 유혈 사태로 이스라엘-아랍 분쟁을 조기에 종식할 수 있었을 뿐만 아니라 1930년대 수십만의 동유럽 유대인에게 피난처를 제공해 홀로코스트 희생자를 크게 줄일 수도 있었을 것이다."

이스라엘 건국 이후 미국에서 이스라엘로 알리야한 유대인의 수가 상대적으로 적은 것(72년 동안 20만 명 미만)을 보면 이 같은 질문을 할 수 있다.

"1967년 6일 전쟁 이후 10년 동안(1967~1977년) 이스라엘로 돌아온 4만 명의 유대인 대신 미국 유대인의 10분의 1인 60만 명의 유대인이 알리야했다면, 오늘날 이스라엘은 어떤 모습일까? 또 팔레스타인과의 갈등은 어떠했을까?"

그러나 이런 일은 일어나지 않았다. 6일 전쟁(1967년)의 여파로 미국에서 알리야한 사람의 수는 1971년 7,158명으로 정점을 찍었고, 그 이후에는 1973년 욤 키푸르 전쟁으로 인해 매년 3천 명 정도에 그쳤다.

1968년부터 알리야 홍보 NGO 단체인 네피쉬 브네피쉬가 운영되기 시작한 2002년까지 미국에서 알리야한 유대인의 수는 연간 2,774명 정도이다. 네피쉬 브네피쉬가 활발한 활동을 시작한 후에는 그 수가 한 해 평균 3,125명으로 늘었고 이 단체가 쉽게 알리야할 수 있도록 많은 도움을 주었지만, 미국 알리야의 이슬비가 홍수가 되도록 만들지는 못했다.

미국과 서구 유대인 공동체가 2020년에는 세 번째 기회를 놓치지 않고 신명기 28장에서 말하는 그들의 조상의 땅, 이스라엘에서 그들의 유산을 받아 삶의 큰 변화와 축복을 받기를 바란다. 1920년대, 1930년대, 1960년대, 1970년대에 그들이 얻을 수 있었던 그 축복을 놓치지 않기를 바란다. 2020년에는 수백만 명의 유대인이 이스라엘로 돌아와 유대와 사마리아, 이스라엘에 정착해 하나님을 영화롭게 하고, 미래를 위해 이스라엘 곳곳을 강하게 해서 영광의 왕 메시아가 오시는 길을 준비하게 되기를 기도한다.

2020년 유다의 사자가 포효할 때, 그분의 백성이 서쪽에서부터 떨며 돌아올 것이다!

주께서 일어나사 시온을 긍휼히 여기시리니 지금은 그에게 은혜를 베푸실 때라 정한 기한이 다가옴이니이다 이에 뭇 나라가 여호와의 이름을 경외하며 이 땅의 모든 왕들이 주의 영광을 경외하리니(시 102:13, 15)

일어나라 빛을 발하라 이는 네 빛이 이르렀고 여호와의 영광이 네 위에 임하였음이니라(사 60:1)

네 눈을 들어 사방을 보라 무리가 다 모여 네게로 오느니라 네 아들들은 먼 곳에서 오겠고(미국) 네 딸들은 안기어 올 것이라(사 60:4)

4천 년 전 유대인들이 이집트에서 돌아왔듯이, 25~30년 전 유대인들이 구소련과 러시아에서 이스라엘로 돌아왔듯이 하나님께서 미국과 서방 국가들을 계속해서 흔드실 때 그들은 속히 이스라엘로 돌아와야 한다.

예레미야 30장은 하나님께서 그들을 흩어졌던 곳에서 다시 데려오실 것이라고 말씀하신다. 1986년부터 1995년까지 1백만 명의 유대인이 구소련에서 이스라엘로 돌아왔다. 2020년대에는 1백만 명이 넘는 유대인들이 미국과 아메리카 대륙에서 이스라엘로 알리야할 것을 믿는다. 지금은 그들이 예루살렘으로 알리야의 돌파를 이룰 수 있도록 중보 기도와 재정적 도움을 제공해야 할 때이다.

나는 역대 가장 친이스라엘적인 트럼프 행정부에서 왜 반유대주의가 오바마 재임 시절보다 더 심해지느냐고 주님께 기도한 적이 있다. 나는 하나님께서 사냥꾼들이 일어나는 것을 허락하셨다는 느낌을 받았다. 지금이 바로 미국과 서쪽에서 알리야가 일어나야 하는 '약속된 시기'이기 때문이다. 2015년 이후 미국 내 반유대주의가 꾸준히 증가하고 있고 동시에 알리야도 증가하고 있다.

2020년 3월부터 6월까지 미국에서 코로나바이러스의 타격을 가장 크게 입은 곳은 바로 뉴욕이다. 뉴욕에서 총 4만 5천 명이 코로나19로 사망했다. 이들 중 대다수가 유대인이며 이 수치는 미국 코로나19 사망자 수의 절반에 가깝고 전 세계 코로나19 사망자의 10퍼센트를 차지한다. 뉴욕에는 세계 유대인의 15퍼센트 이상인 2백만의 유대인이 살고 있고, 이는 이스라엘 7대 도시인 예루살렘, 텔아비브, 하이파, 아쉬돗, 리숀 레찌온, 페타 티크바, 네타냐에 사는 유대인 수보다도 많다. 하나님께서 1980년대와 1990년대에 러시아와 구소련에서 행하신 것처럼, 유대인들을 고토로 데려오기 위해 뉴욕과 미국, 서방 세계를 흔들기 시작하신 것이 아닐까?

유럽에서 코로나19로 가장 큰 피해를 입은 5개국 중 3개국은 유럽 유대인들이 가장 많이 사는 프랑스, 영국, 독일이다. 에스겔 39장 28절에서 "내가 그들을 모아 고국 땅으로 돌아오게 하고 그 한 사람도 이방에 남기지 아니하리니"라고 말씀하신 것처럼 지금이 바로 유대인들이 이스라엘로 돌아갈 때라는 신호이다.

스가랴 선지자는 "그 날에 여호와가 예루살렘 주민을 보호하리니 그 중에 약한 자가 그 날에는 다윗 같겠고 다윗의 족속은 하나님 같고 무리 앞에 있는 여호와의 사자 같을 것이라"(슥 12:8)고 말했다.

여호와의 말씀이니라 그러므로 나의 종 야곱아 너는 두려워하지 말라 이스라엘아 놀라지 말라 내가 너를 먼 곳으로부터(미국) 구원하고 네 자손을 잡혀가 있는 땅에서 구원하리니 야곱이 돌아와서 태평과 안락을 누릴 것이며 두렵게 할 자가 없으리라 이는 여호와의 말씀이라 내가 너와 함께 있어 너를 구원할 것이라 너를 흩었던 그 모든 이방을 내가 멸망시키리라 그럴지라도 너만은 멸망시키지 아니하리라 그러나 내가 법에 따라 너를 징계할 것이요 결코 무죄한 자로만 여기지는 아니하리라(렘 30:10-11)

그러나 너희 이스라엘 산들아 너희는 가지를 내고 내 백성 이스라엘을 위하여 열매를 맺으리니 그들이 올 때가 가까이 이르렀음이라 내가 돌이켜 너희와 함께 하리니 사람이 너희를 갈고 심을 것이며 내가 또 사람을 너희 위에 많게 하리니 이들은 이스라엘 온 족속이라 그들을 성읍들에 거주하게 하며 빈 땅에 건축하게 하리라 내가 너희 위에 사람과 짐승을 많게 하되 그들의 수가 많고 번성하게 할 것이라 너희 전 지위대로 사람이 거주하게 하여 너희를 처음보다 낫게 대우하리니 내가 여호와인 줄을 너희가 알리라 내가 사람을 너희 위에 다니게 하리니 그들은 내 백성 이스라엘이라 그들은 너를 얻고 너는 그 기업이 되어 다시는 그들이 자식들을 잃어버리지 않게 하

리라(겔 36:8-12)

그 작은 자가 천 명을 이루겠고 그 약한 자가 강국을 이룰 것이라 때가 되면 나 여호와가 속히 이루리라(사 60:22)

크게 증가하고 있는 반유대주의와 세계 어느 나라보다도 큰 타격을 입은 뉴욕시, 2020년 6월 발생한 인종 차별 폭동과 흔들리는 경제 상황 속에서 미국은 그 어느 때보다도 불안한 가운데 있다. 미국에 급진적 회개가 일어나고 이스라엘 편에 서서 팔레스타인을 국가로 인정하는 일을 멈추지 않는다면 미국에서의 흔들림은 계속될 것이다. 트럼프가 이스라엘 땅을 나누어 팔레스타인 국가를 인정하는 일을 계속한다면, 지금까지 고레스로서 하나님께 받은 기름 부음은 큰 위기에 처할 수 있다.

그들에게 이르기를 주 여호와께서 이같이 말씀하시기를 내가 이스라엘 자손을 잡혀간 여러 나라에서 인도하며 그 사방에서 모아서 그 고국 땅으로 돌아가게 하고 그 땅 이스라엘 모든 산에서 그들이 한 나라를 이루어서 한 임금이 모두 다스리게 하리니 그들이 다시는 두 민족이 되지 아니하며 두 나라로 나누이지 아니할지라(겔 37:21-22)

보라, 그 날들 곧 내가 유다와 예루살렘의 포로들을 다시 데려올 그때에 내가 또한 모든 민족들을 모아 여호사밧 골짜기로 데리고 내려가서 내 백성 곧 내 상속 백성 이스라엘을 위하여 거기서 그들과 변론하리라. 그들이 이스라

엘을 민족들 가운데로 흩어 버리고 내 땅을 나누었으며(욜 3:1-2, NKJV)

하나님께서 30년 전 구소련과 러시아에서 행하셨던 것처럼, 유대인들을 다시 이스라엘로 데려오기 위해 미국의 문을 열어 알리야 말씀 700구절을 성취하시고 영광의 왕이 예루살렘으로 오시는 길을 예비하시는 것이 아닐까?

인자야 내가 너를 이스라엘 족속의 파수꾼으로 삼음이 이와 같으니라 그런즉 너는 내 입의 말을 듣고 나를 대신하여 그들에게 경고할지어다(겔 33:7)

진실로 주님께서 서쪽에서부터 시온을 세우시기 위한 약속된 시간이 이르렀고, 주님께서는 유대인들을 유럽과 미국에서부터 이스라엘로 모으기 시작하셨다.

야곱아 내가 반드시 너희 무리를 다 모으며 내가 반드시 이스라엘의 남은 자를 모으고 그들을 한 처소에 두기를 보스라의 양 떼 같이 하며 초장의 양 떼 같이 하리니 사람들이 크게 떠들 것이며 길을 여는 자가 그들 앞에 올라가고 그들은 길을 열어 성문에 이르러서는 그리로 나갈 것이며 그들의 왕이 앞서 가며 여호와께서는 선두로 가시리라(미 2:12-13)

거짓되고 헛된 것을 숭상하는 모든 자는 자기에게 베푸신 은혜를 버렸사오나(욘 2:8)

나의 백성아 너희는 그 중에서 나와 각기 여호와의 진노를 피하라 칼을 피한 자들이여 멈추지 말고 걸어 가라 먼 곳(뉴욕, 미국)에서 여호와를 생각하며 예루살렘을 너희 마음에 두라(렘 51:45, 50)

두려워하지 말라 내가 너와 함께 하여 네 자손을 동쪽에서부터 오게 하며 서쪽에서부터 너를 모을 것이며(사 43:5)

그들은 사자처럼 소리를 내시는 여호와를 따를 것이라 여호와께서 소리를 내시면 자손들이 서쪽에서부터 떨며 오되 그들은 애굽에서부터 새 같이, 앗수르에서부터 비둘기 같이 떨며 오리니 내가 그들을 그들의 집에 머물게 하리라 나 여호와의 말이니라(호 11:10-11)

여호와께서 명령하사 네 창고와 네 손으로 하는 모든 일에 복을 내리시고 네 하나님 여호와께서 네게 주시는 땅에서 네게 복을 주실 것이며(신 28:8)

여러분이 사랑하는 땅, 이스라엘의 수도이자 황금의 도시 이스라엘로, 약속의 땅 이스라엘로 돌아오는 것을 진심으로 환영한다. 하나님과 약속의 땅 이스라엘로 돌아와 하나님의 축복과 구원을 선택할 때 하나님께서 여러분을 풍성하게 축복하시기를 기도한다.

부록 A에 실린 700구절을 읽기 전까지는 이 책을 끝까지 읽은 것이 아니다.

부록 A 알리야에 대한 성경 700구절

아래는 하나님께서 이스라엘 백성에게 가나안 땅을 약속하시고 그들에게 영원한 유산으로 주신 이스라엘 땅으로 돌아가라고 말씀하시는 700개의 알리야 구절이다. 읽고 기도하며 묵상하길 바란다.

창 12:1-3
여호와께서 아브람에게 이르시되 너는 너의 고향과 친척과 아버지의 집을 떠나 내가 네게 보여 줄 땅으로 가라
내가 너로 큰 민족을 이루고 네게 복을 주어 네 이름을 창대하게 하리니 너는 복이 될지라
너를 축복하는 자에게는 내가 복을 내리고 너를 저주하는 자에게는 내가 저주하리니 땅의 모든 족속이 너로 말미암아 복을 얻을 것이라 하신지라

창 12:6-7
아브람이 그 땅을 지나 세겜 땅 모레 상수리나무에 이르니 그 때에 가나안 사람이 그 땅에 거주하였더라
여호와께서 아브람에게 나타나 이르시되 내가 이 땅을 네 자손에게 주리라 하신지라 자기에게 나타나신 여호와께 그가 그 곳에서 제단을 쌓고

창 13:1-2
아브람이 애굽에서 그와 그의 아내와 모든 소유와 롯과 함께 네게브로 올라가니
아브람에게 가축과 은과 금이 풍부하였더라

창 13:14-17
롯이 아브람을 떠난 후에 여호와께서 아브람에게 이르시되 너는 눈을 들어 너 있는 곳에서 북쪽과 남쪽 그리고 동쪽과 서쪽을 바라보라

보이는 땅을 내가 너와 네 자손에게 주리니 영원히 이르리라
내가 네 자손이 땅의 티끌 같게 하리니 사람이 땅의 티끌을 능히 셀 수 있을진대 네 자손도 세리라
너는 일어나 그 땅을 종과 횡으로 두루 다녀 보라 내가 그것을 네게 주리라

창 15:7
또 그에게 이르시되 나는 이 땅을 네게 주어 소유를 삼게 하려고 너를 갈대아인의 우르에서 이끌어 낸 여호와니라

창 15:13-14
여호와께서 아브람에게 이르시되 너는 반드시 알라 네 자손이 이방에서 객이 되어 그들을 섬기겠고 그들은 사백 년 동안 네 자손을 괴롭히리니
그들이 섬기는 나라를 내가 징벌할지며 그 후에 네 자손이 큰 재물을 이끌고 나오리라

창 15:18-21
그 날에 여호와께서 아브람과 더불어 언약을 세워 이르시되 내가 이 땅을 애굽 강에서부터 그 큰 강 유브라데까지 네 자손에게 주노니
곧 겐 족속과 그니스 족속과 갓몬 족속과
헷 족속과 브리스 족속과 르바 족속과
아모리 족속과 가나안 족속과 기르가스 족속과 여부스 족속의 땅이니라 하셨더라

창 17:5-6
이제 후로는 네 이름을 아브람이라 하지 아니하고 아브라함이라 하리니 이는 내가 너를 여러 민족의 아버지가 되게 함이니라
내가 너로 심히 번성하게 하리니 내가 네게서 민족들이 나게 하며 왕들이 네게로부터 나오리라

창 17:7-8
내가 내 언약을 나와 너 및 네 대대 후손 사이에 세워서 영원한 언약을 삼고 너와 네 후손의 하나님이 되리라
내가 너와 네 후손에게 네가 거류하는 이 땅 곧 가나안 온 땅을 주어 영원한 기업이 되게 하고 나는 그들의 하나님이 되리라

창 17:19
하나님이 이르시되 아니라 네 아내 사라가 네게 아들을 낳으리니 너는 그 이름을 이삭이라 하라 내가 그와 내 언약을 세우리니 그의 후손에게 영원한 언약이 되리라

창 18:18-19
아브라함은 강대한 나라가 되고 천하 만민은 그로 말미암아 복을 받게 될 것이 아니냐
내가 그로 그 자식과 권속에게 명하여 여호와의 도를 지켜 의와 공도를 행하게 하려고 그를 택하였나니 이는 나 여호와가 아브라함에게 대하여 말한 일을 이루려 함이니라

창 22:17-18
내가 네게 큰 복을 주고 네 씨가 크게 번성하여 하늘의 별과 같고 바닷가의 모래와 같게 하리니 네 씨가 그 대적의 성문을 차지하리라
또 네 씨로 말미암아 천하 만민이 복을 받으리니 이는 네가 나의 말을 준행하였음이니라 하셨다 하니라

창 23:17 족장들의 매장지인 막벨라 굴을 구입함
마므레 앞 막벨라에 있는 에브론의 밭 곧 그 밭과 거기에 속한 굴과 그 밭과 그 주위에 둘린 모든 나무가

창 25:7-11 헤브론에 있는 막벨라 굴에 아브라함을 장사하다
아브라함의 향년이 백칠십오세라
그의 나이가 높고 늙어서 기운이 다하여 죽어 자기 열조에게로 돌아가매
그의 아들들인 이삭과 이스마엘이 그를 마므레 앞 헷 족속 소할의 아들 에브론의 밭에 있는 막벨라 굴에 장사하였으니
이것은 아브라함이 헷 족속에게서 산 밭이라 아브라함과 그의 아내 사라가 거기 장사되니라
아브라함이 죽은 후에 하나님이 그의 아들 이삭에게 복을 주셨고 이삭은 브엘라해로이 근처에 거주하였더라

창 26:3-4
이 땅에 거류하면 내가 너와 함께 있어 네게 복을 주고 내가 이 모든 땅을 너와 네 자손에게 주리라 내가 네 아버지 아브라함에게 맹세한 것을 이루어 네 자손을 하늘의 별과 같이 번성하게 하며 이 모든 땅을 네 자손에게 주리니 네 자손으로 말미암아 천하 만민이 복을 받으리라

창 26:12
이삭이 그 땅에서 농사하여 그 해에 백 배나 얻었고 여호와께서 복을 주시므로

창 26:24
그 밤에 여호와께서 그에게 나타나 이르시되 나는 네 아버지 아브라함의 하나님이니 두려워하지 말라 내 종 아브라함을 위하여 내가 너와 함께 있어 네게 복을 주어 네 자손이 번성하게 하리라 하신지라

창 28:3-4
전능하신 하나님이 네게 복을 주시어 네가 생육하고 번성하게 하여 네가 여러 족속을 이루게 하시고

아브라함에게 허락하신 복을 네게 주시되 너와 너와 함께 네 자손에게도 주사 하나님이 아브라함에게 주신 땅 곧 네가 거류하는 땅을 네가 차지하게 하시기를 원하노라

창 28:13-15

또 본즉 여호와께서 그 위에 서서 이르시되 나는 여호와니 너의 조부 아브라함의 하나님이요 이삭의 하나님이라 네가 누워 있는 땅을 내가 너와 네 자손에게 주리니
네 자손이 땅의 티끌 같이 되어 네가 서쪽과 동쪽과 북쪽과 남쪽으로 퍼져나갈지며 땅의 모든 족속이 너와 네 자손으로 말미암아 복을 받으리라
내가 너와 함께 있어 네가 어디로 가든지 너를 지키며 너를 이끌어 이 땅으로 돌아오게 할지라 내가 네게 허락한 것을 다 이루기까지 너를 떠나지 아니하리라 하신지라

창 31:3

여호와께서 야곱에게 이르시되 네 조상의 땅 네 족속에게로 돌아가라 내가 너와 함께 있으리라 하신지라

창 31:13

나는 벧엘의 하나님이라 네가 거기서 기둥에 기름을 붓고 거기서 내게 서원하였으니 지금 일어나 이 곳을 떠나서 네 출생지로 돌아가라 하셨느니라

창 31:17-18

야곱이 일어나 자식들과 아내들을 낙타들에게 태우고
그 모은 바 모든 가축과 모든 소유물 곧 그가 밧단아람에서 모은 가축을 이끌고 가나안 땅에 있는 그의 아버지 이삭에게로 가려 할새

창 32:9-10
야곱이 또 이르되 내 조부 아브라함의 하나님, 내 아버지 이삭의 하나님 여호와여 주께서 전에 내게 명하시기를 네 고향, 네 족속에게로 돌아가라 내가 네게 은혜를 베풀리라 하셨나이다
나는 주께서 주의 종에게 베푸신 모든 은총과 모든 진실하심을 조금도 감당할 수 없사오나 내가 내 지팡이만 가지고 이 요단을 건넜더니 지금은 두 떼나 이루었나이다

창 35:10-13
하나님이 그에게 이르시되 네 이름이 야곱이지마는 네 이름을 다시는 야곱이라 부르지 않겠고 이스라엘이 네 이름이 되리라 하시고 그가 그의 이름을 이스라엘이라 부르시고
하나님이 그에게 이르시되 나는 전능한 하나님이라 생육하며 번성하라 한 백성과 백성들의 총회가 네게서 나오고 왕들이 네 허리에서 나오리라
내가 아브라함과 이삭에게 준 땅을 네게 주고 내가 네 후손에게도 그 땅을 주리라 하시고
하나님이 그와 말씀하시던 곳에서 그를 떠나 올라가시는지라

창 35:27-29 이삭이 에서와 야곱을 약속의 땅에 장사하다
야곱이 기럇아르바의 마므레로 가서 그의 아버지 이삭에게 이르렀으니 기럇아르바는 곧 아브라함과 이삭이 거류하던 헤브론이더라
이삭의 나이가 백팔십 세라
이삭이 나이가 많고 늙어 기운이 다하매 죽어 자기 열조에게로 돌아가니 그의 아들 에서와 야곱이 그를 장사하였더라

창 46:3-4
하나님이 이르시되 나는 하나님이라 네 아버지의 하나님이니 애굽으로 내려가기를 두려워하지 말라 내가 거기서 너로 큰 민족을 이루게 하리라

내가 너와 함께 애굽으로 내려가겠고 반드시 너를 인도하여 다시 올라올 것이며 요셉이 그의 손으로 네 눈을 감기리라 하셨더라

창 48:21
이스라엘이 요셉에게 또 이르되 나는 죽으나 하나님이 너희와 함께 계시사 너희를 인도하여 너희 조상의 땅으로 돌아가게 하시려니와

창 49:29-32 야곱이 죽어 약속의 땅에 장사되다
그가 그들에게 명하여 이르되 내가 내 조상들에게로 돌아가리니 나를 헷 사람 에브론의 밭에 있는 굴에 우리 선조와 함께 장사하라
이 굴은 가나안 땅 마므레 앞 막벨라 밭에 있는 것이라 아브라함이 헷 사람 에브론에게서 밭과 함께 사서 그의 매장지를 삼았으므로
아브라함과 그의 아내 사라가 거기 장사되었고 이삭과 그의 아내 리브가도 거기 장사되었으며 나도 레아를 그 곳에 장사하였노라
이 밭과 거기 있는 굴은 헷 사람에게서 산 것이니라

창 50:12-14 가나안에 장사하다
야곱의 아들들이 아버지가 그들에게 명령한 대로 그를 위해 따라 행하여
그를 가나안 땅으로 메어다가 마므레 앞 막벨라 밭 굴에 장사하였으니 이는 아브라함이 헷 족속 에브론에게 밭과 함께 사서 매장지를 삼은 곳이더라
요셉이 아버지를 장사한 후에 자기 형제와 호상꾼과 함께 애굽으로 돌아왔더라

창 50:24-25
요셉이 그의 형제들에게 이르되 나는 죽을 것이나 하나님이 당신들을 돌보시고 당신들을 이 땅에서 인도하여 내사 아브라함과 이삭과 야곱에게 맹세하신 땅에 이르게 하시리라 하고
요셉이 또 이스라엘 자손에게 맹세시켜 이르기를 하나님이 반드시 당신들

을 돌보시리니 당신들은 여기서 내 해골을 메고 올라가겠다 하라 하였더라

출 1:1-5
야곱과 함께 각각 자기 가족을 데리고 애굽에 이른 이스라엘 아들들의 이름은 이러하니
르우벤과 시므온과 레위와 유다와
잇사갈과 스불론과 베냐민과
단과 납달리와 갓과 아셀이요
야곱의 허리에서 나온 사람이 모두 칠십이요 요셉은 애굽에 있었더라

출 2:24
하나님이 그들의 고통 소리를 들으시고 하나님이 아브라함과 이삭과 야곱에게 세운 그의 언약을 기억하사

출 3:7-8
여호와께서 이르시되 내가 애굽에 있는 내 백성의 고통을 분명히 보고 그들이 그들의 감독자로 말미암아 부르짖음을 듣고 그 근심을 알고
내가 내려가서 그들을 애굽인의 손에서 건져내고 그들을 그 땅에서 인도하여 아름답고 광대한 땅, 젖과 꿀이 흐르는 땅 곧 가나안 족속, 헷 족속, 아모리 족속, 브리스 족속, 히위 족속, 여부스 족속의 지방에 데려가려 하노라

출 6:8
내가 아브라함과 이삭과 야곱에게 주기로 맹세한 땅으로 너희를 인도하고 그 땅을 너희에게 주어 기업을 삼게 하리라 나는 여호와라 하셨다 하라

출 12:24-25
너희는 이 일을 규례로 삼아 너희와 너희 자손이 영원히 지킬 것이니
너희는 여호와께서 허락하신 대로 너희에게 주시는 땅에 이를 때에 이 예식

을 지킬 것이라

출 12:35-36
이스라엘 자손이 모세의 말대로 하여 애굽 사람에게 은금 패물과 의복을 구하매
여호와께서 애굽 사람들에게 이스라엘 백성에게 은혜를 입히게 하사 그들이 구하는 대로 주게 하시므로 그들이 애굽 사람의 물품을 취하였더라

출 13:5
여호와께서 너를 인도하여 가나안 사람과 헷 사람과 아모리 사람과 히위 사람과 여부스 사람의 땅 곧 네게 주시려고 네 조상들에게 맹세하신 바 젖과 꿀이 흐르는 땅에 이르게 하시거든 너는 이 달에 이 예식을 지켜

출 13:11-12
여호와께서 너와 네 조상에게 맹세하신 대로 너를 가나안 사람의 땅에 인도하시고 그 땅을 네게 주시거든
너는 태에서 처음 난 모든 것과 네게 있는 가축의 태에서 처음 난 것을 다 구별하여 여호와께 돌리라 수컷은 여호와의 것이니라

출 19:5
세계가 다 내게 속하였나니 너희가 내 말을 잘 듣고 내 언약을 지키면 너희는 모든 민족 중에서 내 소유가 되겠고

출 20:2
나는 너를 애굽 땅, 종 되었던 집에서 인도하여 낸 네 하나님 여호와니라

출 23:20-23
내가 사자를 네 앞서 보내어 길에서 너를 보호하여 너를 내가 예비한 곳에

이르게 하리니
너희는 삼가 그의 목소리를 청종하고 그를 노엽게 하지 말라 그가 너희의 허물을 용서하지 아니할 것은 내 이름이 그에게 있음이니라
네가 그의 목소리를 잘 청종하고 내 모든 말대로 행하면 내가 네 원수에게 원수가 되고 네 대적에게 대적이 될지라
내 사자가 네 앞서 가서 너를 아모리 사람과 헷 사람과 브리스 사람과 가나안 사람과 히위 사람과 여부스 사람에게로 인도하고 나는 그들을 끊으리니

출 23:31
내가 네 경계를 홍해에서부터 블레셋 바다까지, 광야에서부터 강까지 정하고 그 땅의 주민을 네 손에 넘기리니 네가 그들을 네 앞에서 쫓아낼지라

출 29:45-46
내가 이스라엘 자손 중에 거하여 그들의 하나님이 되리니
그들은 내가 그들의 하나님 여호와로서 그들 중에 거하려고 그들을 애굽 땅에서 인도하여 낸 줄을 알리라 나는 그들의 하나님 여호와니라

출 32:13
주의 종 아브라함과 이삭과 이스라엘을 기억하소서 주께서 그들을 위하여 주를 가리켜 맹세하여 이르시기를 내가 너희의 자손을 하늘의 별처럼 많게 하고 내가 허락한 이 온 땅을 너희의 자손에게 주어 영원한 기업이 되게 하리라 하셨나이다

출 33:1
여호와께서 모세에게 이르시되 너는 네가 애굽 땅에서 인도하여 낸 백성과 함께 여기를 떠나서 내가 아브라함과 이삭과 야곱에게 맹세하여 네 자손에게 주기로 한 그 땅으로 올라가라

출 34:24
내가 이방 나라들을 네 앞에서 쫓아내고 네 지경을 넓히리니 네가 매년 세 번씩 여호와 네 하나님을 뵈려고 올 때에 아무도 네 땅을 탐내지 못하리라

레 20:24
내가 전에 너희에게 이르기를 너희가 그들의 땅을 기업으로 받을 것이라 내가 그 땅 곧 젖과 꿀이 흐르는 땅을 너희에게 주어 유업을 삼게 하리라 하였노라 나는 너희를 만민 중에서 구별한 너희의 하나님 여호와이니라

레 25:1-2
여호와께서 시내 산에서 모세에게 말씀하여 이르시되
이스라엘 자손에게 말하여 이르라 너희는 내가 너희에게 주는 땅에 들어간 후에 그 땅으로 여호와 앞에 안식하게 하라

레 25:10-13 희년에 대한 말씀
너희는 오십 년째 해를 거룩하게 하여 그 땅에 있는 모든 주민을 위하여 자유를 공포하라 이 해는 너희에게 희년이니 너희는 각각 자기의 소유지로 돌아가며 각각 자기의 가족에게로 돌아갈지며
그 오십 년째 해는 너희의 희년이니 너희는 파종하지 말며 스스로 난 것을 거두지 말며 가꾸지 아니한 포도를 거두지 말라
이는 희년이니 너희에게 거룩함이니라 너희는 밭의 소출을 먹으리라
이 희년에는 너희가 각기 자기의 소유지로 돌아갈지라

레 25:18-19
너희는 내 규례를 행하며 내 법도를 지켜 행하라 그리하면 너희가 그 땅에 안전하게 거주할 것이라
땅은 그것의 열매를 내리니 너희가 배불리 먹고 거기 안전하게 거주하리라

레 25:38

나는 너희의 하나님이 되며 또 가나안 땅을 너희에게 주려고 애굽 땅에서 너희를 인도하여 낸 너희의 하나님 여호와이니라

레 25:41

그 때에는 그와 그의 자녀가 함께 네게서 떠나 그의 가족과 그의 조상의 기업으로 돌아가게 하라

레 26:9

내가 너희를 돌보아 너희를 번성하게 하고 너희를 창대하게 할 것이며 내가 너희와 함께 한 내 언약을 이행하리라

레 26:42

내가 야곱과 맺은 내 언약과 이삭과 맺은 내 언약을 기억하며 아브라함과 맺은 내 언약을 기억하고 그 땅을 기억하리라

민 10:29

모세가 모세의 장인 미디안 사람 르우엘의 아들 호밥에게 이르되 여호와께서 주마 하신 곳으로 우리가 행진하나니 우리와 동행하자 그리하면 선대하리라 여호와께서 이스라엘에게 복을 내리리라 하셨느니라

민 11:12

이 모든 백성을 내가 배었나이까 내가 그들을 낳았나이까 어찌 주께서 내게 양육하는 아버지가 젖 먹는 아이를 품듯 그들을 품에 품고 주께서 그들의 열조에게 맹세하신 땅으로 가라 하시나이까

민 13:1-2

여호와께서 모세에게 말씀하여 이르시되

사람을 보내어 내가 이스라엘 자손에게 주는 가나안 땅을 정탐하게 하되 그들의 조상의 가문 각 지파 중에서 지휘관 된 자 한 사람씩 보내라

민 13:17-20
모세가 가나안 땅을 정탐하러 그들을 보내며 이르되 너희는 네겝 길로 행하여 산지로 올라가서
그 땅이 어떠한지 정탐하라 곧 그 땅 거민이 강한지 약한지 많은지 적은지와
그들이 사는 땅이 좋은지 나쁜지와 사는 성읍이 진영인지 산성인지와
토지가 비옥한지 메마른지 나무가 있는지 없는지를 탐지하라 담대하라 또 그 땅의 실과를 가져오라 하니 그 때는 포도가 처음 익을 즈음이었더라

민 14:8
여호와께서 우리를 기뻐하시면 우리를 그 땅으로 인도하여 들이시고 그 땅을 우리에게 주시리라 이는 과연 젖과 꿀이 흐르는 땅이니라

민 15:17-19
여호와께서 모세에게 말씀하여 이르시되
이스라엘 자손에게 말하여 이르라 너희는 내가 인도하는 땅에 들어가거든
그 땅의 양식을 먹을 때에 여호와께 거제를 드리되

민 26:52-56
여호와께서 모세에게 말씀하여 이르시되
이 명수대로 땅을 나눠 주어 기업을 삼게 하라
수가 많은 자에게는 기업을 많이 줄 것이요 수가 적은 자에게는 기업을 적게 줄 것이니 그들이 계수된 수대로 각기 기업을 주되
오직 그 땅을 제비 뽑아 나누어 그들의 조상 지파의 이름을 따라 얻게 할지니라
그 다소를 막론하고 그들의 기업을 제비 뽑아 나눌지니라

민 27:12
여호와께서 모세에게 이르시되 너는 이 아바림 산에 올라가서 내가 이스라엘 자손에게 준 땅을 바라보라

민 32:7
너희가 어찌하여 이스라엘 자손에게 낙심하게 하여서 여호와께서 그들에게 주신 땅으로 건너갈 수 없게 하려 하느냐

민 32:22
그 땅이 여호와 앞에 복종하게 하시기까지 싸우면 여호와 앞에서나 이스라엘 앞에서나 무죄하여 돌아오겠고 이 땅은 여호와 앞에서 너희의 소유가 되리라마는

민 33:51-54
이스라엘 자손에게 말하여 그들에게 이르라 너희가 요단 강을 건너 가나안 땅에 들어가거든
그 땅의 원주민을 너희 앞에서 다 몰아내고 그 새긴 석상과 부어 만든 우상을 다 깨뜨리며 산당을 다 헐고
그 땅을 점령하여 거기 거주하라 내가 그 땅을 너희 소유로 너희에게 주었음이라
너희의 종족을 따라 그 땅을 제비 뽑아 나눌 것이니 수가 많으면 많은 기업을 주고 적으면 적은 기업을 주되 각기 제비 뽑은 대로 그 소유가 될 것인즉 너희 조상의 지파를 따라 기업을 받을 것이니라

민수기 34장 가나안 땅의 경계

민 36:7-9
그리하면 이스라엘 자손의 기업이 이 지파에서 저 지파로 옮기지 않고 이스

라엘 자손이 다 각기 조상 지파의 기업을 지킬 것이니라 하셨나니
이스라엘 자손의 지파 중 그 기업을 이은 딸들은 모두 자기 조상 지파의 종족되는 사람의 아내가 될 것이라 그리하면 이스라엘 자손이 각기 조상의 기업을 보전하게 되어
그 기업이 이 지파에서 저 지파로 옮기게 하지 아니하고 이스라엘 자손 지파가 각각 자기 기업을 지키리라

신 1:8
내가 너희의 조상 아브라함과 이삭과 야곱에게 맹세하여 그들과 그들의 후손에게 주리라 한 땅이 너희 앞에 있으니 들어가서 그 땅을 차지할지니라

신 1:21
너희의 하나님 여호와께서 이 땅을 너희 앞에 두셨은즉 너희 조상의 하나님 여호와께서 너희에게 이르신 대로 올라가서 차지하라 두려워하지 말라 주저하지 말라 한즉

신 1:25
그 땅의 열매를 손에 가지고 우리에게로 돌아와서 우리에게 말하여 이르되 우리의 하나님 여호와께서 우리에게 주시는 땅이 좋더라 하였느니라

신 1:38-39
네 앞에 서 있는 눈의 아들 여호수아는 그리로 들어갈 것이니 너는 그를 담대하게 하라 그가 이스라엘에게 그 땅을 기업으로 차지하게 하리라
또 너희가 사로잡히리라 하던 너희의 아이들과 당시에 선악을 분별하지 못하던 너희의 자녀들도 그리로 들어갈 것이라 내가 그 땅을 그들에게 주어 산업이 되게 하리라

신 3:28
너는 여호수아에게 명령하고 그를 담대하게 하며 그를 강하게 하라 그는 이 백성을 거느리고 건너가서 네가 볼 땅을 그들이 기업으로 얻게 하리라 하셨느니라

신 4:1
이스라엘아 이제 내가 너희에게 가르치는 규례와 법도를 듣고 준행하라 그리하면 너희가 살 것이요 너희 조상의 하나님 여호와께서 너희에게 주시는 땅에 들어가서 그것을 얻게 되리라

신 4:5-6
내가 나의 하나님 여호와께서 명령하신 대로 규례와 법도를 너희에게 가르쳤나니 이는 너희가 들어가서 기업으로 차지할 땅에서 그대로 행하게 하려 함인즉
너희는 지켜 행하라 이것이 여러 민족 앞에서 너희의 지혜요 너희의 지식이라 그들이 이 모든 규례를 듣고 이르기를 이 큰 나라 사람은 과연 지혜와 지식이 있는 백성이로다 하리라

신 4:14
그 때에 여호와께서 내게 명령하사 너희에게 규례와 법도를 교훈하게 하셨나니 이는 너희가 거기로 건너가 받을 땅에서 행하게 하려 하심이니라

신 4:22-24
나는 이 땅에서 죽고 요단을 건너지 못하려니와 너희는 건너가서 그 아름다운 땅을 얻으리니
너희는 스스로 삼가 너희의 하나님 여호와께서 너희와 세우신 언약을 잊지 말고 네 하나님 여호와께서 금하신 어떤 형상의 우상도 조각하지 말라
네 하나님 여호와는 소멸하는 불이시요 질투하시는 하나님이시니라

신 4:27-31
여호와께서 너희를 여러 민족 중에 흩으실 것이요 여호와께서 너희를 쫓아 보내실 그 여러 민족 중에 너희의 남은 수가 많지 못할 것이며
너희는 거기서 사람의 손으로 만든 바 보지도 못하며 듣지도 못하며 먹지도 못하며 냄새도 맡지 못하는 목석의 신들을 섬기리라
그러나 네가 거기서 네 하나님 여호와를 찾게 되리니 만일 마음을 다하고 뜻을 다하여 그를 찾으면 만나리라
이 모든 일이 네게 임하여 환난을 당하다가 끝날에 네가 네 하나님 여호와께로 돌아와서 그의 말씀을 청종하리니
네 하나님 여호와는 자비하신 하나님이심이라 그가 너를 버리지 아니하시며 너를 멸하지 아니하시며 네 조상들에게 맹세하신 언약을 잊지 아니하시리라

신 4:32-38
네가 있기 전 하나님이 사람을 세상에 창조하신 날부터 지금까지 지나간 날을 상고하여 보라 하늘 이 끝에서 저 끝까지 이런 큰 일이 있었느냐 이런 일을 들은 적이 있었느냐
어떤 국민이 불 가운데에서 말씀하시는 하나님의 음성을 너처럼 듣고 생존하였느냐
어떤 신이 와서 시험과 이적과 기사와 전쟁과 강한 손과 편 팔과 크게 두려운 일로 한 민족을 다른 민족에게서 인도하여 낸 일이 있느냐 이는 다 너희의 하나님 여호와께서 애굽에서 너희를 위하여 너희의 목전에서 행하신 일이라
이것을 네게 나타내심은 여호와는 하나님이시요 그 외에는 다른 신이 없음을 네게 알게 하려 하심이니라
여호와께서 너를 교훈하시려고 하늘에서부터 그의 음성을 네게 듣게 하시며 땅에서는 그의 큰 불을 네게 보이시고 네가 불 가운데서 나오는 그의 말씀을 듣게 하셨느니라
여호와께서 네 조상들을 사랑하신 고로 그 후손인 너를 택하시고 큰 권능으로 친히 인도하여 애굽에서 나오게 하시며

너보다 강대한 여러 민족을 네 앞에서 쫓아내고 너를 그들의 땅으로 인도하여 들여서 그것을 네게 기업으로 주려 하심이 오늘과 같으니라

신 4:39-40
그런즉 너는 오늘 위로 하늘에나 아래로 땅에 오직 여호와는 하나님이시요 다른 신이 없는 줄을 알아 명심하고
오늘 내가 네게 명령하는 여호와의 규례와 명령을 지키라 너와 네 후손이 복을 받아 네 하나님 여호와께서 네게 주시는 땅에서 한 없이 오래 살리라

신 5:32-33
그런즉 너희 하나님 여호와께서 너희에게 명령하신 대로 너희는 삼가 행하여 좌로나 우로나 치우치지 말고
너희 하나님 여호와께서 너희에게 명령하신 모든 도를 행하라 그리하면 너희가 살 것이요 복이 너희에게 있을 것이며 너희가 차지한 땅에서 너희의 날이 길리라

신 6:3
이스라엘아 듣고 삼가 그것을 행하라 그리하면 네가 복을 받고 네 조상들의 하나님 여호와께서 네게 허락하심 같이 젖과 꿀이 흐르는 땅에서 네가 크게 번성하리라

신 6:10-12
네 하나님 여호와께서 네 조상 아브라함과 이삭과 야곱을 향하여 네게 주리라 맹세하신 땅으로 너를 들어가게 하시고 네가 건축하지 아니한 크고 아름다운 성읍을 얻게 하시며
네가 채우지 아니한 아름다운 물건이 가득한 집을 얻게 하시며 네가 파지 아니한 우물을 차지하게 하시며 네가 심지 아니한 포도원과 감람나무를 차지하게 하사 네게 배불리 먹게 하실 때에

너는 조심하여 너를 애굽 땅 종 되었던 집에서 인도하여 내신 여호와를 잊지 말고

신 6:18-19
여호와께서 보시기에 정직하고 선량한 일을 행하라 그리하면 네가 복을 받고 그 땅에 들어가서 여호와께서 모든 대적을 네 앞에서 쫓아내시겠다고 네 조상들에게 맹세하신 아름다운 땅을 차지하리니 여호와의 말씀과 같으니라

신 6:23
우리 조상들에게 맹세하신 땅을 우리에게 주어 들어가게 하시려고 우리를 거기서 인도하여 내시고

신 7:7-9
여호와께서 너희를 기뻐하시고 너희를 택하심은 너희가 다른 민족보다 수효가 많기 때문이 아니니라 너희는 오히려 모든 민족 중에 가장 적으니라 여호와께서 다만 너희를 사랑하심으로 말미암아, 또는 너희의 조상들에게 하신 맹세를 지키려 하심으로 말미암아 자기의 권능의 손으로 너희를 인도하여 내시되 너희를 그 종 되었던 집에서 애굽 왕 바로의 손에서 속량하셨나니
그런즉 너는 알라 오직 네 하나님 여호와는 하나님이시요 신실하신 하나님이시라 그를 사랑하고 그의 계명을 지키는 자에게는 천 대까지 그의 언약을 이행하시며 인애를 베푸시되

신 7:12-13
너희가 이 모든 법도를 듣고 지켜 행하면 네 하나님 여호와께서 네 조상들에게 맹세하신 언약을 지켜 네게 인애를 베푸실 것이라
곧 너를 사랑하시고 복을 주사 너를 번성하게 하시되 네게 주리라고 네 조상들에게 맹세하신 땅에서 네 소생에게 은혜를 베푸시며 네 토지 소산과 곡식과 포도주와 기름을 풍성하게 하시고 네 소와 양을 번식하게 하시리니

신 8:1
내가 오늘 명하는 모든 명령을 너희는 지켜 행하라 그리하면 너희가 살고 번성하고 여호와께서 너희의 조상들에게 맹세하신 땅에 들어가서 그것을 차지하리라

신 8:6-9
네 하나님 여호와의 명령을 지켜 그의 길을 따라가며 그를 경외할지니라
네 하나님 여호와께서 너를 아름다운 땅에 이르게 하시나니 그 곳은 골짜기든지 산지든지 시내와 분천과 샘이 흐르고
밀과 보리의 소산지요 포도와 무화과와 석류와 감람나무와 꿀의 소산지라
네가 먹을 것에 모자람이 없고 네게 아무 부족함이 없는 땅이며 그 땅의 돌은 철이요 산에서는 동을 캘 것이라

신 8:10
네가 먹어서 배부르고 네 하나님 여호와께서 옥토를 네게 주셨음으로 말미암아 그를 찬송하리라

신 8:18
네 하나님 여호와를 기억하라 그가 네게 재물 얻을 능력을 주셨음이라 이같이 하심은 네 조상들에게 맹세하신 언약을 오늘과 같이 이루려 하심이니라

신 9:1
이스라엘아 들으라 네가 오늘 요단을 건너 너보다 강대한 나라들로 들어가서 그것을 차지하리니 그 성읍들은 크고 성벽은 하늘에 닿았으며

신 9:5
네가 가서 그 땅을 차지함은 네 공의로 말미암음도 아니며 네 마음이 정직함으로 말미암음도 아니요 이 민족들이 악함으로 말미암아 네 하나님 여호와

께서 그들을 네 앞에서 쫓아내심이라 여호와께서 이같이 하심은 네 조상 아브라함과 이삭과 야곱에게 하신 맹세를 이루려 하심이니라

신 10:11
여호와께서 내게 이르시되 일어나서 백성보다 먼저 길을 떠나라 내가 그들에게 주리라고 그들의 조상들에게 맹세한 땅에 그들이 들어가서 그것을 차지하리라 하셨느니라

신 11:8-9
그러므로 너희는 내가 오늘 너희에게 명하는 모든 명령을 지키라 그리하면 너희가 강성할 것이요 너희가 건너가 차지할 땅에 들어가서 그것을 차지할 것이며
또 여호와께서 너희의 조상들에게 맹세하여 그들과 그들의 후손에게 주리라고 하신 땅 곧 젖과 꿀이 흐르는 땅에서 너희의 날이 장구하리라

신 11:10-12
네가 들어가 차지하려 하는 땅은 네가 나온 애굽 땅과 같지 아니하니 거기에서는 너희가 파종한 후에 발로 물 대기를 채소밭에 댐과 같이 하였거니와
너희가 건너가서 차지할 땅은 산과 골짜기가 있어서 하늘에서 내리는 비를 흡수하는 땅이요
네 하나님 여호와께서 돌보아 주시는 땅이라 연초부터 연말까지 네 하나님 여호와의 눈이 항상 그 위에 있느니라

신 11:18-21
이러므로 너희는 나의 이 말을 너희의 마음과 뜻에 두고 또 그것을 너희의 손목에 매어 기호를 삼고 너희 미간에 붙여 표를 삼으며
또 그것을 너희의 자녀에게 가르치며 집에 앉아 있을 때에든지, 길을 갈 때에든지, 누워 있을 때에든지, 일어날 때에든지 이 말씀을 강론하고

또 네 집 문설주와 바깥 문에 기록하라
그리하면 여호와께서 너희 조상들에게 주리라고 맹세하신 땅에서 너희의
날과 너희의 자녀의 날이 많아서 하늘이 땅을 덮는 날과 같으리라

신 11:24
너희의 발바닥으로 밟는 곳은 다 너희의 소유가 되리니 너희의 경계는 곧 광
야에서부터 레바논까지와 유브라데 강에서부터 서해까지라

신 11:31-32
너희가 요단을 건너 너희의 하나님 여호와께서 너희에게 주시는 땅에 들어
가서 그 땅을 차지하려 하나니 반드시 그것을 차지하여 거기 거주할지라
내가 오늘 너희 앞에 베푸는 모든 규례와 법도를 너희는 지켜 행할지니라

신 15:4-6
네가 만일 네 하나님 여호와의 말씀만 듣고 내가 오늘 네게 내리는 그 명령
을 다 지켜 행하면 네 하나님 여호와께서 네게 기업으로 주신 땅에서 네가
반드시 복을 받으리니 너희 중에 가난한 자가 없으리라
네 하나님 여호와께서 네게 허락하신 대로 네게 복을 주시리니 네가 여러 나
라에 꾸어 줄지라도 너는 꾸지 아니하겠고 네가 여러 나라를 통치할지라도
너는 통치를 당하지 아니하리라

신 16:20
너는 마땅히 공의만을 따르라 그리하면 네가 살겠고 네 하나님 여호와께서
네게 주시는 땅을 차지하리라

신 17:14-15
네가 네 하나님 여호와께서 네게 주시는 땅에 이르러 그 땅을 차지하고 거주
할 때에 만일 우리도 우리 주위의 모든 민족들 같이 우리 위에 왕을 세워야

겠다는 생각이 나거든
반드시 네 하나님 여호와께서 택하신 자를 네 위에 왕으로 세울 것이며 네 위에 왕을 세우려면 네 형제 중에서 한 사람을 할 것이요 네 형제 아닌 타국인을 네 위에 세우지 말 것이며

신 18:9
네 하나님 여호와께서 네게 주시는 땅에 들어가거든 너는 그 민족들의 가증한 행위를 본받지 말 것이니

신 26:1-3
네 하나님 여호와께서 네게 기업으로 주어 차지하게 하실 땅에 네가 들어가서 거기에 거주할 때에
네 하나님 여호와께서 네게 주신 땅에서 그 토지의 모든 소산의 맏물을 거둔 후에 그것을 가져다가 광주리에 담고 네 하나님 여호와께서 그의 이름을 두시려고 택하신 곳으로 그것을 가지고 가서
그 때의 제사장에게 나아가 그에게 이르기를 내가 오늘 당신의 하나님 여호와께 아뢰나이다 내가 여호와께서 우리에게 주시겠다고 우리 조상들에게 맹세하신 땅에 이르렀나이다 할 것이요

신 26:15
원하건대 주의 거룩한 처소 하늘에서 보시고 주의 백성 이스라엘에게 복을 주시며 우리 조상들에게 맹세하여 우리에게 주신 젖과 꿀이 흐르는 땅에 복을 내리소서 할지니라

신 26:18-19
여호와께서도 네게 말씀하신 대로 오늘 너를 그의 보배로운 백성이 되게 하시고 그의 모든 명령을 지키라 확언하셨느니라

그런즉 여호와께서 너를 그 지으신 모든 민족 위에 뛰어나게 하사 찬송과 명예와 영광을 삼으시고 그가 말씀하신 대로 너를 네 하나님 여호와의 성민이 되게 하시리라

신 27:3
요단을 건넌 후에 이 율법의 모든 말씀을 그 위에 기록하라 그리하면 네 하나님 여호와께서 네게 주시는 땅 곧 젖과 꿀이 흐르는 땅에 네가 들어가기를 네 조상들의 하나님 여호와께서 네게 말씀하신 대로 하리라

신 28:8
여호와께서 명령하사 네 창고와 네 손으로 하는 모든 일에 복을 내리시고 네 하나님 여호와께서 네게 주시는 땅에서 네게 복을 주실 것이며

신 28:9-11
여호와께서 네게 맹세하신 대로 너를 세워 자기의 성민이 되게 하시리니 이는 네가 네 하나님 여호와의 명령을 지켜 그 길로 행할 것임이니라
땅의 모든 백성이 여호와의 이름이 너를 위하여 불리는 것을 보고 너를 두려워하리라
여호와께서 네게 주리라고 네 조상들에게 맹세하신 땅에서 네게 복을 주사 네 몸의 소생과 가축의 새끼와 토지의 소산을 많게 하시며

신 30:1-5
내가 네게 진술한 모든 복과 저주가 네게 임하므로 네가 네 하나님 여호와로부터 쫓겨간 모든 나라 가운데서 이 일이 마음에서 기억이 나거든
너와 네 자손이 네 하나님 여호와께로 돌아와 내가 오늘 네게 명령한 것을 온전히 따라 마음을 다하고 뜻을 다하여 여호와의 말씀을 청종하면
네 하나님 여호와께서 마음을 돌이키시고 너를 긍휼히 여기사 포로에서 돌아오게 하시되 네 하나님 여호와께서 흩으신 그 모든 백성 중에서 너를 모으

시리니
네 쫓겨간 자들이 하늘 가에 있을지라도 네 하나님 여호와께서 거기서 너를 모으실 것이며 거기서부터 너를 이끄실 것이라
네 하나님 여호와께서 너를 네 조상들이 차지한 땅으로 돌아오게 하사 네게 다시 그것을 차지하게 하실 것이며 여호와께서 또 네게 선을 행하사 너를 네 조상들보다 더 번성하게 하실 것이며

신 30:19-20
내가 오늘 하늘과 땅을 불러 너희에게 증거를 삼노라 내가 생명과 사망과 복과 저주를 네 앞에 두었은즉 너와 네 자손이 살기 위하여 생명을 택하고
네 하나님 여호와를 사랑하고 그의 말씀을 청종하며 또 그를 의지하라 그는 네 생명이시요 네 장수이시니 여호와께서 네 조상 아브라함과 이삭과 야곱에게 주리라고 맹세하신 땅에 네가 거주하리라

신 31:3
여호와께서 이미 말씀하신 것과 같이 네 하나님 여호와께서 너보다 먼저 건너가사 이 민족들을 네 앞에서 멸하시고 네가 그 땅을 차지하게 할 것이며 여호수아는 네 앞에서 건너갈지라

신 31:7
모세가 여호수아를 불러 온 이스라엘의 목전에서 그에게 이르되 너는 강하고 담대하라 너는 이 백성을 거느리고 여호와께서 그들의 조상에게 주리라고 맹세하신 땅에 들어가서 그들에게 그 땅을 차지하게 하라

신 31:19-22
그러므로 이제 너희는 이 노래를 써서 이스라엘 자손들에게 가르쳐 그들의 입으로 부르게 하여 이 노래로 나를 위하여 이스라엘 자손들에게 증거가 되게 하라

내가 그들의 조상들에게 맹세한 바 젖과 꿀이 흐르는 땅으로 그들을 인도하여 들인 후에 그들이 먹어 배부르고 살찌면 돌이켜 다른 신들을 섬기며 나를 멸시하여 내 언약을 어기리니

그들이 수많은 재앙과 환난을 당할 때에 그들의 자손이 부르기를 잊지 아니한 이 노래가 그들 앞에 증인처럼 되리라 나는 내가 맹세한 땅으로 그들을 인도하여 들이기 전 오늘 나는 그들이 생각하는 바를 아노라

그러므로 모세가 그 날 이 노래를 써서 이스라엘 자손들에게 가르쳤더라

신 31:23

여호와께서 또 눈의 아들 여호수아에게 명령하여 이르시되 너는 이스라엘 자손들을 인도하여 내가 그들에게 맹세한 땅으로 들어가게 하리니 강하고 담대하라 내가 너와 함께 하리라 하시니라

신 32:45-47

모세가 이 모든 말씀을 온 이스라엘에게 말하기를 마치고
그들에게 이르되 내가 오늘 너희에게 증언한 모든 말을 너희의 마음에 두고 너희의 자녀에게 명령하여 이 율법의 모든 말씀을 지켜 행하게 하라
이는 너희에게 헛된 일이 아니라 너희의 생명이니 이 일로 말미암아 너희가 요단을 건너가 차지할 그 땅에서 너희의 날이 장구하리라

신 32:48-49

바로 그 날에 여호와께서 모세에게 말씀하여 이르시되
너는 여리고 맞은편 모압 땅에 있는 아바림 산에 올라가 느보 산에 이르러 내가 이스라엘 자손에게 기업으로 주는 가나안 땅을 바라보라

신 34:1-4

모세가 모압 평지에서 느보 산에 올라가 여리고 맞은편 비스가 산꼭대기에 이르매 여호와께서 길르앗 온 땅을 단까지 보이시고

또 온 납달리와 에브라임과 므낫세의 땅과 서해까지의 유다 온 땅과 네겝과 종려나무의 성읍 여리고 골짜기 평지를 소알까지 보이시고 여호와께서 그에게 이르시되 이는 내가 아브라함과 이삭과 야곱에게 맹세하여 그의 후손에게 주리라 한 땅이라 내가 네 눈으로 보게 하였거니와 너는 그리로 건너가지 못하리라 하시매

수 1:2-6
내 종 모세가 죽었으니 이제 너는 이 모든 백성과 더불어 일어나 이 요단을 건너 내가 그들 곧 이스라엘 자손에게 주는 그 땅으로 가라
내가 모세에게 말한 바와 같이 너희 발바닥으로 밟는 곳은 모두 내가 너희에게 주었노니
곧 광야와 이 레바논에서부터 큰 강 곧 유브라데 강까지 헷 족속의 온 땅과 또 해 지는 쪽 대해까지 너희의 영토가 되리라
네 평생에 너를 능히 대적할 자가 없으리니 내가 모세와 함께 있었던 것 같이 너와 함께 있을 것임이니라 내가 너를 떠나지 아니하며 버리지 아니하리니
강하고 담대하라 너는 내가 그들의 조상에게 맹세하여 그들에게 주리라 한 땅을 이 백성에게 차지하게 하리라

수 1:15
여호와께서 너희를 안식하게 하신 것 같이 너희의 형제도 안식하며 그들도 너희의 하나님 여호와께서 주시는 그 땅을 차지하기까지 하라 그리고 너희는 너희 소유지 곧 여호와의 종 모세가 너희에게 준 요단 이쪽 해 돋는 곳으로 돌아와서 그것을 차지할지니라

수 2:24
또 여호수아에게 이르되 진실로 여호와께서 그 온 땅을 우리 손에 주셨으므로 그 땅의 모든 주민이 우리 앞에서 간담이 녹더이다 하더라

수 5:10-12

또 이스라엘 자손들이 길갈에 진 쳤고 그 달 십사일 저녁에는 여리고 평지에서 유월절을 지켰으며

유월절 이튿날에 그 땅의 소산물을 먹되 그 날에 무교병과 볶은 곡식을 먹었더라

또 그 땅의 소산물을 먹은 다음 날에 만나가 그쳤으니 이스라엘 사람들이 다시는 만나를 얻지 못하였고 그 해에 가나안 땅의 소출을 먹었더라

수 11:16-17

여호수아가 이같이 그 온 땅 곧 산지와 온 네겝과 고센 온 땅과 평지와 아라바와 이스라엘 산지와 평지를 점령하였으니

곧 세일로 올라가는 할락 산에서부터 헤르몬 산 아래 레바논 골짜기의 바알갓까지라 그들의 왕들을 모두 잡아 쳐죽였으며

수 11:23

이와 같이 여호수아가 여호와께서 모세에게 말씀하신 대로 그 온 땅을 점령하여 이스라엘 지파의 구분에 따라 기업으로 주매 그 땅에 전쟁이 그쳤더라

수 14:13-14

여호수아가 여분네의 아들 갈렙을 위하여 축복하고 헤브론을 그에게 주어 기업을 삼게 하매

헤브론이 그니스 사람 여분네의 아들 갈렙의 기업이 되어 오늘까지 이르렀으니 이는 그가 이스라엘의 하나님 여호와를 온전히 좇았음이라

여호수아 13~19장 이스라엘 지파들이 분배받은 땅에 대해 묘사

수 22:4

이제는 너희의 하나님 여호와께서 이미 말씀하신 대로 너희 형제에게 안식

을 주셨으니 그런즉 이제 너희는 여호와의 종 모세가 요단 저쪽에서 너희에게 준 소유지로 가서 너희의 장막으로 돌아가되

수 22:7-8
므낫세 반 지파에게는 모세가 바산에서 기업을 주었고 그 남은 반 지파에게는 여호수아가 요단 이쪽 서쪽에서 그들의 형제들과 함께 기업을 준지라 여호수아가 그들을 그들의 장막으로 돌려보낼 때에 그들에게 축복하고
말하여 이르되 너희는 많은 재산과 심히 많은 가축과 은과 금과 구리와 쇠와 심히 많은 의복을 가지고 너희의 장막으로 돌아가서 너희의 원수들에게서 탈취한 것을 너희의 형제와 나눌지니라 하매

수 24:13
내가 또 너희가 수고하지 아니한 땅과 너희가 건설하지 아니한 성읍들을 너희에게 주었더니 너희가 그 가운데에 거주하며 너희는 또 너희가 심지 아니한 포도원과 감람원의 열매를 먹는다 하셨느니라

수 24:29, 32 요셉이 족장들과 함께 약속된 땅에 묻히다
이 일 후에 여호와의 종 눈의 아들 여호수아가 백십 세에 죽으매
또 이스라엘 자손이 애굽에서 가져 온 요셉의 뼈를 세겜에 장사하였으니 이 곳은 야곱이 백 크시타를 주고 세겜의 아버지 하몰의 자손들에게서 산 밭이라 그것이 요셉 자손의 기업이 되었더라

삿 1:1-2
여호수아가 죽은 후에 이스라엘 자손이 여호와께 여쭈어 이르되 우리 가운데 누가 먼저 올라가서 가나안 족속과 싸우리이까
여호와께서 이르시되 유다가 올라갈지니라 보라 내가 이 땅을 그의 손에 넘겨 주었노라 하시니라

삿 2:1
여호와의 사자가 길갈에서부터 보김으로 올라와 말하되 내가 너희를 애굽에서 올라오게 하여 내가 너희의 조상들에게 맹세한 땅으로 들어가게 하였으며 또 내가 이르기를 내가 너희와 함께 한 언약을 영원히 어기지 아니하리니

룻 1:7
있던 곳에서 나오고 두 며느리도 그와 함께 하여 유다 땅으로 돌아오려고 길을 가다가

삼상 22:5
선지자 갓이 다윗에게 이르되 너는 이 요새에 있지 말고 떠나 유다 땅으로 들어가라 다윗이 떠나 헤렛 수풀에 이르니라

삼하 7:10
내가 또 내 백성 이스라엘을 위하여 한 곳을 정하여 그를 심고 그를 거주하게 하고 다시 옮기지 못하게 하며 악한 종류로 전과 같이 그들을 해하지 못하게 하여

대하 30:9
너희가 만일 여호와께 돌아오면 너희 형제들과 너희 자녀가 사로잡은 자들에게서 자비를 입어 다시 이 땅으로 돌아오리라 너희 하나님 여호와는 은혜로우시고 자비하신지라 너희가 그에게로 돌아오면 그의 얼굴을 너희에게서 돌이키지 아니하시리라 하였더라

에스라 10:7
유다와 예루살렘에 사로잡혔던 자들의 자손들에게 공포하기를 너희는 예루살렘으로 모이라

에스라 8장 바빌론 포로된 곳에서 예루살렘으로 돌아오면서 모든 부와 재물을 예루살렘으로 가져오다

느 1:8-9
옛적에 주께서 주의 종 모세에게 명령하여 이르시되 만일 너희가 범죄하면 내가 너희를 여러 나라 가운데에 흩을 것이요
만일 내게로 돌아와 내 계명을 지켜 행하면 너희 쫓긴 자가 하늘 끝에 있을지라도 내가 거기서부터 그들을 모아 내 이름을 두려고 택한 곳에 돌아오게 하리라 하신 말씀을 이제 청하건대 기억하옵소서

느헤미야 7장 바벨론 포로에서 돌아온 사람들의 명단

느 7:66-67
온 회중의 합계는 사만 이천삼백육십 명이요
그 외에 노비가 칠천삼백삼십칠 명이요 그들에게 노래하는 남녀가 이백사십오 명이 있었고

느 9:7-8
주는 하나님 여호와시라 옛적에 아브람을 택하시고 갈대아 우르에서 인도하여 내시고 아브라함이라는 이름을 주시고
그의 마음이 주 앞에서 충성됨을 보시고 그와 더불어 언약을 세우사 가나안 족속과 헷 족속과 아모리 족속과 브리스 족속과 여부스 족속과 기르가스 족속의 땅을 그의 씨에게 주리라 하시더니 그 말씀대로 이루셨사오매 주는 의로우심이로소이다

느 9:23-25
주께서 그들의 자손을 하늘의 별같이 많게 하시고 전에 그들의 열조에게 들어가서 차지하라고 말씀하신 땅으로 인도하여 이르게 하셨으므로

그 자손이 들어가서 땅을 차지하되 주께서 그 땅 가나안 주민들이 그들 앞에 복종하게 하실 때에 가나안 사람들과 그들의 왕들과 본토 여러 족속들을 그들의 손에 넘겨 임의로 행하게 하시매
그들이 견고한 성읍들과 기름진 땅을 점령하고 모든 아름다운 물건이 가득한 집과 판 우물과 포도원과 감람원과 허다한 과목을 차지하여 배불리 먹어 살찌고 주의 큰 복을 즐겼사오나

시 2:8
내게 구하라 내가 이방 나라를 네 유업으로 주리니 네 소유가 땅 끝까지 이르리로다

시 14:7
이스라엘의 구원이 시온에서 나오기를 원하도다 여호와께서 그의 백성을 포로된 곳에서 돌이키실 때에 야곱이 즐거워하고 이스라엘이 기뻐하리로다

시 25:13
그의 영혼은 평안히 살고 그의 자손은 땅을 상속하리로다

시 27:4
내가 여호와께 바라는 한 가지 일 그것을 구하리니 곧 내가 내 평생에 여호와의 집에 살면서 여호와의 아름다움을 바라보며 그의 성전에서 사모하는 그것이라

시 33:12
여호와를 자기 하나님으로 삼은 나라 곧 하나님의 기업으로 선택된 백성은 복이 있도다

시 37:3
여호와를 의뢰하고 선을 행하라 땅에 머무는 동안 그의 성실을 먹을 거리로 삼을지어다

시 37:11
그러나 온유한 자들은 땅을 차지하며 풍성한 화평으로 즐거워하리로다

시 37:22
주의 복을 받은 자들은 땅을 차지하고 주의 저주를 받은 자들은 끊어지리로다

시 37:29
의인이 땅을 차지함이여 거기서 영원히 살리로다

시 37:34
여호와를 바라고 그의 도를 지키라 그리하면 네가 땅을 차지하게 하실 것이라 악인이 끊어질 때에 네가 똑똑히 보리로다

시 53:6
시온에서 이스라엘을 구원하여 줄 자 누구인가 하나님이 자기 백성의 포로 된 것을 돌이키실 때에 야곱이 즐거워하며 이스라엘이 기뻐하리로다

시 69:33-36
여호와는 궁핍한 자의 소리를 들으시며 자기로 말미암아 갇힌 자를 멸시하지 아니하시나니
천지가 그를 찬송할 것이요 바다와 그 중의 모든 생물도 그리할지로다
하나님이 시온을 구원하시고 유다 성읍들을 건설하시리니 무리가 거기에 살며 소유를 삼으리로다
그의 종들의 후손이 또한 이를 상속하고 그의 이름을 사랑하는 자가 그 중에

살리로다

시 74:2
옛적부터 얻으시고 속량하사 주의 기업의 지파로 삼으신 주의 회중을 기억하시며 주께서 계시던 시온 산도 생각하소서

시 77:14-15
주는 기이한 일을 행하신 하나님이시라 민족들 중에 주의 능력을 알리시고 주의 팔로 주의 백성 곧 야곱과 요셉의 자손을 속량하셨나이다 (셀라)

시 78:54-55
그들을 그의 성소의 영역 곧 그의 오른손으로 만드신 산으로 인도하시고 또 나라를 그들의 앞에서 쫓아내시며 줄을 쳐서 그들의 소유를 분배하시고 이스라엘의 지파들이 그들의 장막에 살게 하셨도다

시 84:10
주의 궁정에서의 한 날이 다른 곳에서의 천 날보다 나은즉 악인의 장막에 사는 것보다 내 하나님의 성전 문지기로 있는 것이 좋사오니

시 85:1
여호와여 주께서 주의 땅에 은혜를 베푸사 야곱의 포로 된 자들이 돌아오게 하셨으며

시 85:12
여호와께서 좋은 것을 주시리니 우리 땅이 그 산물을 내리로다

시 87:1-2
그의 터전이 성산에 있음이여

여호와께서 야곱의 모든 거처보다 시온의 문들을 사랑하시는도다

시 94:14
여호와께서는 자기 백성을 버리지 아니하시며 자기의 소유를 외면하지 아니하시리로다

시 105:5-11
그의 종 아브라함의 후손 곧 택하신 야곱의 자손 너희는 그가 행하신 기적과 그의 이적과 그의 입의 판단을 기억할지어다
그는 여호와 우리 하나님이시라 그의 판단이 온 땅에 있도다
그는 그의 언약 곧 천 대에 걸쳐 명령하신 말씀을 영원히 기억하셨으니
이것은 아브라함과 맺은 언약이고 이삭에게 하신 맹세이며
야곱에게 세우신 율례 곧 이스라엘에게 하신 영원한 언약이라
이르시기를 내가 가나안 땅을 네게 주어 너희에게 할당된 소유가 되게 하리라 하셨도다

시 105:37
마침내 그들을 인도하여 은 금을 가지고 나오게 하시니 그의 지파 중에 비틀거리는 자가 하나도 없었도다

시 105:42-45
이는 그의 거룩한 말씀과 그의 종 아브라함을 기억하셨음이로다
그의 백성이 즐겁게 나오게 하시며 그의 택한 자는 노래하며 나오게 하시고
여러 나라의 땅을 그들에게 주시며 민족들이 수고한 것을 소유로 가지게 하셨으니
이는 그들이 그의 율례를 지키고 그의 율법을 따르게 하려 하심이로다 할렐루야

시 106:47
여호와 우리 하나님이여 우리를 구원하사 여러 나라로부터 모으시고 우리가 주의 거룩하신 이름을 감사하며 주의 영예를 찬양하게 하소서

시 107:2-3
여호와의 속량을 받은 자들은 이같이 말할지어다 여호와께서 대적의 손에서 그들을 속량하사
동서 남북 각 지방에서부터 모으셨도다

시 107:7
또 바른 길로 인도하사 거주할 성읍에 이르게 하셨도다

시 107:36-38
주린 자들로 거기에 살게 하사 그들이 거주할 성읍을 준비하게 하시고
밭에 파종하며 포도원을 재배하여 풍성한 소출을 거두게 하시며
또 복을 주사 그들이 크게 번성하게 하시고 그의 가축이 감소하지 아니하게 하실지라도

시 111:5-6
여호와께서 자기를 경외하는 자들에게 양식을 주시며 그의 언약을 영원히 기억하시리로다
그가 그들에게 뭇 나라의 기업을 주사 그가 행하시는 일의 능력을 그들에게 알리셨도다

시 114:1-2
이스라엘이 애굽에서 나오며 야곱의 집안이 언어가 다른 민족에게서 나올 때에
유다는 여호와의 성소가 되고 이스라엘은 그의 영토가 되었도다

시 121:4
이스라엘을 지키시는 이는 졸지도 아니하시고 주무시지도 아니하시리로다

시 122:1-4
사람이 내게 말하기를 여호와의 집에 올라가자 할 때에 내가 기뻐하였도다
예루살렘아 우리 발이 네 성문 안에 섰도다
예루살렘아 너는 잘 짜여진 성읍과 같이 건설되었도다
지파들 곧 여호와의 지파들이 여호와의 이름에 감사하려고 이스라엘의 전례대로 그리로 올라가는도다

시 125:2
산들이 예루살렘을 두름과 같이 여호와께서 그의 백성을 지금부터 영원까지 두르시리로다

시 126편
여호와께서 시온의 포로를 돌려 보내실 때에 우리는 꿈꾸는 것 같았도다
그 때에 우리 입에는 웃음이 가득하고 우리 혀에는 찬양이 찼었도다 그 때에 뭇 나라 가운데에서 말하기를 여호와께서 그들을 위하여 큰 일을 행하셨다 하였도다
여호와께서 우리를 위하여 큰 일을 행하셨으니 우리는 기쁘도다
여호와여 우리의 포로를 남방 시내들 같이 돌려 보내소서
눈물을 흘리며 씨를 뿌리는 자는 기쁨으로 거두리로다
울며 씨를 뿌리러 나가는 자는 반드시 기쁨으로 그 곡식 단을 가지고 돌아오리로다

시 127:1
여호와께서 집을 세우지 아니하시면 세우는 자의 수고가 헛되며 여호와께서 성을 지키지 아니하시면 파수꾼의 깨어 있음이 헛되도다

시 128:5-6
여호와께서 시온에서 네게 복을 주실지어다 너는 평생에 예루살렘의 번영을 보며
네 자식의 자식을 볼지어다 이스라엘에게 평강이 있을지로다

시 130:7-8
이스라엘아 여호와를 바랄지어다 여호와께서는 인자하심과 풍성한 속량이 있음이라
그가 이스라엘을 그의 모든 죄악에서 속량하시리로다

시 135:4
여호와께서 자기를 위하여 야곱 곧 이스라엘을 자기의 특별한 소유로 택하셨음이로다

시 135:12
그들의 땅을 기업으로 주시되 자기 백성 이스라엘에게 기업으로 주셨도다

시 136:21-22
그들의 땅을 기업으로 주신 이에게 감사하라 그 인자하심이 영원함이로다
곧 그 종 이스라엘에게 기업으로 주신 이에게 감사하라 그 인자하심이 영원함이로다

시 137:4-6
우리가 이방 땅에서 어찌 여호와의 노래를 부를까
예루살렘아 내가 너를 잊을진대 내 오른손이 그의 재주를 잊을지로다
내가 예루살렘을 기억하지 아니하거나 내가 가장 즐거워하는 것보다 더 즐거워하지 아니할진대 내 혀가 내 입천장에 붙을지로다

시 147:2-3
여호와께서 예루살렘을 세우시며 이스라엘의 흩어진 자들을 모으시며
상심한 자들을 고치시며 그들의 상처를 싸매시는도다

사 10:21-22
남은 자 곧 야곱의 남은 자가 능하신 하나님께로 돌아올 것이라
이스라엘이여 네 백성이 바다의 모래 같을지라도 남은 자만 돌아오리니 넘치는 공의로 파멸이 작정되었음이라

사 11:11-12
그 날에 주께서 다시 그의 손을 펴사 그의 남은 백성을 앗수르와 애굽과 바드로스와 구스와 엘람과 시날과 하맛과 바다 섬들에서 돌아오게 하실 것이라
여호와께서 열방을 향하여 기치를 세우시고 이스라엘의 쫓긴 자들을 모으시며 땅 사방에서 유다의 흩어진 자들을 모으시리니

사 14:1-2
여호와께서 야곱을 긍휼히 여기시며 이스라엘을 다시 택하여 그들의 땅에 두시리니 나그네 된 자가 야곱 족속과 연합하여 그들에게 예속될 것이며 민족들이 그들을 데리고 그들의 본토에 돌아오리니 이스라엘 족속이 여호와의 땅에서 그들을 얻어 노비로 삼겠고 전에 자기를 사로잡던 자들을 사로잡고 자기를 압제하던 자들을 주관하리라

사 27:12-13
너희 이스라엘 자손들아 그 날에 여호와께서 창일하는 하수에서부터 애굽 시내에까지 과실을 떠는 것 같이 너희를 하나하나 모으시리라
그 날에 큰 나팔을 불리니 앗수르 땅에서 멸망하는 자들과 애굽 땅으로 쫓겨난 자들이 돌아와서 예루살렘 성산에서 여호와께 예배하리라

사 35:10
여호와의 속량함을 받은 자들이 돌아오되 노래하며 시온에 이르러 그들의 머리 위에 영영한 희락을 띠고 기쁨과 즐거움을 얻으리니 슬픔과 탄식이 사라지리로다

사 41:8-10
그러나 나의 종 너 이스라엘아 내가 택한 야곱아 나의 벗 아브라함의 자손아 내가 땅 끝에서부터 너를 붙들며 땅 모퉁이에서부터 너를 부르고 네게 이르기를 너는 나의 종이라 내가 너를 택하고 싫어하여 버리지 아니하였다 하였노라
두려워하지 말라 내가 너와 함께 함이라 놀라지 말라 나는 네 하나님이 됨이라 내가 너를 굳세게 하리라 참으로 너를 도와 주리라 참으로 나의 의로운 오른손으로 너를 붙들리라

사 43:5-6
두려워하지 말라 내가 너와 함께 하여 네 자손을 동쪽에서부터 오게 하며 서쪽에서부터 너를 모을 것이며
내가 북쪽에게 이르기를 내놓으라 남쪽에게 이르기를 가두어 두지 말라 내 아들들을 먼 곳에서 이끌며 내 딸들을 땅 끝에서 오게 하며

사 43:16-19
나 여호와가 이같이 말하노 라 바다 가운데에 길을, 큰 물 가운데에 지름길을 내고
병거와 말과 군대의 용사를 이끌어 내어 그들이 일시에 엎드러져 일어나지 못하고 소멸하기를 꺼져가는 등불 같게 하였느니라
너희는 이전 일을 기억하지 말며 옛날 일을 생각하지 말라
보라 내가 새 일을 행하리니 이제 나타낼 것이라 너희가 그것을 알지 못하겠느냐 반드시 내가 광야에 길을 사막에 강을 내리니

사 44:21-22
야곱아 이스라엘아 이 일을 기억하라 너는 내 종이니라 내가 너를 지었으니 너는 내 종이니라 이스라엘아 너는 나에게 잊혀지지 아니하리라
내가 네 허물을 빽빽한 구름 같이, 네 죄를 안개 같이 없이하였으니 너는 내게로 돌아오라 내가 너를 구속하였음이니라

사 44:26
그의 종의 말을 세워 주며 그의 사자들의 계획을 성취하게 하며 예루살렘에 대하여는 이르기를 거기에 사람이 살리라 하며 유다 성읍들에 대하여는 중건될 것이라 내가 그 황폐한 곳들을 복구시키리라 하며

사 45:20
열방 중에서 피난한 자들아 너희는 모여 오라 함께 가까이 나아오라 나무 우상을 가지고 다니며 구원하지 못하는 신에게 기도하는 자들은 무지한 자들이니라

사 46:3-4
야곱의 집이여 이스라엘 집에 남은 모든 자여 내게 들을지어다 배에서 태어남으로부터 내게 안겼고 태에서 남으로부터 내게 업힌 너희여
너희가 노년에 이르기까지 내가 그리하겠고 백발이 되기까지 내가 너희를 품을 것이라 내가 지었은즉 내가 업을 것이요 내가 품고 구하여 내리라

사 48:20
너희는 바벨론에서 나와서 갈대아인을 피하고 즐거운 소리로 이를 알게 하여 들려 주며 땅 끝까지 반포하여 이르기를 여호와께서 그의 종 야곱을 구속하셨다 하라

사 49:5-6
이제 여호와께서 말씀하시나니 그는 태에서부터 나를 그의 종으로 지으신 이시요 야곱을 그에게로 돌아오게 하시는 이시니 이스라엘이 그에게로 모이는도다 그러므로 내가 여호와 보시기에 영화롭게 되었으며 나의 하나님은 나의 힘이 되셨도다
그가 이르시되 네가 나의 종이 되어 야곱의 지파들을 일으키며 이스라엘 중에 보전된 자를 돌아오게 할 것은 매우 쉬운 일이라 내가 또 너를 이방의 빛으로 삼아 나의 구원을 베풀어서 땅 끝까지 이르게 하리라

사 49:11-12
내가 나의 모든 산을 길로 삼고 나의 대로를 돋우리니
어떤 사람은 먼 곳에서, 어떤 사람은 북쪽과 서쪽에서, 어떤 사람은 시님 땅에서 오리라

사 49:14-18
오직 시온이 이르기를 여호와께서 나를 버리시며 주께서 나를 잊으셨다 하였거니와
여인이 어찌 그 젖 먹는 자식을 잊겠으며 자기 태에서 난 아들을 긍휼히 여기지 않겠느냐 그들은 혹시 잊을지라도 나는 너를 잊지 아니할 것이라
내가 너를 내 손바닥에 새겼고 너의 성벽이 항상 내 앞에 있나니
네 자녀들은 빨리 걸으며 너를 헐며 너를 황폐하게 하던 자들은 너를 떠나가리라
네 눈을 들어 사방을 보라 그들이 다 모여 네게로 오느니라 나 여호와가 이르노라 내가 나의 삶으로 맹세하노니 네가 반드시 그 모든 무리를 장식처럼 몸에 차며 그것을 띠기를 신부처럼 할 것이라

사 49:19-20
이는 네 황폐하고 적막한 곳들과 네 파멸을 당하였던 땅이 이제는 주민이 많

아 좁게 될 것이며 너를 삼켰던 자들이 멀리 떠날 것이니라
자식을 잃었을 때에 낳은 자녀가 후일에 네 귀에 말하기를 이곳이 내게 좁으니 넓혀서 내가 거주하게 하라 하리니

사 49:22
주 여호와가 이같이 이르노라 내가 뭇 나라를 향하여 나의 손을 들고 민족들을 향하여 나의 기치를 세울 것이라 그들이 네 아들들을 품에 안고 네 딸들을 어깨에 메고 올 것이며

사 51:3
나 여호와가 시온의 모든 황폐한 곳들을 위로하여 그 사막을 에덴 같게, 그 광야를 여호와의 동산 같게 하였나니 그 가운데에 기뻐함과 즐거워함과 감사함과 창화하는 소리가 있으리라

사 51:11
여호와께 구속 받은 자들이 돌아와 노래하며 시온으로 돌아오니 영원한 기쁨이 그들의 머리 위에 있고 즐거움과 기쁨을 얻으리니 슬픔과 탄식이 달아나리이다

사 52:2-3
너는 티끌을 털어 버릴지어다 예루살렘이여 일어나 앉을지어다 사로잡힌 딸 시온이여 네 목의 줄을 스스로 풀지어다
여호와께서 이와 같이 말씀하시되 너희가 값 없이 팔렸으니 돈 없이 속량되리라

사 52:11-12
너희는 떠날지어다 떠날지어다 거기서 나오고 부정한 것을 만지지 말지어다 그 가운데에서 나올지어다 여호와의 기구를 메는 자들이여 스스로 정결

하게 할지어다
여호와께서 너희 앞에서 행하시며 이스라엘의 하나님이 너희 뒤에서 호위하시리니 너희가 황급히 나오지 아니하며 도망하듯 다니지 아니하리라

사 54:3
이는 네가 좌우로 퍼지며 네 자손은 열방을 얻으며 황폐한 성읍들을 사람 살 곳이 되게 할 것임이라

사 54:6-8
여호와께서 너를 부르시되 마치 버림을 받아 마음에 근심하는 아내 곧 어릴 때에 아내가 되었다가 버림을 받은 자에게 함과 같이 하실 것임이라 네 하나님께서 말씀하셨느니라
내가 잠시 너를 버렸으나 큰 긍휼로 너를 모을 것이요
내가 넘치는 진노로 내 얼굴을 네게서 잠시 가렸으나 영원한 자비로 너를 긍휼히 여기리라 네 구속자 여호와께서 말씀하셨느니라

사 56:6-8
또 여호와와 연합하여 그를 섬기며 여호와의 이름을 사랑하며 그의 종이 되며 안식일을 지켜 더럽히지 아니하며 나의 언약을 굳게 지키는 이방인마다
내가 곧 그들을 나의 성산으로 인도하여 기도하는 내 집에서 그들을 기쁘게 할 것이며 그들의 번제와 희생을 나의 제단에서 기꺼이 받게 되리니 이는 내 집은 만민이 기도하는 집이라 일컬음이 될 것임이라
이스라엘의 쫓겨난 자를 모으시는 주 여호와가 말하노니 내가 이미 모은 백성 외에 또 모아 그에게 속하게 하리라 하셨느니라

사 57:13
네가 부르짖을 때에 네가 모은 우상들에게 너를 구원하게 하라 그것들은 다 바람에 날려 가겠고 기운에 불려갈 것이로되 나를 의뢰하는 자는 땅을 차지

하겠고 나의 거룩한 산을 기업으로 얻으리라

사 58:12
네게서 날 자들이 오래 황폐된 곳들을 다시 세울 것이며 너는 역대의 파괴된 기초를 쌓으리니 너를 일컬어 무너진 데를 보수하는 자라 할 것이며 길을 수축하여 거할 곳이 되게 하는 자라 하리라

사 58:14
네가 여호와 안에서 즐거움을 얻을 것이라 내가 너를 땅의 높은 곳에 올리고 네 조상 야곱의 기업으로 기르리라 여호와의 입의 말씀이니라

사 60:4-5
네 눈을 들어 사방을 보라 무리가 다 모여 네게로 오느니라 네 아들들은 먼 곳에서 오겠고 네 딸들은 안기어 올 것이라
그 때에 네가 보고 기쁜 빛을 내며 네 마음이 놀라고 또 화창하리니 이는 바다의 부가 네게로 돌아오며 이방 나라들의 재물이 네게로 옴이라

사 61:4-7
그들은 오래 황폐하였던 곳을 다시 쌓을 것이며 옛부터 무너진 곳을 다시 일으킬 것이며 황폐한 성읍 곧 대대로 무너져 있던 것들을 중수할 것이며
외인은 서서 너희 양 떼를 칠 것이요 이방 사람은 너희 농부와 포도원지기가 될 것이나
오직 너희는 여호와의 제사장이라 일컬음을 받을 것이라 사람들이 너희를 우리 하나님의 봉사자라 할 것이며 너희가 이방 나라들의 재물을 먹으며 그들의 영광을 얻어 자랑할 것이니라
너희가 수치 대신에 보상을 배나 얻으며 능욕 대신에 몫으로 말미암아 즐거워할 것이라 그리하여 그들의 땅에서 갑절이나 얻고 영원한 기쁨이 있으리라

이사야 62장

사 63:17-18
여호와여 어찌하여 우리로 주의 길에서 떠나게 하시며 우리의 마음을 완고하게 하사 주를 경외하지 않게 하시나이까 원하건대 주의 종들 곧 주의 기업인 지파들을 위하사 돌아오시옵소서
주의 거룩한 백성이 땅을 차지한 지 오래지 아니하여서 우리의 원수가 주의 성소를 유린하였사오니

사 65:9
내가 야곱에게서 씨를 내며 유다에게서 나의 산들을 기업으로 얻을 자를 내리니 내가 택한 자가 이를 기업으로 얻을 것이요 나의 종들이 거기에 살 것이라

사 66:8-10
이러한 일을 들은 자가 누구이며 이러한 일을 본 자가 누구이냐 나라가 어찌 하루에 생기겠으며 민족이 어찌 한 순간에 태어나겠느냐 그러나 시온은 진통하는 즉시 그 아들을 순산하였도다
여호와께서 이르시되 내가 아이를 갖도록 하였은즉 해산하게 하지 아니하겠느냐 네 하나님이 이르시되 나는 해산하게 하는 이인즉 어찌 태를 닫겠느냐 하시니라
예루살렘을 사랑하는 자들이여 다 그 성읍과 함께 기뻐하라 다 그 성읍과 함께 즐거워하라 그 성을 위하여 슬퍼하는 자들이여 다 그 성의 기쁨으로 말미암아 그 성과 함께 기뻐하라

사 66:18
내가 그들의 행위와 사상을 아노라 때가 이르면 뭇 나라와 언어가 다른 민족들을 모으리니 그들이 와서 나의 영광을 볼 것이며

사 66:20-22
나 여호와가 말하노라 이스라엘 자손이 예물을 깨끗한 그릇에 담아 여호와의 집에 드림 같이 그들이 너희 모든 형제를 뭇 나라에서 나의 성산 예루살렘으로 말과 수레와 교자와 노새와 낙타에 태워다가 여호와께 예물로 드릴 것이요
나는 그 가운데에서 택하여 제사장과 레위인을 삼으리라 여호와의 말이니라
내가 지을 새 하늘과 새 땅이 내 앞에 항상 있는 것 같이 너희 자손과 너희 이름이 항상 있으리라 여호와의 말이니라

렘 3:14-18
여호와의 말씀이니라 배역한 자식들아 돌아오라 나는 너희 남편임이라 내가 너희를 성읍에서 하나와 족속 중에서 둘을 택하여 너희를 시온으로 데려오겠고
내가 또 내 마음에 합한 목자들을 너희에게 주리니 그들이 지식과 명철로 너희를 양육하리라
여호와의 말씀이니라 너희가 이 땅에서 번성하여 많아질 때에는 사람들이 여호와의 언약궤를 다시는 말하지 아니할 것이요 생각하지 아니할 것이요 기억하지 아니할 것이요 찾지 아니할 것이요 다시는 만들지 아니할 것이며
그 때에 예루살렘이 그들에게 여호와의 보좌라 일컬음이 되며 모든 백성이 그리로 모이리니 곧 여호와의 이름으로 말미암아 예루살렘에 모이고 다시는 그들의 악한 마음의 완악한 대로 그들이 행하지 아니할 것이며
그 때에 유다 족속이 이스라엘 족속과 동행하여 북에서부터 나와서 내가 너희 조상들에게 기업으로 준 땅에 그들이 함께 이르리라

렘 4:5-6
너희는 유다에 선포하며 예루살렘에 공포하여 이르기를 이 땅에서 나팔을 불라 하며 또 크게 외쳐 이르기를 너희는 모이라 우리가 견고한 성으로 들어가자 하고

시온을 향하여 깃발을 세우라, 도피하라, 지체하지 말라, 내가 북방에서 재난과 큰 멸망을 가져오리라

렘 12:14-15
내가 내 백성 이스라엘에게 기업으로 준 소유에 손을 대는 나의 모든 악한 이웃에 대하여 여호와께서 이와 같이 말씀하시니라 보라 내가 그들을 그 땅에서 뽑아 버리겠고 유다 집을 그들 가운데서 뽑아 내리라
내가 그들을 뽑아 낸 후에 내가 돌이켜 그들을 불쌍히 여겨서 각 사람을 그들의 기업으로, 각 사람을 그 땅으로 다시 인도하리니

렘 16:14-15
여호와의 말씀이니라 그러나 보라 날이 이르리니 다시는 이스라엘 자손을 애굽 땅에서 인도하여 내신 여호와께서 살아 계심을 두고 맹세하지 아니하고 이스라엘 자손을 북방 땅과 그 쫓겨 났던 모든 나라에서 인도하여 내신 여호와께서 살아 계심을 두고 맹세하리라 내가 그들을 그들의 조상들에게 준 그들의 땅으로 인도하여 들이리라

렘 23:3-6
내가 내 양 떼의 남은 것을 그 몰려 갔던 모든 지방에서 모아 다시 그 우리로 돌아오게 하리니 그들의 생육이 번성할 것이며
내가 그들을 기르는 목자들을 그들 위에 세우리니 그들이 다시는 두려워하거나 놀라거나 잃어 버리지 아니하리라 여호와의 말씀이니라
여호와의 말씀이니라 보라 때가 이르리니 내가 다윗에게 한 의로운 가지를 일으킬 것이라 그가 왕이 되어 지혜롭게 다스리며 세상에서 정의와 공의를 행할 것이며
그의 날에 유다는 구원을 받겠고 이스라엘은 평안히 살 것이며 그의 이름은 여호와 우리의 공의라 일컬음을 받으리라

렘 23:7-8
그러므로 여호와의 말씀이니라 보라 날이 이르리니 그들이 다시는 이스라엘 자손을 애굽 땅에서 인도하여 내신 여호와의 사심으로 맹세하지 아니하고 이스라엘 집 자손을 북쪽 땅, 그 모든 쫓겨났던 나라에서 인도하여 내신 여호와의 사심으로 맹세할 것이며 그들이 자기 땅에 살리라 하시니라

렘 24:6-7
내가 그들을 돌아보아 좋게 하여 다시 이 땅으로 인도하여 세우고 헐지 아니하며 심고 뽑지 아니하겠고
내가 여호와인 줄 아는 마음을 그들에게 주어서 그들이 전심으로 내게 돌아오게 하리니 그들은 내 백성이 되겠고 나는 그들의 하나님이 되리라

렘 27:22
그것들이 바벨론으로 옮겨지고 내가 이것을 돌보는 날까지 거기에 있을 것이니라 그 후에 내가 그것을 올려 와 이 곳에 그것들을 되돌려 두리라 여호와의 말씀이니라

렘 29:11-14
여호와의 말씀이니라 너희를 향한 나의 생각을 내가 아나니 평안이요 재앙이 아니니라 너희에게 미래와 희망을 주는 것이니라
너희가 내게 부르짖으며 내게 와서 기도하면 내가 너희들의 기도를 들을 것이요
너희가 온 마음으로 나를 구하면 나를 찾을 것이요 나를 만나리라
이것은 여호와의 말씀이니라 나는 너희들을 만날 것이며 너희를 포로된 중에서 다시 돌아오게 하되 내가 쫓아 보내었던 나라들과 모든 곳에서 모아 사로잡혀 떠났던 그 곳으로 돌아오게 하리라 이것은 여호와의 말씀이니라

렘 30:3

여호와의 말씀이니라 보라 내가 내 백성 이스라엘과 유다의 포로를 돌아가게 할 날이 오리니 내가 그들을 그 조상들에게 준 땅으로 돌아오게 할 것이니 그들이 그 땅을 차지하리라 여호와께서 말씀하시니라

렘 30:10

여호와의 말씀이니라 그러므로 나의 종 야곱아 너는 두려워하지 말라 이스라엘아 놀라지 말라 내가 너를 먼 곳으로부터 구원하고 네 자손을 잡혀가 있는 땅에서 구원하리니 야곱이 돌아와서 태평과 안락을 누릴 것이며 두렵게 할 자가 없으리라

렘 31:8-9

보라 나는 그들을 북쪽 땅에서 인도하며 땅 끝에서부터 모으리라 그들 중에는 맹인과 다리 저는 사람과 잉태한 여인과 해산하는 여인이 함께 있으며 큰 무리를 이루어 이 곳으로 돌아오리라
그들이 울며 돌아오리니 나의 인도함을 받고 간구할 때에 내가 그들을 넘어지지 아니하고 물 있는 계곡의 곧은 길로 가게 하리라 나는 이스라엘의 아버지요 에브라임은 나의 장자니라

렘 31:10-11

이방들이여 너희는 여호와의 말씀을 듣고 먼 섬에 전파하여 이르기를 이스라엘을 흩으신 자가 그를 모으시고 목자가 그 양 떼에게 행함 같이 그를 지키시리로다
여호와께서 야곱을 구원하시되 그들보다 강한 자의 손에서 속량하셨으니

렘 31:12

그들이 와서 시온의 높은 곳에서 찬송하며 여호와의 복 곧 곡식과 새 포도주와 기름과 어린 양의 떼와 소의 떼를 얻고 크게 기뻐하리라 그 심령은 물 댄

동산 같겠고 다시는 근심이 없으리로다 할지어다

렘 31:15-17
여호와께서 이와 같이 말씀하시니라 라마에서 슬퍼하며 통곡하는 소리가 들리니 라헬이 그 자식 때문에 애곡하는 것이라 그가 자식이 없어져서 위로 받기를 거절하는도다
여호와께서 이와 같이 말씀하시니라 네 울음 소리와 네 눈물을 멈추어라 네 일에 삯을 받을 것인즉 그들이 그의 대적의 땅에서 돌아오리라 여호와의 말씀이니라
너의 장래에 소망이 있을 것이라 너의 자녀가 자기들의 지경으로 돌아오리라 여호와의 말씀이니라

렘 31:21-22
처녀 이스라엘아 너의 이정표를 세우며 너의 푯말을 만들고 큰 길 곧 네가 전에 가던 길을 마음에 두라 돌아오라 네 성읍들로 돌아오라
반역한 딸아 네가 어느 때까지 방황하겠느냐 여호와가 새 일을 세상에 창조하였나니 곧 여자가 남자를 둘러 싸리라

렘 31:23-25
만군의 여호와 이스라엘의 하나님께서 이와 같이 말씀하시니라 내가 그 사로잡힌 자를 돌아오게 할 때에 그들이 유다 땅과 그 성읍들에서 다시 이 말을 쓰리니 곧 의로운 처소여, 거룩한 산이여, 여호와께서 네게 복 주시기를 원하노라 할 것이며
유다와 그 모든 성읍의 농부와 양 떼를 인도하는 자가 거기에 함께 살리니 이는 내가 그 피곤한 심령을 상쾌하게 하며 모든 연약한 심령을 만족하게 하였음이라 하시기로

렘 31:27-28
여호와의 말씀이니라 보라 내가 사람의 씨와 짐승의 씨를 이스라엘 집과 유다 집에 뿌릴 날이 이르리니
깨어서 그들을 뿌리 뽑으며 무너뜨리며 전복하며 멸망시키며 괴롭게 하던 것과 같이 내가 깨어서 그들을 세우며 심으리라 여호와의 말씀이니라

렘 32:37-41
보라 내가 노여움과 분함과 큰 분노로 그들을 쫓아 보내었던 모든 지방에서 그들을 모아들여 이 곳으로 돌아오게 하여 안전히 살게 할 것이라
그들은 내 백성이 되겠고 나는 그들의 하나님이 될 것이며
내가 그들에게 한 마음과 한 길을 주어 자기들과 자기 후손의 복을 위하여 항상 나를 경외하게 하고
내가 그들에게 복을 주기 위하여 그들을 떠나지 아니하리라 하는 영원한 언약을 그들에게 세우고 나를 경외함을 그들의 마음에 두어 나를 떠나지 않게 하고
내가 기쁨으로 그들에게 복을 주되 분명히 나의 마음과 정성을 다하여 그들을 이 땅에 심으리라

렘 33:7
내가 유다의 포로와 이스라엘의 포로를 돌아오게 하여 그들을 처음과 같이 세울 것이며

렘 33:14
여호와의 말씀이니라 보라 내가 이스라엘 집과 유다 집에 대하여 일러 준 선한 말을 성취할 날이 이르리라

렘 46:16
그가 많은 사람을 넘어지게 하시매 사람이 사람 위에 엎드러지며 이르되 일

어 나라 우리가 포악한 칼을 피하여 우리 민족에게로, 우리 고향으로 돌아가자 하도다

렘 46:27
내 종 야곱아 두려워하지 말라 이스라엘아 놀라지 말라 보라 내가 너를 먼 곳에서 구원하며 네 자손을 포로된 땅에서 구원하리니 야곱이 돌아와서 평안하며 걱정 없이 살게 될 것이라 그를 두렵게 할 자 없으리라

렘 50:3-5
이는 한 나라가 북쪽에서 나와서 그를 쳐서 그 땅으로 황폐하게 하여 그 가운데에 사는 자가 없게 할 것임이라 사람이나 짐승이 다 도망할 것임이니라
여호와의 말씀이니라 그 날 그 때에 이스라엘 자손이 돌아오며 유다 자손도 함께 돌아오되 그들이 울면서 그 길을 가며 그의 하나님 여호와께 구할 것이며
그들이 그 얼굴을 시온으로 향하여 그 길을 물으며 말하기를 너희는 오라 잊을 수 없는 영원한 언약으로 여호와와 연합하라 하리라

렘 50:19
이스라엘을 다시 그의 목장으로 돌아가게 하리니 그가 갈멜과 바산에서 양을 기를 것이며 그의 마음이 에브라임과 길르앗 산에서 만족하리라

렘 50:33-34
만군의 여호와께서 이와 같이 말씀하시니라 이스라엘 자손과 유다 자손이 함께 학대를 받는도다 그들을 사로잡은 자는 다 그들을 붙들고 놓아 주지 아니하리라
그들의 구원자는 강하니 그의 이름은 만군의 여호와라 반드시 그들 때문에 싸우시리니 그 땅에 평안함을 주고 바벨론 주민은 불안하게 하리라

렘 51:5-6
이스라엘과 유다가 이스라엘의 거룩하신 이를 거역하므로 죄과가 땅에 가득하나 그의 하나님 만군의 여호와에게 버림 받은 홀아비는 아니니라
바벨론 가운데서 도망하여 나와서 각기 생명을 구원하고 그의 죄악으로 말미암아 끊어짐을 보지 말지어다 이는 여호와의 보복의 때니 그에게 보복하시리라

렘 51:33
만군의 여호와 이스라엘의 하나님께서 이와 같이 말씀하시되 딸 바벨론은 때가 이른 타작 마당과 같은지라 멀지 않아 추수 때가 이르리라 하시도다

렘 51:45
나의 백성아 너희는 그 중에서 나와 각기 여호와의 진노를 피하라

렘 51:50
칼을 피한 자들이여 멈추지 말고 걸어가라 먼 곳에서 여호와를 생각하며 예루살렘을 너희 마음에 두라

애 4:22
딸 시온아 네 죄악의 형벌이 다하였으니 주께서 다시는 너로 사로잡혀 가지 아니하게 하시리로다 딸 에돔아 주께서 네 죄악을 벌하시며 네 허물을 드러내시리로다

겔 11:16-17
그런즉 너는 말하기를 주 여호와의 말씀에 내가 비록 그들을 멀리 이방인 가운데로 쫓아내어 여러 나라에 흩었으나 그들이 도달한 나라들에서 내가 잠깐 그들에게 성소가 되리라 하셨다 하고
너는 또 말하기를 주 여호와의 말씀에 내가 너희를 만민 가운데에서 모으며

너희를 흩은 여러 나라 가운데에서 모아 내고 이스라엘 땅을 너희에게 주리라 하셨다 하라

겔 20:34-38
능한 손과 편 팔로 분노를 쏟아 너희를 여러 나라에서 나오게 하며 너희의 흩어진 여러 지방에서 모아내고
너희를 인도하여 여러 나라 광야에 이르러 거기에서 너희를 대면하여 심판하되
내가 애굽 땅 광야에서 너희 조상들을 심판한 것 같이 너희를 심판하리라 주 여호와의 말씀이니라
내가 너희를 막대기 아래로 지나가게 하며 언약의 줄로 매려니와
너희 가운데에서 반역하는 자와 내게 범죄하는 자를 모두 제하여 버릴지라 그들을 그 머물러 살던 땅에서는 나오게 하여도 이스라엘 땅에는 들어가지 못하게 하리니 너희가 나는 여호와인 줄을 알리라

겔 20:41-42
내가 너희를 인도하여 여러 나라 가운데에서 나오게 하고 너희가 흩어진 여러 민족 가운데에서 모아 낼 때에 내가 너희를 향기로 받고 내가 또 너희로 말미암아 내 거룩함을 여러 나라의 목전에서 나타낼 것이며
내가 내 손을 들어 너희 조상들에게 주기로 맹세한 땅 곧 이스라엘 땅으로 너희를 인도하여 들일 때에 너희는 내가 여호와인 줄 알고

겔 28:25
주 여호와께서 이같이 말씀하셨느니라 내가 여러 민족 가운데에 흩어져 있는 이스라엘 족속을 모으고 그들로 말미암아 여러 나라의 눈 앞에서 내 거룩함을 나타낼 때에 그들이 고국 땅 곧 내 종 야곱에게 준 땅에 거주할지라

겔 34:13
내가 그것들을 만민 가운데에서 끌어내며 여러 백성 가운데에서 모아 그 본토로 데리고 가서 이스라엘 산 위에와 시냇가에와 그 땅 모든 거주지에서 먹이되

에스겔 36장

에스겔 37장

겔 37:21-22
그들에게 이르기를 주 여호와께서 이같이 말씀하시기를 내가 이스라엘 자손을 잡혀 간 여러 나라에서 인도하며 그 사방에서 모아서 그 고국 땅으로 돌아가게 하고
그 땅 이스라엘 모든 산에서 그들이 한 나라를 이루어서 한 임금이 모두 다스리게 하리니 그들이 다시는 두 민족이 되지 아니하며 두 나라로 나누이지 아니할지라

겔 38:8
여러 날 후 곧 말년에 네가 명령을 받고 그 땅 곧 오래 황폐하였던 이스라엘 산에 이르리니 그 땅 백성은 칼을 벗어나서 여러 나라에서 모여 들어오며 이방에서 나와 다 평안히 거주하는 중이라

겔 39:25-29
그러므로 주 여호와께서 이같이 말씀하셨느니라 내가 이제 내 거룩한 이름을 위하여 열심을 내어 야곱의 사로잡힌 자를 돌아오게 하며 이스라엘 온 족속에게 사랑을 베풀지라
그들이 그 땅에 평안히 거주하고 두렵게 할 자가 없게 될 때에 부끄러움을 품고 내게 범한 죄를 뉘우치리니

내가 그들을 만민 중에서 돌아오게 하고 적국 중에서 모아 내어 많은 민족이 보는 데에서 그들로 말미암아 나의 거룩함을 나타낼 때라
전에는 내가 그들이 사로잡혀 여러 나라에 이르게 하였거니와 후에는 내가 그들을 모아 고국 땅으로 돌아오게 하고 그 한 사람도 이방에 남기지 아니하리니 그들이 내가 여호와 자기들의 하나님인 줄을 알리라
내가 다시는 내 얼굴을 그들에게 가리지 아니하리니 이는 내가 내 영을 이스라엘 족속에게 쏟았음이라 주 여호와의 말씀이니라

에스겔 45~48장 땅의 분배, 제사와 절기, 땅의 경계와 예루살렘의 문들

겔 47:13-14
주 여호와께서 이같이 말씀하셨느니라 너희는 이 경계선대로 이스라엘 열두 지파에게 이 땅을 나누어 기업이 되게 하되 요셉에게는 두 몫이니라
내가 옛적에 내 손을 들어 맹세하여 이 땅을 너희 조상들에게 주겠다고 하였나니 너희는 공평하게 나누어 기업을 삼으라 이 땅이 너희의 기업이 되리라

다니엘 12장 (마지막 때 유대인들의 구원) 유대 민족을 지키는 미가엘이 일어날 것

호 1:10-11
그러나 이스라엘 자손의 수가 바닷가의 모래 같이 되어서 헤아릴 수도 없고 셀 수도 없을 것이며 전에 그들에게 이르기를 너희는 내 백성이 아니라 한 그 곳에서 그들에게 이르기를 너희는 살아 계신 하나님의 아들들이라 할 것이라
이에 유다 자손과 이스라엘 자손이 함께 모여 한 우두머리를 세우고 그 땅에서부터 올라오리니 이스르엘의 날이 클 것임이로다

호 3:4-5
이스라엘 자손들이 많은 날 동안 왕도 없고 지도자도 없고 제사도 없고 주상도 없고 에봇도 없고 드라빔도 없이 지내다가
그 후에 이스라엘 자손이 돌아와서 그들의 하나님 여호와와 그들의 왕 다윗을 찾고 마지막 날에는 여호와를 경외하므로 여호와와 그의 은총으로 나아가리라

호 6:11
또한 유다여 내가 내 백성의 사로잡힘을 돌이킬 때에 네게도 추수할 일을 정하였느니라

호 8:10
그들이 여러 나라에게 값을 주었을지라도 이제 내가 그들을 모으리니 그들은 지도자의 임금이 지워 준 짐으로 말미암아 쇠하기 시작하리라

호 11:1
이스라엘이 어렸을 때에 내가 사랑하여 내 아들을 애굽에서 불러냈거늘

호 14:1
이스라엘아 네 하나님 여호와께로 돌아오라 네가 불의함으로 말미암아 엎드러졌느니라

호 14:7
그 그늘 아래에 거주하는 자가 돌아올지라 그들은 곡식 같이 풍성할 것이며 포도나무 같이 꽃이 필 것이며 그 향기는 레바논의 포도주 같이 되리라

욜 2:18-19
그 때에 여호와께서 자기의 땅을 극진히 사랑하시어 그의 백성을 불쌍히 여기실 것이라

여호와께서 그들에게 응답하여 이르시기를 내가 너희에게 곡식과 새 포도주와 기름을 주리니 너희가 이로 말미암아 흡족하리라 내가 다시는 너희가 나라들 가운데에서 욕을 당하지 않게 할 것이며

욜 2:32
누구든지 여호와의 이름을 부르는 자는 구원을 얻으리니 이는 나 여호와의 말대로 시온 산과 예루살렘에서 피할 자가 있을 것임이요 남은 자 중에 나 여호와의 부름을 받을 자가 있을 것임이니라

욜 3:1-2
보라 그 날 곧 내가 유다와 예루살렘 가운데에서 사로잡힌 자를 돌아오게 할 그 때에
내가 만국을 모아 데리고 여호사밧 골짜기에 내려가서 내 백성 곧 내 기업인 이스라엘을 위하여 거기에서 그들을 심문하리니 이는 그들이 이스라엘을 나라들 가운데에 흩어 버리고 나의 땅을 나누었음이며

욜 3:14-16
사람이 많음이여, 심판의 골짜기에 사람이 많음이여, 심판의 골짜기에 여호와의 날이 가까움이로다
해와 달이 캄캄하며 별들이 그 빛을 거두도다
여호와께서 시온에서 부르짖고 예루살렘에서 목소리를 내시리니 하늘과 땅이 진동하리로다 그러나 여호와께서 그의 백성의 피난처, 이스라엘 자손의 산성이 되시리로다

욜 3:20
유다는 영원히 있겠고 예루살렘은 대대로 있으리라

암 2:10
내가 너희를 애굽 땅에서 이끌어 내어 사십 년 동안 광야에서 인도하고 아모리 사람의 땅을 너희가 차지하게 하였고

암 5:4
여호와께서 이스라엘 족속에게 이와 같이 말씀하시기를 너희는 나를 찾으라 그리하면 살리라

암 9:14-15
내가 내 백성 이스라엘이 사로잡힌 것을 돌이키리니 그들이 황폐한 성읍을 건축하여 거주하며 포도원들을 가꾸고 그 포도주를 마시며 과원들을 만들고 그 열매를 먹으리라
내가 그들을 그들의 땅에 심으리니 그들이 내가 준 땅에서 다시 뽑히지 아니하리라 네 하나님 여호와의 말씀이니라

옵 1:17, 19
오직 시온 산에서 피할 자가 있으리니 그 산이 거룩할 것이요 야곱 족속은 자기 기업을 누릴 것이며
그들이 네겝과 에서의 산과 평지와 블레셋을 얻을 것이요 또 그들이 에브라임의 들과 사마리아의 들을 얻을 것이며 베냐민은 길르앗을 얻을 것이며

옵 1:20-21
사로잡혔던 이스라엘의 많은 자손은 가나안 사람에게 속한 이 땅을 사르밧까지 얻을 것이며 예루살렘에서 사로잡혔던 자들 곧 스바랏에 있는 자들은 네겝의 성읍들을 얻을 것이니라
구원 받은 자들이 시온 산에 올라와서 에서의 산을 심판하리니 나라가 여호와께 속하리라

욘 2:8
거짓되고 헛된 것을 숭상하는 모든 자는 자기에게 베푸신 은혜를 버렸사오나

미 2:12-13
야곱아 내가 반드시 너희 무리를 다 모으며 내가 반드시 이스라엘의 남은 자를 모으고 그들을 한 처소에 두기를 보스라의 양 떼 같이 하며 초장의 양 떼 같이 하리니 사람들이 크게 떠들 것이며
길을 여는 자가 그들 앞에 올라가고 그들은 길을 열어 성문에 이르러서는 그리로 나갈 것이며 그들의 왕이 앞서 가며 여호와께서는 선두로 가시리라 (

미 4:1-2
끝날에 이르러는 여호와의 전의 산이 산들의 꼭대기에 굳게 서며 작은 산들 위에 뛰어나고 민족들이 그리로 몰려갈 것이라
곧 많은 이방 사람들이 가며 이르기를 오라 우리가 여호와의 산에 올라가서 야곱의 하나님의 전에 이르자 그가 그의 도를 가지고 우리에게 가르치실 것이니라 우리가 그의 길로 행하리라 하리니 이는 율법이 시온에서부터 나올 것이요 여호와의 말씀이 예루살렘에서부터 나올 것임이라

미 4:6-7
여호와께서 말씀하시되 그 날에는 내가 저는 자를 모으며 쫓겨난 자와 내가 환난 받게 한 자를 모아
발을 저는 자는 남은 백성이 되게 하며 멀리 쫓겨났던 자들이 강한 나라가 되게 하고 나 여호와가 시온 산에서 이제부터 영원까지 그들을 다스리리라 하셨나니

미 4:10-13
딸 시온이여 해산하는 여인처럼 힘들여 낳을지어다 이제 네가 성읍에서 나가서 들에 거주하며 또 바벨론까지 이르러 거기서 구원을 얻으리니 여호와

께서 거기서 너를 네 원수들의 손에서 속량하여 내시리라
이제 많은 이방 사람들이 모여서 너를 치며 이르기를 시온이 더럽게 되며 그것을 우리 눈으로 바라보기를 원하노라 하거니와
그들이 여호와의 뜻을 알지 못하며 그의 계획을 깨닫지 못한 것이라 여호와께서 곡식 단을 타작 마당에 모음 같이 그들을 모으셨나니
딸 시온이여 일어나서 칠지어다 내가 네 뿔을 무쇠 같게 하며 네 굽을 놋 같게 하리니 네가 여러 백성을 쳐서 깨뜨릴 것이라 네가 그들의 탈취물을 구별하여 여호와께 드리며 그들의 재물을 온 땅의 주께 돌리리라

미 5:2-4
베들레헴 에브라다야 너는 유다 족속 중에 작을지라도 이스라엘을 다스릴 자가 네게서 내게로 나올 것이라 그의 근본은 상고에, 영원에 있느니라
그러므로 여인이 해산하기까지 그들을 붙여 두시겠고 그 후에는 그의 형제 가운데에 남은 자가 이스라엘 자손에게로 돌아오리니
그가 여호와의 능력과 그의 하나님 여호와의 이름의 위엄을 의지하고 서서 목축하니 그들이 거주할 것이라 이제 그가 창대하여 땅 끝까지 미치리라

미 7:14-15
원하건대 주는 주의 지팡이로 주의 백성 곧 갈멜 속 삼림에 홀로 거주하는 주의 기업의 양 떼를 먹이시되 그들을 옛날 같이 바산과 길르앗에서 먹이시옵소서
이르시되 네가 애굽 땅에서 나오던 날과 같이 내가 그들에게 이적을 보이리라 하셨느니라

미 7:18-20
주와 같은 신이 어디 있으리이까 주께서는 죄악과 그 기업에 남은 자의 허물을 사유하시며 인애를 기뻐하시므로 진노를 오래 품지 아니하시나이다
다시 우리를 불쌍히 여기셔서 우리의 죄악을 발로 밟으시고 우리의 모든 죄

를 깊은 바다에 던지시리이다
주께서 옛적에 우리 조상들에게 맹세하신 대로 야곱에게 성실을 베푸시며 아브라함에게 인애를 더하시리이다

나 1:15
볼지어다 아름다운 소식을 알리고 화평을 전하는 자의 발이 산 위에 있도다 유다야 네 절기를 지키고 네 서원을 갚을지어다 악인이 진멸되었으니 그가 다시는 네 가운데로 통행하지 아니하리로다 하시니라

습 2:1-2
수치를 모르는 백성아 모일지어다 모일지어다
명령이 시행되어 날이 겨 같이 지나가기 전, 여호와의 진노가 너희에게 내리기 전, 여호와의 분노의 날이 너희에게 이르기 전에 그리할지어다

습 2:9
그러므로 만군의 여호와 이스라엘의 하나님이 말하노라 내가 나의 삶을 두고 맹세하노니 장차 모압은 소돔 같으며 암몬 자손은 고모라 같을 것이라 찔레가 나며 소금 구덩이가 되어 영원히 황폐하리니 내 백성의 남은 자들이 그들을 노략하며 나의 남은 백성이 그것을 기업으로 얻을 것이라

습 3:8
나 여호와가 말하노라 그러므로 내가 일어나 벌할 날까지 너희는 나를 기다리라 내가 뜻을 정하고 나의 분노와 모든 진노를 쏟으려고 여러 나라를 소집하며 왕국들을 모으리라 온 땅이 나의 질투의 불에 소멸되리라

습 3:19-20
그 때에 내가 너를 괴롭게 하는 자를 다 벌하고 저는 자를 구원하며 쫓겨난 자를 모으며 온 세상에서 수욕 받는 자에게 칭찬과 명성을 얻게 하리라

내가 그 때에 너희를 이끌고 그 때에 너희를 모을지라 내가 너희 목전에서 너희의 사로잡힘을 돌이킬 때에 너희에게 천하 만민 가운데서 명성과 칭찬을 얻게 하리라 여호와의 말이니라

학 2:6-9
만군의 여호와가 이같이 말하노라 조금 있으면 내가 하늘과 땅과 바다와 육지를 진동시킬 것이요
또한 모든 나라를 진동시킬 것이며 모든 나라의 보배가 이르리니 내가 이 성전에 영광이 충만하게 하리라 만군의 여호와의 말이니라
은도 내 것이요 금도 내 것이니라 만군의 여호와의 말이니라
이 성전의 나중 영광이 이전 영광보다 크리라 만군의 여호와의 말이니라 내가 이 곳에 평강을 주리라 만군의 여호와의 말이니라

슥 2:6-7
오호라 너희는 북방 땅에서 도피할지어다 여호와의 말씀이니라 이는 내가 너희를 하늘 사방에 바람 같이 흩어지게 하였음이니라 여호와의 말씀이니라
바벨론 성에 거주하는 시온아 이제 너는 피할지니라

슥 2:10-13
여호와의 말씀에 시온의 딸아 노래하고 기뻐하라 이는 내가 와서 네 가운데에 머물 것임이라
그 날에 많은 나라가 여호와께 속하여 내 백성이 될 것이요 나는 네 가운데에 머물리라 네가 만군의 여호와께서 나를 네게 보내신 줄 알리라
여호와께서 장차 유다를 거룩한 땅에서 자기 소유를 삼으시고 다시 예루살렘을 택하시리니
모든 육체가 여호와 앞에서 잠잠할 것은 여호와께서 그의 거룩한 처소에서 일어나심이니라 하라 하더라

슥 8:7-8
만군의 여호와가 이같이 말하노라 보라, 내가 내 백성을 해가 뜨는 땅과 해가 지는 땅에서부터 구원하여 내고
인도하여다가 예루살렘 가운데에 거주하게 하리니 그들은 내 백성이 되고 나는 진리와 공의로 그들의 하나님이 되리라

슥 8:13
유다 족속아, 이스라엘 족속아, 너희가 이방인 가운데에서 저주가 되었었으나 이제는 내가 너희를 구원하여 너희가 복이 되게 하리니 두려워하지 말지니라 손을 견고히 할지니라

슥 8:20-23
만군의 여호와가 이와 같이 말하노라 다시 여러 백성과 많은 성읍의 주민이 올 것이라
이 성읍 주민이 저 성읍에 가서 이르기를 우리가 속히 가서 만군의 여호와를 찾고 여호와께 은혜를 구하자 하면 나도 가겠노라 하겠으며
많은 백성과 강대한 나라들이 예루살렘으로 와서 만군의 여호와를 찾고 여호와께 은혜를 구하리라
만군의 여호와가 이와 같이 말하노라 그 날에는 말이 다른 이방 백성 열 명이 유다 사람 하나의 옷자락을 잡을 것이라 곧 잡고 말하기를 하나님이 너희와 함께 하심을 들었나니 우리가 너희와 함께 가려 하노라 하리라 하시니라

슥 9:16
이 날에 그들의 하나님 여호와께서 그들을 자기 백성의 양 떼 같이 구원하시리니 그들이 왕관의 보석 같이 여호와의 땅에 빛나리로다

슥 10:6
내가 유다 족속을 견고하게 하며 요셉 족속을 구원할지라 내가 그들을 긍휼

히 여김으로 그들이 돌아오게 하리니 그들은 내가 내버린 일이 없었음 같이 되리라 나는 그들의 하나님 여호와라 내가 그들에게 들으리라

숙 10:8-10
내가 그들을 향하여 휘파람을 불어 그들을 모을 것은 내가 그들을 구속하였음이라 그들이 전에 번성하던 것 같이 번성하리라
내가 그들을 여러 백성들 가운데 흩으려니와 그들이 먼 곳에서 나를 기억하고 그들이 살아서 그들의 자녀들과 함께 돌아올지라
내가 그들을 애굽 땅에서 돌아오게 하며 그들을 앗수르에서부터 모으며 길르앗 땅과 레바논으로 그들을 이끌어 가리니 그들이 거할 곳이 부족하리라

숙 13:8-9
여호와가 말하노라 이 온 땅에서 삼분의 이는 멸망하고 삼분의 일은 거기 남으리니
내가 그 삼분의 일을 불 가운데에 던져 은 같이 연단하며 금 같이 시험할 것이라 그들이 내 이름을 부르리니 내가 들을 것이며 나는 말하기를 이는 내 백성이라 할 것이요 그들은 말하기를 여호와는 내 하나님이시라 하리라

숙 14:14
유다도 예루살렘에서 싸우리니 이 때에 사방에 있는 이방 나라들의 보화 곧 금 은과 의복이 심히 많이 모여질 것이요

숙 14:16
예루살렘을 치러 왔던 이방 나라들 중에 남은 자가 해마다 올라와서 그 왕 만군의 여호와께 경배하며 초막절을 지킬 것이라

부록 B 시온주의 문서

바젤 프로그램

바젤 프로그램은 유대 민족 부흥의 기본이 되는 문서이다. 1897년 8월 스위스 바젤에서 열린 제1차 시온주의 의회에서 공식화됐고, 1958년 이스라엘 국가가 수립될 때까지 시온주의 운동의 주요 방침으로 인정되었다.

시온주의는 팔레스타인 땅에 유대인들을 위한 거처를 세우기 위해 노력하며 이것은 공법에 의해 보장된 사안이다.

의회는 이 목적 달성을 위해 다음과 같은 수단을 고려한다.

1. 유대인 농업 및 산업 노동자에 의한 팔레스타인 개척을 적절한 노선에서 촉진
2. 각 국가의 법률에 따라 적절한 국제적·지역적 기관을 통해 유대인 전체를 조직하고 결속
3. 유대인 민족 정서 및 의식을 육성하고 강화
4. 시온주의의 목표를 달성하기 위해 필요한 경우 정부의 동의를 얻기 위해 준비

"바젤에서 유대 국가를 설립하다"

다음은 테오도어 헤르츨이 1897년 9월 3일 작성한 일기에서 발췌한 글이다. 의회가 끝나고 빈으로 돌아온 그는 바젤에서 이뤄낸 업적을 다음과 같이 평가했다.

바젤 의회를 한 단어로 표현한다면 이렇게 될 것이다. "바젤에서 나는 유대인 국가를 설립했다." (이에 대해 공개적으로 말하는 것은 조심해야한다.) 내가 이것을 소리내어 크게 말했다면, 아마 사람들은 웃고 말았을 것이지만 아마도 5년, 아니 확실히 50년 안에 모두가 알게 될 것이다. 자기 나라를 위하는 국민의 의지가 그 국가의 기반이 되며, 심지어 강력한 의지를 가진 한 국민만 있어도 그 기반은 이미 충분하다(I'Etat C'est moi-Louis XIV). 영토라는 것은 단지 물질적인 근거에 지나지 않는다. 국가는 심지어 영토를 소유하고 있을 때에도 항상 추상적인 것이다. 교회 국가는 영토가 없이도 존재한다. 그렇지 않으면 교황은 힘이 없는 존재일 뿐이다.

바젤에서 나는 대부분의 사람에게는 보이지 않는 이 추상적인 것을 만들어냈다. 아주 작은 방법을 이용해 사람들 안에 국가의 분위기를 점차적으로 만들어냈고, 참석한 사람들은 그들이 국회에 참석하고 있다고 느끼게 됐다.

밸푸어 선언

이는 제1차 세계 대전 당시 시온주의를 향한 영국의 연민과 공감이 담긴 문서다. 여러번 초안을 수정한 끝에 완성된 문서에는 '민족적 고향'이라는 용어에 대해 정확한 정의를 내리지 않고 있어서 이후에 많은 논란을 일으켰다.

외무부, 2017년 11월 2일

로스차일드 경에게

나는 국왕 폐하의 정부를 대표하여 유대 시오니스트 열망에 대한 공감과 연민의 선언이 내각에 제출되어 승인됐다는 사실을 경에게 전하게 되어 매우 기쁩니다.

"국왕 폐하의 정부는 팔레스타인에 유대인을 위한 조국을 수립하는 것에 대해 호의를 가지고 살펴보기로 했습니다. 그리고 이러한 목표를 달성하기 위하여 최선의 노력을 다할 것입니다. 이로 인해 팔레스타인에 거주하는 비유대인의 정치적 권리와 종교적 권리, 또는 다른 모든 나라에서 유대인이 누리는 권리와 정치적 상황이 절대로 침해될 수 없다는 것이 확실히 납득되었습니다."

이 선언을 시온주의 연맹에게 알려주시면 감사하겠습니다.

진심을 담아,
아서 제임스 밸푸어

독립선언서

1948년 5월 14일 데이비드 벤 구리온에 의해 낭독됐다. 당시 작은 건물에서 선언서가 낭독됐는데 이후 이곳은 텔아비브 소재 박물관이 되었다. 임시정부 소속 37명의 구성원들이 이 선언서의 서명자로 참여했다.

이스라엘 땅은 유대인들의 출생지이자 유대인으로서의 영적·종교적·국가적 정체성이 형성된 곳이다. 이 땅에서 독립을 이루어 그들만의 문화를 형성했다. 이스라엘 땅은 그들이 성경을 써 세상에 나눠준 곳이기도 하다.

이스라엘 땅에서 추방된 이후에도 그들은 고토를 향한 변함 없는 마음이 있었고, 국가적 자유를 회복해 다시 돌아갈 날을 소망하며 기도를 멈추지 않았다.

유대인들은 조상의 땅으로 돌아가 그들의 국가적 지위를 되찾기 위해 수 세기에 걸쳐 노력해 왔다. 최근 수십년 간 그들은 다시 하나로 모이고 있다. 황무지를 개척하고, 그들의 언어를 되살리며, 도시와 마을들을 짓고, 경제적·문화적 활동을 통해 끊임없이 성장하며 활기로 가득찬 공동체를 구축해 나갔다. 그들은 평화를 추구하면서 스스로를 지켜낼 준비도 했다. 성장의 축복이 국가의 모든 주민에게 찾아왔고 주권 독립까지 기대하게 되었다.

테오도어 헤르츨의 '유대 국가'에서 영감을 받아, 1897년 제1차 시온주의 의회가 열렸다. 의회는 유대인들이 그들 소유의 나라에서 국가로 부흥할 권리를 선언했다.

이 권리는 1917년 11월 2일 밸푸어 선언에 의해 인정되었고, 국제연맹이 유대인과 팔레스타인의 역사적 연관성을 인정하고 유대인의 민족적 고향을 재건설할 권리를 국제적으로 인정하면서 재차 승인되었다.

유럽에서 수백만의 유대인을 집어삼킨 홀로코스트를 통해 유대 국가가 재건되어야 할 필요성이 새롭게 입증되었다. 지구상에서 유대 민족이 거할 곳이 없다는 사실과 유대 민족의 주권 상실은 유대 국가의 재건을 통해 해결될 문제였다. 이는 많은 유대인에게 문을 열고 민족으로서 다른 국가들과 같은 동등한 지위를 부여하는 것이었다.

홀로코스트 생존자들을 비롯해 전 세계에 흩어져 있는 유대인들은 어떤 어려움과 장애물 속에서도 이스라엘 땅을 향한 노력을 멈추지 않았다. 조상들의 땅에서 그들의 존엄과 자유 및 삶의 권리를 추구하는 노력을 절대 멈추지 않았다.

제2차 세계 대전에서 팔레스타인의 유대인들은 나치의 악에 맞서 싸우는데 전적으로 기여했다. 유대 군인들의 희생과 참전 노력을 통해 마침내 유엔을 설립한 국가들과 어깨를 나란히 할 수 있는 권리를 얻었다.

1947년 11월 29일 열린 유엔 총회에서, 팔레스타인에 유대인 국가 설립을 요구하는 결의안이 채택됐다. 총회는 이 계획을 실행하기 위해 필요한 모든 조치를 이 나라의 주민들이 취해 줄 것을 요구했다. 유대인들이 독립 국가를 세울 권리를 유엔이 인정했고, 이것은 논쟁의 여지가 없는 사실이다.

모든 국가들이 그러하듯이, 독립된 국가에서 독립적인 존재로 살아갈 권리는 유대인들에게도 당연히 해당되는 것이다.

따라서, 영국의 팔레스타인 위임 통치가 끝나는 오늘, 유대인들의 당연하고도 역사적인 권리 및 유엔 총회의 결의를 힘입어 팔레스타인 유대인과 세계 시온주의 운동을 대표하는 국민협의회 회원들이 한자리에 모였다.

우리는 이로써 팔레스타인에 "메디나트 이스라엘(이스라엘 국가)"로 불리는 유대인 국가의 설립을 선언한다.

우리는 1948년 5월 14일부터 15일 자정, 위임이 종료된 이후로 헌법에 따라 정식으로 선출된 국가 기관 설립이 보류된 시점에서, 1948년 10월 1일까지는 국가평의회가 임시 국무회의 역할을 할 것을 선언한다. 그리고 행정부는 '이스라엘'로 알려진 유대인 국가의 임시 정부를 구성한다.

이스라엘은 1947년 11월 29일 의회 결의안 이행을 위해 유엔의 기관 및 대표들과 협력할 준비가 되어 있으며, 팔레스타인 전체에 경제 연합을 꾸리는 조치를 취할 것이다.

우리는 유엔이 자국의 국가 건설에 있어 유대인들을 돕고 이스라엘을 국가들의 가족 중 한 일원으로 인정해 줄 것을 호소한다.
무자비한 침략이 계속되고 있지만, 우리는 이스라엘 국가 내 아랍 거주자들에게 완전하고 평등한 시민권과 정당한 대표권을 바탕으로 평화의 길을 계속 보존하고 국가 발전에 그들의 역할을 해줄 것을 요청한다.

우리는 모든 이웃 국가와 그 민족을 향해 손을 뻗어 함께 평화와 이웃됨을 추구해 나가길 원하며, 중동 전체의 발전에 기여할 준비가 되어 있는 모든 이들과 협력하도록 초청한다.

우리는 전 세계에 있는 유대인들에게 요청한다. 이주와 국가 발전이라는 과제 해결을 위해 우리와 함께 결집하고 이스라엘 구원이라는 여러 세대에 걸친 꿈의 실현을 위해 함께 투쟁해 주기를 바란다.

유대력으로 5708년 이야르월 5일인 1948년 5월 14일 안식일 전날, 고토 텔아비브 시에서 열린 임시 국무회의에서 전능하신 하나님을 신뢰하며 우리는 이 선언문 위에 손을 모은다.

(서명자) David Ben-Gurion, Daniel Auster, Mordechai Bentov, Isaac Ben-Zvi, Eliyahu Berligne, Fritz (Peretz) Bernstein, Rabbi Wolf Gold, Meir Grabovsky, Isaac Gruenbaum, Dr. Abraham Granovsky (Granott),

Eliyahu Dobkin, Meir Wilner-Kovner, Zerach Wahrhaftig, Herzl Vardi, Rachel Cohen, Rabbi Kalman Kahana, Saadia Kobashi, Rabbi Isaac Meir Levin, Meir David Loewenstein, Zvi Luria, Golda Myerson (Meir), Nachum Nir, Zvi Segal, Rabbi Yehuda Leib Fishman (Maimon), David Zvi Pinkas, Aharon Zisling, Moshe Kolodny (Kol), Eliezer Kaplan, Abraham Katznelson, Felix Rosenblueth (Rosen), David Remez, Berl Repetur, Mordechai Schattner, Ben Zion Sternberg, Bechor Shitreet, Moshe Shapira, Moshe Shertok (Sharett).

부록 C 미국의 유대인 인구 통계

미국 주 별 유대인 인구

	유대인 인구 추정치**	총 인구*	유대인 인구 비율
알라바마	10,325	5,024,279	0.2
알래스카	5,750	733,391	0.8
애리조나	108,075	7,151,502	1.5
아칸소	2,225	3,011,524	0.1
캘리포니아	1,187,990	39,538,223	3.0
콜로라도	98,400	5,773,714	1.8
코네티컷	118,350	3,605,944	3.3
델라웨어	15,100	989,948	1.6
워싱턴 DC	57,300	689,545	8.2
플로리다	657,095	21,538,187	3.0
조지아	128,720	10,711,908	1.2
하와이	7,100	1,455,271	0.5
아이다호	2,125	1,839,106	0.1
일리노이	297,735	12,812,508	2.3
인디애나	26,125	6,785,528	0.4
아이오와	5,475	3,190,369	0.2
캔자스	17,425	2,937,880	0.6
켄터키	12,500	4,505,836	0.3
루이지애나	14,900	4,657,757	0.3
메인	12,550	1,362,359	0.9
메릴랜드	238,600	6,177,224	3.9
매사추세츠	293,080	7,029,917	4.2
미시건	87,905	10,077,331	0.9
미네소타	65,900	5,706,494	0.8
미시시피	1,525	2,961,279	0.1
미주리	64,275	6,154,913	1.0
몬타나	1,495	1,084,225	0.1
네브라스카	9,350	1,961,504	0.5

네바다	76,300	3,104,614	2.5
뉴햄프셔	10,120	1,377,529	0.7
뉴저지	546,950	9,288,994	6.1
뉴멕시코	12,625	2,117,522	0.6
뉴욕	1,772,470	20,201,249	9.1
노스캐롤라이나	45,935	10,439,388	0.4
노스다코타	400	779,094	0.1
오하이오	151,615	11,799,448	1.3
오클라호마	4,425	3,959,353	0.1
오레곤	40,650	4,237,256	1.0
펜실베니아	434,165	13,002,700	2.3
로드아일랜드	18,750	1,097,379	1.8
사우스캐롤라이나	16,820	5,118,425	0.3
사우스다코타	250	886,667	(z)
테네시	22,800	6,910,840	0.3
텍사스	176,000	29,145,505	0.6
유타	5,650	3,271,616	0.2
버몬트	7,865	643,077	1.1
버지니아	150,595	8,631,393	1.8
워싱턴	75,350	7,705,281	1.0
웨스트버지니아	2,310	1,793,716	0.1
위스콘신	33,455	5,893,718	0.6
와이오밍	1,150	576,851	0.2
총계	7,153,065	331,449,281	2.2

수치는 반올림으로 인해 정확하지 않을 수 있음.
*2020년 8월 12일 기준 인구 통계 (출처: 미국 인구조사국)
**2020년 기준 인구 통계 (출처: American Jewish Year Book)

(z) 수치는 0.1보다 작은 수치이며 반올림했을 때 0이 되는 수